चन्द्रगुप्त मौर्य

चन्द्रगुप्त मौर्य

विभा गुप्ता

आकाशदीप पब्लिकेशंस
दिल्ली–110030

ISBN : 978-81-940066-4-0

प्रकाशक : आकाशदीप पब्लिकेशंस
1/1079 ई, महरौली
नई दिल्ली-110030

प्रथम संस्करण : 2019

शब्द-संयोजक : गुप्ता कम्युनिकेशन
शाहदरा, दिल्ली-110032

मुद्रक :

Chandragupt Maurya by Vibha Gupta

भूमिका

चन्द्रगुप्त मौर्य मगध के प्रतापी शासक थे। वे तक्षशिला के आचार्य चाणक्य के शिष्य थे। यद्यपि वे नन्द वंश में ही पैदा हुए थे लेकिन उनके पिता एवं भाइयों को मगध के शासक नन्दराज ने एक षड्यन्त्र के तहत खत्म करवा डाला था। आगे चल जब राजकुमार चन्द्रगुप्त बड़े हुए तो वे आचार्य चाणक्य के शिष्य बने।

नन्दराज से अपमानित होने के कारण एक दिन आचार्य चाणक्य ने कसम खाई थी कि वे नन्द वंश का समूल नाश करके ही अपनी शिखा को बांधेंगे। अपनी इस प्रतिज्ञा को पूर्ण करने के लिए आचार्य ने चन्द्रगुप्त को अपने विश्वविद्यालय में ले जाकर पढ़ाया। उन्हें वेद, व्याकरण, इतिहास एवं गणित आदि विषयों के साथ-साथ अस्त्र-शस्त्रों की शिक्षा देकर योग्य बनाया।

मगधपति नन्दराज की गलत नीतियों से उसकी पुत्री भी असन्तुष्ट रहती थी। एक दिन उसने मगध के युवक-युवतियों की एक सेना तैयार की और मगध छोड़कर झेलम नदी की ओर चली गयी। वहां विश्वविजय का सपना लेकर यूनान नरेश सिकन्दर अपनी विशाल फौज के साथ आ पहुंचा था। इस सेना से पहले राजा पोरस ने मुकाबला किया और बाद में चन्द्रगुप्त के नेतृत्व वाली सेना से यवनों का सामना हुआ। सिकन्दर भारतीय वीरों की वीरता से बहुत प्रभावित हुआ। उसने पोरस को अपना मित्र बना लिया और भारत को जीते बिना ही अपने देश वापिस लौट गया।

सम्राट चन्द्रगुप्त ने आचार्य चाणक्य की समझ, बुद्धि-कौशल से मगध का राजसिंहासन प्राप्त किया। उनके शासनकाल में प्रजा ने खूब उन्नति की। आचार्य चाणक्य को सम्राट चन्द्रगुप्त ने अपना प्रधानमन्त्री बनाया

और भारत में विशाल साम्राज्य की स्थापना की। चन्द्रगुप्त मौर्य के समय भारत के अधिकांश प्रदेश मौर्य शासन के अधीन थे। चन्द्रगुप्त मौर्य लगभग सम्पूर्ण भारतवर्ष के एकछत्र सम्राट थे। यह पुस्तक उनके शौर्य, पराक्रम की कहानी कहती है।

–लेखिका

चन्द्रगुप्त मार्य

भारतवर्ष के अन्दर जब वैदिककाल (ऋग्वेदिक युग) चल रहा था तब 'आर्य' यहां निवास करने वाली प्रमुख शक्तिशाली जाति थी। आर्य लोगों ने स्वयं को 'जनों' में संगठित किया था लेकिन अभी तक आर्यों के 'जनराज्य' अथवा 'कबीलाई राज्य' भारत में राजनैतिक स्थिरता अथवा स्थायित्व प्राप्त नहीं कर पाए थे। ये आर्य एक स्थान से दूसरे स्थान पर भ्रमण किया करते थे। यही कारण था कि इनके कबीले अथवा 'जनराज्य' राजनैतिक स्थिरता प्राप्त नहीं कर पाते थे।

ऋग्वेद में कहीं भी 'जनपद' शब्द का उल्लेख नहीं मिलता है। इसका कारण है कि उस काल में आर्यों ने जनपदों के रूप में भारतवर्ष में कहीं भी अपना शासन अथवा राज्य स्थापित नहीं किया था।

ऋग्वेदकाल के बाद ब्राह्मणकाल आया। इस काल में ब्राह्मण ऋषियों ने ब्राह्मण ग्रन्थों की रचना की। ब्राह्मण ग्रन्थों में पहली बार 'जनपदों' का उल्लेख किया गया। इसका मतलब यह था कि 'जनपद राज्यों' का उदय ब्राह्मणकाल में हुआ। अब तक भारतवासियों (आर्यों) के जातीय राज्य अपना भौगोलिक स्वरूप धारण करने लगे थे। आर्यों ने एक स्थान से दूसरे स्थान पर गमन या भ्रमण करना छोड़ दिया था। वे अब अपने-अपने राज्य बसा कर रहने लगे थे।

जनपद को आजकल 'जिला' अथवा 'शहर' (नगर) कहा जाता है। ब्राह्मणकाल में आर्यों ने अपने-अपने शासन क्षेत्र जनपद के रूप में बना लिए थे। भारत के अन्दर कई सारे जनपद थे और इन जनपदों में परस्पर शक्ति-संघर्ष होता रहता था। एक जनपद का मुखिया अथवा राजा दूसरे जनपद पर अधिकार करने अथवा उसे हड़पने की कोशिश किया करता था।

इस जनपद काल में आर्यों के अन्दर अपने राज्य अथवा क्षेत्र का विस्तार करने की लालसा या इच्छा प्रथम बार उत्पन्न हुई थी वर्ना ऋग्वेदकाल में तो आर्यों का कोई सुनिश्चित राज्य अथवा जनपद ही नहीं था। वे तो शक्ति-साधन पाने की लालसा में एक स्थान से दूसरे स्थान पर भ्रमण करते रहते थे। ब्राह्मणकाल अथवा जनपद युग में उन्होंने भ्रमण करना छोड़ दिया और अपने-अपने छोटे राज्य अथवा जनपद बना कर रहने लगे।

आगे चलकर भारतवर्ष के अन्दर जो जनपद ज्यादा शक्तिशाली हो गए, उन्होंने दुर्बल जनपदों का अस्तित्व समाप्त कर दिया। ये राज्य भौगोलिक दृष्टि से विस्तृत और शक्ति सम्पन्न थे। इन ताकतवर बड़े राज्यों को 'महाजनपद' कहा जाने लगा। ये महाजनपद अपने आपमें स्वतन्त्र और सम्प्रभु थे। भारत में राजतन्त्र अथवा राजा का शासन वाले तथा गणतन्त्र अथवा प्रजा के शासन वाले–दोनों ही प्रकार के शासन तन्त्र बन महाजनपदों में प्रचलित थे।

आज से 2800 वर्ष पूर्व से लेकर 2600 वर्ष पूर्व (आठवीं शताब्दी ईसा पूर्व से छठी शताब्दी ईसा पूर्व) तक का समय 'महाजनपद युग' कहलाया जाता है।

महाजनपद युग में भारत के अंदर–अंग, मगध, काशी, कोसल, वज्जि, मल्ल, चेदि, वत्स, कुरु, पांचाल, मत्स्य, शूरसेन, अश्मक, अवन्ति, गान्धार और कम्बोज आदि सोलह महाजनपद थे। 'अंग' बिहार के उत्तरपूर्वी भाग में भागलपुर तथा मुंगेर जिले में स्थित था। चम्पा नगरी इस महाजनपद की राजधानी थी। जब मगध राज्य शक्तिशाली हुआ तो मगध सम्राट बिम्बसार ने अंग को मगध साम्राज्य में मिला लिया।

'काशी' महाजनपद उत्तर प्रदेश के दक्षिण पूर्व में स्थित तथा वाराणसी इस जनपद की राजधानी थी। यह जनपद एक शक्तिशाली राज्य था। जैन तीर्थंकर पार्श्वनाथ के पिता अश्वसेन काशी के राजा थे। 'कोसल' महाजनपद अवध प्रदेश में स्थित था। प्रारम्भ में कपिलवस्तु इसकी राजधानी थी। रामायणकाल में अयोध्या और महात्मा बुद्ध के समय में श्रावस्ती इस जनपद की राजधानी हुई। महाकोसल और प्रसेनजित यहां के प्रतापी राजा हुए। कोसल राज्य राजा कंस ने जीतकर अपने राज्य में मिलाया। बाद में मगध

सम्राट शिशुनाग ने कोसल को जीतकर मगध साम्राज्य में मिलाया।

'वज्जि' महाजनपद आठ राज्यों का गणतन्त्रात्मक संघ था। अजातशत्रु राजा ने इस गणराज्य को आगे चल, अपने मगध साम्राज्य में मिलाया था। मिथिला, वैशाली और कुण्डग्राम इस जनपद की क्रमशः राजधानियां बनीं। 'मल्ल' महाजनपद गोरखपुर के निकटवर्ती प्रदेश में स्थित था। कुशीनारा तथा पावा जनपदों का यह गणराज्य संघ था। महात्मा बुद्ध ने अपना अंतिम भोजन पावा में किया था और कुशीनारा में उनका निर्वाण हुआ। राजा अजातशत्रु ने इस जनपद को अपने मगध साम्राज्य में मिलाया था। 'चेदि' महाजनपद बुन्देलखण्ड प्रदेश में था। शक्तिमती नगर इस जनपद की राजधानी थी। महाभारतकाल में शिशुपाल यहां का राजा था जिसे श्रीकृष्ण का समकालीन माना जाता है। 'वत्स' महाजनपद यमुना नदी के तट पर स्थित था। कौशाम्बी इसकी राजधानी थी। 'कुरु' महाजनपद दिल्ली एवं मेरठ प्रदेश में स्थित था। इन्द्रप्रस्थ इसकी राजधानी थी। पांचाल महाजनपद रुहेलखण्ड के समीपवर्ती प्रदेश में स्थित था। 'मत्स्य' महाजनपद राजस्थान के जयपुर, अलवर और भरतपुर क्षेत्र में स्थित था। विराटनगर इस जनपद की राजधानी थी। माना जाता है कि पाण्डवों ने अपने वनवास का अंतिम वर्ष विराटनगर में बिताया था।

'शूरसेन' महाजनपद मथुरा के ब्रज प्रदेश में स्थित था। मथुरा इस जनपद की राजधानी थी। यहां यदुवंशी राजाओं का शासन था। 'अश्मक' महाजनपद दक्षिण में गोदावरी नदी के तट पर स्थित था। पोहन या पोहलि इसकी राजधानी थी। 'अवन्ति' महाजनपद मालवा क्षेत्र में स्थित था। उज्जयिनी इसकी राजधानी थी। शिशुनाग राजा ने इसे अपने मगध साम्राज्य में मिलाया था। 'गान्धार' भारत के पश्चिमोत्तर में, तक्षशिला पेशावर में स्थित महाजनपद था। तक्षशिला इसकी राजधानी थी। यहां नग्नजीत नाम का प्रसिद्ध राजा हुआ। मगध के अलावा भारतवर्ष में सोलहवां और अंतिम जनपद 'कम्बोज' था। यह गान्धार (अफगानिस्तान) का निकटवर्ती प्रदेश था।

इन सोलह महाजनपदों में 'मगध' सबसे ज्यादा विशाल और वैभवशाली महाजनपद था। मगध महाजनपद बिहार और गया के दक्षिण भाग में स्थित

था। गिरिव्रज अथवा राजगृह इस महाजनपद की राजधानी थी। बृहद्रथ और जरासंध यहां के दो प्रसिद्ध राजा हुए थे।

मगध महाजनपद के उत्तर में गंगा नदी तथा पश्चिमी में सोन नदी बहती थी। पूर्व में चम्पा नदी बहती थी तथा दक्षिण क्षेत्र विन्ध्य पर्वत शृंखला से घिरा हुआ था। इस प्रकार भौगोलिक रूप से मगध साम्राज्य पूर्णतः सुरक्षित था।

मगध की पुरानी राजधानी गिरिव्रज थी जो बाद में राजगृह कहलाई। यह राजधानी पांच पहाड़ियों के बीच सुरक्षित थी।

मगध राज्य का आदि संस्थापक 'बृहद्रथ' राजा को माना जाता है। आर्थिक दृष्टि से मगध अत्यन्त सम्पन्न राज्य था। यहां लौह खनिज के भंडार थे जिस कारण शस्त्र निर्माण में सुविधा रहती थी। यहां के वनों में पाए जाने वाले हाथी मगध की सुरक्षा की दृष्टि से सहायक थे। मगध राज्य के पास एक उत्कृष्ट सेना थी तथा मगध में रहने वाली सभी जातियों के लोग परस्पर एकता और सौहार्द से रहते थे।

मगध में बृहद्रथ राजा के वंश का 'जरासंध' नाम का पराक्रमी शासक हुआ, जिसने मगध राज्य का विस्तार किया। जरासंध की मृत्यु के बाद उसके उत्तराधिकारी मगध के पतन को रोक नहीं पाए। मगध के बृहद्रथ वंश के अंतिम राजा रिपुंजय की उसके मन्त्री पुलिक ने हत्या कर दी और पुलिक ने 'बालक' नाम के अपने पुत्र को मगध का राजा बनाया। बालक राजा को उसको एक सामन्त भट्टिय ने मार दिया और उसने अपने बेटे बिम्बसार को मगध के सिंहासन पर बिठाया।

जिस समय सामन्त भट्टिय ने अपने पुत्र बिम्बसार को मगध की राजगद्दी पर बिठाया। उस समय बिम्बसार की उम्र केवल चौदह वर्ष की थी। लेकिन इतनी छोटी उम्र में भी वह बड़ा ही शक्तिशाली वीर योद्धा था। उसके पराक्रम की वजह से उसे 'श्रोणिक' अथवा 'चक्रवर्ती राजा' कहा गया। राजा बिम्बसार ने अपने मगध राज्य को एक राष्ट्र का रूप, सम्प्रभु साम्राज्य का स्वरूप प्रदान किया।

मगध का बिम्बसार राज्य हर्यंक वंश का था। हर्यंक या हरि अंक का शाब्दिक अर्थ हरि (सर्प) का अंक (चिह्न) था। इस कारण बिम्बसार को

नागवंशी राजा कहा गया। वह सामन्त भट्टिय का पुत्र था।

राजा बिम्बसार का शासनकाल आज से लगभग ढाई हजार या 2500 वर्ष पूर्व (544 ई. पूर्व से 492 ई. पूर्व) था। राजा बिम्बसार मगध का महत्त्वाकांक्षी, दूरदर्शी एवं कूटनीतिज्ञ शासक था तथा उसने अपने साम्राज्य का काफी विस्तार किया। अपने राज्य का विस्तार करने के लिए उसने भारत के महत्त्वपूर्ण राजवंशों से वैवाहिक सम्बन्ध स्थापित किए। कोसल के राजा की पुत्री कोसलदेवी से उसने विवाह किया। वैशाली के लिच्छवि राजा चेलक की पुत्री चेलना से भी विवाह किया। मद्र देश (पंजाब) की राजकुमारी क्षेमा के साथ तीसरा विवाह किया और 'विदेह' की राजकुमारी 'वासवी' के साथ भी शादी की।

राजा बिम्बसार के शासनकाल में महात्मा गौतमबुद्ध मगध राज्य में पधारे। उनके मगध आगमन पर बिम्बसार इतना प्रभावित हुआ कि वह अपने परिवार एवं राज्य सहित बुद्ध की शरण में चला गया। एक ब्राह्मण को चम्पानगरी की पूरी आय दान में दे दी। सम्राट बिम्बसार धर्म सहिष्णु था। राजवैद्य 'जीवक' उसका विद्वान चिकित्सक था।

लेकिन मगध सम्राट राजा बिम्बसार के जीवन का अन्त बड़ा ही दुःखद रहा। उसके पुत्र अज्ञातशत्रु ने उसे कारागृह में कैद कर लिया तथा बाद में उसकी हत्या करके मगध के सिंहासन पर बैठा। सन् 544 ईसा पूर्व से लेकर 492 ई. पूर्व तक 52 वर्षों तक बिम्बसार ने मगध पर लम्बा शासन किया और वृद्धायु में अपने ही पुत्र अजातशत्रु के हाथों मारा गया।

पितृहन्ता अजातशत्रु सन् 492 ई. पूर्व मगध के सिंहासन पर बैठा। वह अपने पिता से भी ज्यादा महत्त्वाकांक्षी और साम्राज्यवादी था। उसने मगध की राजधानी राजगृह का धुर्वीकरण कराया अर्थात् राजधानी के चारों तरफ किले की मोटी दीवार बनवाई तथा राजधानी को सुदृढ़ एवं सुरक्षित किया। सोन नदी और गंगा नदी के तट पर राजा अजातशत्रु ने 'पाटलिपुत्र' नाम के एक सुन्दर नगर को स्थापित किया।

कोसल के राजा प्रसेनजित ने अपनी पुत्री वाजिरा का विवाह अजातशत्रु के साथ किया। बाद में काशी राज्य को भी अजातशत्रु ने मगध साम्राज्य में मिला लिया। चेलक राजा को युद्ध में हराकर सम्राट अजातशत्रु ने उसके

वैशाली राज्य को भी मगध में मिला लिया था।

शुरू में राजा अजातशत्रु जैन धर्म का अनुयायी था लेकिन बाद में उसने भी अपने पिता बिम्बसार की तरह बौद्ध धर्म को अपना लिया था। अजातशत्रु के शासनकाल में मगध राज्य अत्यधिक सम्पन्न एवं समृद्ध हो गया था।

अजातशत्रु के बाद उसका पुत्र उदयिन सन् 462 ई. पूर्व में मगध का सम्राट बना। उसने अपने दादा बिम्बसार की तरह सन् 414 ई. पूर्व तक अर्थात् लगभग पचास वर्षों तक मगध पर शासन किया। राजगृह को बदल कर राजा उदयिन ने अपने पिता अज्ञातशत्रु द्वारा स्थापित पाटलिपुत्र नगर को अपनी राजधानी बनाया। लेकिन राजा उदयिन के शासनकाल में मगध के अन्दर अराजकता और अशान्ति फैल गयी। अवन्ति के राजा ने उदयिन की हत्या करवाने में मदद की।

राजा उदयिन के बाद उसका पुत्र अनिरुद्ध मगध का राजा बना और अनिरुद्ध के बाद मुण्ड और नागदशक मगध के शासक हुए। मगध के बिम्बसार वंशी या हर्यंक वंशी अन्तिम राजा नागदशक को मगध की प्रजा ने मिलकर मगध से बाहर निकाल दिया क्योंकि नागदशक एक अयोग्य, दुराचारी राजा था। उसकी जगह पर शिशुनाग नाम के एक योग्य आमात्य को मगध के सिंहासन पर बिठाया गया। इसी शिशुनाग राजा ने मगध में 'शिशुनाग' नामक राजवंश की स्थापना की अर्थात् शिशुनाग के बाद उसके खानदान के जितने भी राजा मगध में हुए, वो शिशु नागवंशी कहलाए।

शिशुनाग पहले वाराणसी का राज्यपाल था जिसकी योग्यता, प्रशासन कल्प से प्रभावित होकर मगध की जनता ने उसे मगध का राजा बनाया था। आगे चलकर यह मगध कुशल शासक सिद्ध हुआ तथा जनता की उम्मीदों पर खरा उतरा। अवन्तिराज को युद्ध में पराजित करके राजा शिशुनाग ने मगध साम्राज्य का अत्यधिक विस्तार किया। मगध के इस प्रतापी शासक ने कोसल और वत्स आदि राज्यों को भी मगध में शामिल कर लिया था।

शिशुनाग के बाद उसका पुत्र कालाशोक अथवा काकवर्ण मगध का राजा बना। कालाशोक के बाद उसके दस पुत्रों ने मिलकर मगध पर शासन किया। मगध पर शिशुनाग राजवंश का शासन कुल 22 वर्ष तक चला।

महानन्दिन इस शिशु नागवंश का अंतिम सम्राट था। उसकी शूद्र कुल में जन्मी पत्नी ने महापद्म नामक एक पुत्र को पैदा किया। इस महापद्म राजा ने मगध को शिशुनाग वंश का अन्त कर डाला और मगध में एक नए राजवंश की नींव डाली। इस वंश को 'नन्द वंश' के नाम से जाना गया।

सन् 346 ई. पूर्व में महापद्म राजा ने मगध में नन्द वंश की स्थापना की थी। महापद्म एक रूपवान सुन्दर युवक था। वह मगध के अंतिम शिशु नागवंशी राजा महानन्दिन की शूद्रा पत्नी की कोख से पैदा हुआ था। राजा महानन्दिन की उच्चवर्ण वाली सुन्दर रानी महापद्म के रूप रंग पर मोहित हो गयी थी। उसी के साथ मिलकर महापद्म ने एक दिन मगध के राजा महानन्दिन को छल एवं धोखे से मार डाला और मगध का सम्राट बन गया।

मगध के राजा महापद्म ने मगध में एक विशाल सेना का संगठन किया और अपार धनराशि एकत्र की। उसने कई स्वतन्त्र जनपदों की स्वतन्त्रता का हरण करके उन्हें अपने मगध साम्राज्य में मिलाया। कई क्षत्रिय राजवंशों का उसने उन्मूलन कर डाला।

मगध का महापद्म राजा अपना स्वार्थ सिद्ध करने के लिए किसी की भी हत्या कर सकता था, कुछ भी अनिष्ट कर सकता था इसलिए मगध की जनता उससे असन्तुष्ट एवं नाराज रहती थी। मगध के लोग उसे 'स्वार्थसिद्धि राजा' कहा करते थे।

दो

मगध के राजा महापद्म को मगधवासी 'स्वार्थसिद्धि' कहा करते थे। कारण यह था कि महापद्म अपना स्वार्थ पूरा करने के लिए किसी का कुछ भी अनिष्ट या अहित कर सकता था। अपना मतलब पूरा करने के लिए वह किसी की जान भी ले सकता था। अपने साम्राज्य का विस्तार करने के लिए उसने कई स्वतन्त्र जनपदों की स्वतन्त्रता का हरण करके उन्हें मगध में मिला लिया था तथा क्षत्रिय राजाओं पर आक्रमण करके क्षत्रिय राजवंशों का उन्मूलन करने की धुन उसके ऊपर सवार रहती थी। वह एक अधार्मिक व्यक्ति था इसलिए मगध की प्रजा में उसके प्रति भारी असन्तोष था।

स्वार्थसिद्धि महापद्म नन्द वंश का मुख्य संवाहक था। उसे अपनी सुख-सुविधाओं का ज्यादा ख्याल रहता था जबकि वह अपनी प्रजा के हित और सुविधाओं के बारे में कम सोचता था।

स्वार्थसिद्धि राजा (महापद्म) की दो रानियां थीं। इनमें से एक का नाम सुनन्दा था और दूसरी रानी का नाम वृषला मुरा था। ये दोनों ही रानियां खूबसूरत थीं। ये दोनों रानियां एक समय पर गर्भवती हुईं। महारानी सुनन्दा ने एक मांस पिण्ड को जन्म दिया वृषला मुरा से मौर्य नामक पुत्र पैदा हुआ।

महारानी वृषला मुरा के नवजात पुत्र को देखकर तो महापद्म राजा को बड़ी खुशी हुई लेकिन सुनन्दा रानी के गर्भ से उत्पन्न हुए मांस पिण्ड को देखकर महापद्म को बहुत दुःख हुआ। वह बड़ा चिन्तित और परेशान-सा दिखाई दिया और अपनी परेशानी के निवारण के लिए उसने अपने महामन्त्री राक्षस को अपने पास बुलाया।

मगध का महामन्त्री राक्षस नीति-निपुण और शास्त्रों का ज्ञाता था।

तन्त्र-विद्या में भी उसे महारत हासिल थी। जब उसे पता चला कि राजा को महारानी सुनन्दा की कोख से निकले मांस पिण्ड को देखकर दुःख है तो उसने उस मांस पिण्ड के नौ टुकड़े करके उन्हें जल से भरे एक पात्र में रखा। मांस के उन नौ टुकड़ों पर महामन्त्री राक्षस ने अपनी तन्त्र-विद्या का प्रयोग किया। तन्त्र शक्ति के चमत्कार से मांस के वे नौ टुकड़े कुछ ही दिनों बाद नौ भ्रूण के रूप में बदल गए तथा विकसित होकर नौ शिशुओं के रूप में बदल गए।

इस तरह मगध के महामन्त्री राक्षस ने महारानी सुनन्दा की कोख से निकले मांस के पिण्ड को नौ नवजात शिशुओं के रूप में बदल दिया और सब जगह यह खबर फैला दी गयी कि महारानी सुनन्दा ने एक साथ नौ पुत्रों को जन्म दिया है। इन नौ पुत्रों को पाकर स्वार्थ-सिद्ध महापद्म राजा बड़ा प्रसन्न हुआ।

समयानुसार महापद्म राजा बूढ़ा हुआ और उसके पुत्र जवान हो गए। एक दिन उसने अपने शासन की बागडोर अपने पुत्रों के हाथों में संभाली और खुद वन में भगवान का भजन, ध्यान अथवा तपस्या करने चला गया! सारी जिन्दगी तो वह अपने राज्य का विस्तार करने तथा अपना स्वार्थ-सिद्ध करने में लगा रहा। वृद्धायु में उसे भगवान की याद आई। उस समय यह नियम भी था कि जब भारत का कोई राजा बूढ़ा हो जाता था तो वह अपने पुत्रों को अपना शासन सौंपकर ईश्वर की आराधना करने वन में निकल जाता था। वन में रहकर वह संयम, तप और चिन्तन (आत्मचिंतन) के जरिए अपनी आत्मा की शुद्धि किया करता था।

महारानी सुनन्दा के मांस पिण्ड से पैदा हुए नौ पुत्रों को 'नवनन्द' कहा गया। रानी सुनन्दा के ये नौ पुत्र बहुत प्यारे थे तथा सब मिल-जुलकर प्रेम सहित रहते थे। ये अपने सौतेले भाई मौर्य से भी अत्यन्त स्नेह किया करते थे।

जब मौर्य का विवाह हुआ तो कहा जाता है कि उसके सौ पुत्र पैदा हुए थे। मगध के शासन की बागडोर मौर्य के बड़े भाई नवनन्दों के हाथ में थी। ये नवनन्द अपने भाई के सौ पुत्रों से किसी प्रकार की ईर्ष्या, द्वेष अथवा बैरभाव नहीं रखते थे।

लेकिन आगे चलकर नवनन्दों के आचरण और व्यवहार में परिवर्तन आ गया। मौर्य और उसके सौ पुत्र नवनन्दों या नन्द राजाओं से ज्यादा बुद्धिवान और वीर थे। इसलिए मगध की प्रजा भी इनसे बहुत प्रेम करती थी जबकि नन्द राजा को अपनी प्रजा के सुख-दुःख की कोई परवाह नहीं थी। धीरे-धीरे ये नन्द नरेश अपने पिता महापद्म की तरह ही स्वार्थी होने लगे थे। यही नहीं, वे मगध की प्रजा पर भी मनमानी और अत्याचार करने लगे थे इसलिए मगध की प्रजा इन राजाओं से दुःखी रहने लगी थी और चाहती थी कि मौर्य तथा उसे शतपुत्र मगध का शासन संभालें। बस, यही बात नन्द नरेशों के दिल में खटकती थी। मगध की प्रजा हमारे बजाय मौर्य तथा उसके पुत्रों को चाहती है, इस बात को वे सहन नहीं कर पाते थे।

नन्दों के कार्य इतने अच्छे नहीं थे कि प्रजा उनकी प्रशंसा करती। जब नन्द शासक अपनी प्रजा के प्रति अन्याय और शोषण की दमनकारी नीतियां अपनाने लगे तो मगध की प्रजा के लोग नन्दों की आलोचना करने लगे।

नवनन्द और मौर्यपुत्र जब जंगल में शिकार खेलने जाते तो मौर्यपुत्र हमेशा शेर-चीते आदि बड़े जानवरों का शिकार किया करते। दूसरी तरफ नन्दों की हिम्मत नहीं होती थी कि वे ऐसे बड़े हिंसक जानवरों का शिकार कर उन पर तीर चलाएं लेकिन नन्द अपनी शेखी बघारने में माहिर थे। मगध के शासन की बागडोर नन्दों के हाथ में थी इसलिए वे अपने आपको ऊंचा समझते थे तथा मौर्यपुत्रों से खुद को बड़ा साबित करने का प्रयत्न करते थे।

लेकिन मगध के लोगों के मन में नन्द शासकों के प्रति आक्रोश था और मौर्यपुत्रों के प्रति स्नेह तथा आदर का भाव था। इसी बात के कारण अब नन्द हमेशा मौर्यपुत्रों से ईर्ष्या करने लगे थे।

तीन

मगध की प्रजा के दिल में मौर्यपुत्रों के प्रति प्रेम बढ़ता देखकर नन्द शासक (नवनन्द अथवा नौ नन्द भाई) मौर्यपुत्रों से बहुत ईर्ष्या, द्वेष एवं शत्रुता का भाव रखने लगते थे। नवनन्दों में सबसे बड़े भाई का नाम नन्दराज था। एक दिन उसने अपने आठों भाइयों को अपने पास बुलाया और उनसे कहने लगा, "मौर्य के पुत्र हमसे संख्या में अधिक हैं तथा हमसे ज्यादा ताकतवर भी हैं। उनकी बुद्धिमती, वीरता और साहस के कारण मगध की जनता उन्हें बहुत चाहती है। हम लोग मगध के शासक हैं लेकिन मगध के लोग हमें अपना राजा नहीं मानते। वे मौर्यपुत्रों पर अपनी जान छिड़कते हैं। मुझे तो इस बात का डर लगा रहता है कि ये मौर्यपुत्र प्रजा के स्नेह का सहारा लेकर और प्रजा को अपने साथ लेकर किसी दिन हमारे खिलाफ बगावत न खड़ी कर दें। हमको मगध के सिंहासन से नीचे न उतार दें?"

"कुछ भी हो भैया, मौर्यपुत्रों को अपने रास्ते से हटाना होगा वर्ना आगे चलकर ये हमारे शासन में रोड़े अटकाएंगे"—नन्दराज का एक छोटा भाई बोला।

नन्दराज, "तो फिर ठीक है। मैं मौर्यपुत्रों को ठिकाने लगाने का कोई उपाय सोचता हूं। मैं जैसा कहता हूं, तुम वैसा ही करते जाना। अगर भाग्य ने हमारा साथ दिया तो कुछ ही दिनों में मौर्यपुत्रों का नामोनिशान मगध से और संसार से हमेशा-हमेशा के लिए मिट जाएगा।"

तीन-चार दिनों में गहरा सोच-विचार करके नन्दराज ने मौर्यपुत्रों को खत्म कर डालने की एक कुटिल योजना बना ली तथा इस योजना को अपने आठों छोटे भाइयों को भी अच्छी तरह से समझा दिया। उस योजना को सुनकर नन्द भ्राता बड़े खुश हुए और अगले ही दिन से उन्होंने अपने बड़े

भाई की बनाई योजना पर काम करना शुरू कर दिया। बड़े भाई के कहने पर नन्दों ने पाटलिपुत्र राजधानी से कुछ दूर एक सुन्दर महल का निर्माण करवाया। वह महल बड़ा ही विचित्र था। नवनन्दों (नन्द शासकों) के अलावा उस महल में घुसने की इजाजत किसी को नहीं थी। महल के चारों तरफ हर समय कड़ा पहरा लगा रहता था। महल की खास बात यह थी कि मुख्यद्वार को छोड़कर महल में कोई अन्य दरवाजा अथवा खिड़कियां नहीं थीं। महल चारों तरफ से बन्द था। दीवारें ऊंची और मोटी थीं जिन्हें पार करना किसी भी मनुष्य के लिए अत्यन्त कठिन ही नहीं बल्कि असम्भव भी था। नन्दराज की योजना यह थी किसी बहाने मौर्यपुत्रों को इस बन्द महल में लाया जावे और उन्हें महल की दीवारों के बीच बन्द कर ऊपर से महल का दरवाजा (मुख्यद्वार) बन्द कर दिया जाए। भूख-प्यास और दम घुटने के कारण दो-चार दिनों में मौर्यपुत्र दम तोड़ देंगे। फिर हम नन्द भाई चिरकाल तक मगध पर निष्कंटक राज करते रहेंगे।

जब यह घुटनदार विचित्र महल बनकर तैयार हो गया तो एक दिन नन्दराज ने अपने सौतेले भाई मौर्य को अपने पास बुलाया और उससे बोला, "प्यारे भाई! कई दिनों से हम भाई मिलकर शिकार पर नहीं गए हैं। कल हम शिकार खेलने चलेंगे। तुम अपने साथ अपने वीर पुत्रों को भी वन में ले चलो तो बहुत अच्छी बात होगी। सब मिलकर शिकार खेलेंगे तो बहुत मजा आएगा। मैंने पास ही एक नया महल बनवाया है। शिकार से लौटते वक्त मैं तुम्हें वह महल भी दिखाऊंगा।"

नन्दराज के सौतेले भाई मौर्य ने भी निर्माणाधीन नवीन महल के बारे में सुना था जो कि पाटलिपुत्र के करीब था। उसकी भी इच्छा एक दिन महल को देखने की हुई थी लेकिन नन्दों का आदेश था कि नवनन्दों के अलावा कोई भी व्यक्ति चाहे वह कितना ही खास क्यों न हो, महल में प्रवेश नहीं कर सकता इसलिए महल को देखने की इच्छा मन में रख मौर्य महल से वापिस लौट आया था। आज जब नन्दराज ने स्वयं उसे व उसके पुत्रों को महल दिखाने की बात कही तो मौर्य बड़ा प्रसन्न हुआ। उसने खुशी-खुशी अपने पुत्रों के साथ वन में चलने की अथवा शिकार पर जाने की अनुमति दे दी।

नन्दराज बड़ा ही धूर्त, कपटी और दुष्ट प्रकृति का इंसान था। वह जानता था कि सारे मगध में केवल उसका सौतेला भाई मौर्य तथा उसके पुत्र हम नवनन्दों से शारीरिक एवं बौद्धिक बल में भारी हैं। शारीरिक बल से अथवा हथियार से उनको हराया या मारा नहीं जा सकता। हां धोखे से इन सबकी हत्या जरूर की जा सकती है।

मौर्य अपने सौतेले नन्द भाइयों से बहुत प्रेम करता था। वह नवनन्दों पर बहुत भरोसा भी करता था। बेचारे को क्या मालूम था कि जिस नन्दराज के वह दुनिया में अपना सबसे ज्यादा हितैषी, शुभचिन्तक तथा अपना समझता है, वही आस्तीन का सर्प बनकर उसे शतपुत्रों की हत्या करने का निर्णय ले चुका है।

अगले दिन नन्दराज अपने सगे आठों भाइयों, सौतेले भाई मौर्य व उसके सौ वीर पुत्रों के साथ शिकार खेलने पाटलिपुत्र राजमहल से वन की ओर चल दिया। इन सभी के पास अपने घोड़े, धनुषबाण तथा तलवार आदि अस्त्र-शस्त्र थे। नवनन्द तो अपने सैनिकों के साथ चल रहे थे लेकिन मौर्य के शतपुत्रों के साथ न तो कोई सैनिक था, न सहायक था। ये सौ वीर किसी सेना से कम नहीं थे। इन शत वीरों में हजारों सैनिकों के बराबर शक्ति और सामर्थ्य थी।

'चन्द्रगुप्त' मौर्य के सौ पुत्रों में सबसे छोटा था। वह अचूक निशानेबाज था। जब वह किसी जंगली जानवर पर अपने तीर का निशाना साधकर उसे मार गिराता था तो नन्द राजा अपने दांतों तले अंगुलि दबा लेते थे।

जंगल में जब सभी राजकुमार शिकार खेलने में व्यस्त हो गए तो नन्दराज यह सोचकर बड़ा खुश हुआ कि मौर्यपुत्रों के शिकार का यह आखिरी खेल है। आज के बाद कोई भी मौर्यपुत्र शिकार खेलने के लिए जीवित नहीं बचेगा।

मौर्य अपने सबसे छोटे पुत्र चन्द्रगुप्त का निशाना देखकर बड़ा प्रसन्न हो रहा था। उसने चन्द्रगुप्त अर्थात् छोटे राजकुमार को शाबाशी दी। सुबह से लेकर शाम तक मगध के वन में ये सभी राजकुमार नवनन्दों के साथ शिकार खेलते रहे। जब शाम हुई तो सबको भूख लगने लगी। तब नन्दराज ने अपने सौतेले भाई मौर्य से कहा, "भैया! अब शाम हो चुकी है, कुछ ही

देर में चारों तरफ अन्धेरा हो जाएगा इसलिए अब हम सब अपने नए महल की ओर लौट चलते हैं। वहां मैंने सभी के लिए स्वादिष्ट पकवान-व्यंजन का प्रबन्ध किया है। तुम्हारे बेटे भी शिकार खेलते-खेलते थक गए हैं। इन्हें भूख भी लगी होगी। भोजन के अलावा नए महल में नृत्य संगीत और मनोरंजन का भी प्रबन्ध किया गया है। तुम अगर अपने नए महल की सुन्दरता और शिल्पकारी देखेंगे तो बड़े खुश होंगे। चलो, अब वहीं चलते हैं।"

मौर्य तो अपने नन्द भाइयों को अपना हितैषी और परमविश्वासी मानता था उसे क्या पता था कि उसे और उसके पुत्रों की हत्या के षड्यन्त्र के तहत यहां लाया गया है इसीलिए जब नन्दराज ने उससे नए महल चलने को कहा तो मौर्य ने अपने पुत्रों को बुलाकर इकट्ठा किया और उनसे कहा कि अब हम नए महल में चलते हैं। आज की रात हम वहीं विश्राम करेंगे।

सभी राजपरिवार के सदस्य खुशी-खुशी नवीन महल की ओर चल दिए। जब ये महल के दरवाजे पर पहुंचे तो वहां तैनात सरक्षा प्रहरी ने नन्दराज का इशारा पाते ही दरवाजे पर लगा ताला खोल दिया। द्वार खुल जाने पर नन्दराज सबको अन्दर ले गया। महल के अन्दर सब कुछ बन्द था लेकिन प्रकाश व्यवस्था में इस प्रकार की चित्रकारी की गयी थी मानो कि महल में चारों तरफ कई खिड़कियां और रौशनदान हों। सच बात तो यह थी कि इन चित्रों के पीछे मोटी अभेद्य दीवारें थीं जिन्हें पार करना असम्भव था।

नवीन महल की दीवारें भीतर से रंगीन तथा आकर्षक चित्रकारी युक्त थीं। दीवारें इतनी खूबसूरत थीं कि मौर्यपुत्र अपनी थकान और भूख-प्यास को भूल कर इस चित्रकारी को ही निहारते रहे। मौर्य के लिए भी वह सब अद्भुत था अतः वह भी महल की अद्भुत चित्रकला की भूलभुलैया में खो गया। अवसर देखकर नन्दराज अपने छोटे भाइयों (नन्द भ्राताओं) को लेकर चुपचाप महल से बाहर आ गया और उसने प्रहरी से कहकर महल का लौहद्वार बाहर से बन्द करवा दिया तथा दरवाजे पर काफी बड़ा लोहे का ताला डलवा दिया। इस तालों को इसी दिन के लिए बनवाया गया था जिसे तोड़ पाना या खोल पाना किसी के वश की बात नहीं थी।

जैसे ही नवनन्द महल से बाहर आए, इन्होंने महल के अन्दर जगमगाती प्रकाश व्यवस्था बन्द करवा दी। इससे महल के अन्दर सब तरफ

घुप्प अन्धेरा हो गया तथा दरवाजे के अलावा हवा का कोई निकास न होने की वजह से मौर्य और उसके पुत्रों की सांस घुटने लगी। ये सब लोग दिनभर की थकान और भूख-प्यास से पहले ही परेशान थे। ऊपर से भयानक अन्धेरा और घुटन थी। अब इन सबने समझ लिया कि हम सबको जान से मारने के लिए ही नन्दों ने यह षड्यन्त्र रचा है।

अन्धकार में अपने आप पर पछताता तथा दीवारों पर अपने हाथ मारता मौर्य अपने पुत्रों से कहने लगा, "मैं अपने नन्द भाइयों से कितना स्नेह और विश्वास रखता था। वे मेरे साथ, मेरे पुत्रों के साथ इतना बड़ा छल करेंगे, यह मैं सपने में भी नहीं सोच सकता था। हमें मार डालने के लिए ही नन्दों ने इस घुटन भरे महल को बनवाया था। इस महल की दीवारें कितनी मजबूत और कठोर हैं। हवा एवं प्रकाश के लिए न कोई सूराख है, न यहां से बाहर निकलने का कोई रास्ता ही दिखाई देता है। भूख, प्यास और घुटन के कारण हम सबके प्राण अधिक समय तक जीवित न रह पाएंगे। अगर मेरे नन्द भाई मुझसे और तुम सबसे इतनी नफरत करते थे तो वे मुझसे कहते। हम यह मगध राज्य हमेशा-हमेशा के लिए छोड़कर कहीं चले जाते। नवनन्दों की नजरों से कहीं दूर निकल जाते और फिर कभी मगध न लौटते! अब भला क्या किया जा सकता है। मेरा अपने किशोर एवं युवा पुत्रों के साथ इसी महल में मरना लिखा था। मेरे पुत्रो! तुम सब कसम खाओ कि अगर तुममें से कोई जीवित बच जाएगा तो वह नन्दों से हम सबकी मौत का बदला लेगा!"

अन्धकार में मौर्य की आवाज गूंज रही थी। उसी आवाज के प्रति अटूट विश्वास रख मौर्यपुत्रों ने एक स्वर में कसम खाई, "हां पिताजी, हम कसम खाते हैं कि हम ऐसा ही करेंगे...."

मौर्यपुत्र यद्यपि बहुत बलवान और बुद्धिवान थे। उन्होंने उस अन्धेरे महल से निकलने के कई उपाय किए लेकिन कोई उपाय कारगर साबित न हुआ। उधर नन्दराज और उसके भाई महल से जाते समय महल के पहरेदारों को चेतावनी दे गए थे कि अगर महल से बाहर कोई कैदी भागा या तुमने महल का यह ताला और दरवाजा खोला तो तुम्हें तुम्हारे बीबी बच्चों के साथ इसी महल के अन्दर दीवार में चिनवा दिया जाएगा।

पहरेदार नन्द शासकों का क्रूर स्वभाव भली प्रकार से जानते थे अतः उन्होंने नन्दराज से वायदा किया कि जब तक आप आदेश नहीं देंगे, तब तक न तो महल का ताला खुलेगा और न दरवाजा।

इसके बाद कई दिन बीत गए। क्रूर-अत्याचारी शासक नन्दराज ने न तो इस महल का दरवाजा खुलवाया और न अन्दर से किसी प्रकार की प्रतिक्रिया या आवाज पहरेदारों को सुनाई दी। मौर्य तथा उसके बेटे दम घुटने के कारण कब के मर चुके थे। जब उनके मृत शरीरों से दुर्गंध उठकर बाहर आने लगी तो महल के एक पहरेदार ने जाकर नन्दराज को बुलाया, "महाराज! मुझे लगता है कि महल के सारे कैदी मर चुके हैं इसलिए उनकी दुर्गंध बाहर आ रही है। अगर आप आज्ञा दें तो महल का दरवाजा खोलकर अन्दर देख लिया जाए?

नन्दराज ने सोचा कि महल से दुर्गंध आ रही है तो इसका मतलब यह है कि मौर्य और उसके पुत्र मर गए हैं। कहीं यह दुर्गंध आस-पास के माहौल में ज्यादा फैल गयी और किसी नागरिक को शक हो गया तो मगध की प्रजा तरह-तरह के प्रश्न पूछेगी। वैसे भी मौर्य और उसके बेटे कई दिनों से किसी को नजर नहीं आ रहे हैं इसलिए दुर्गंध सूंघकर जनता को शक हो जाएगा कि हमने मौर्यपुत्रों को महल में बन्द करके मार डाला है। क्यों न शवों को बाहर निकलवाकर उनको जला दिया जाए? अथवा महल में ही आग लगवा दी जाए?

यह सोचकर नन्दराज ने महल के पहरेदारों से कहा, "पहरेदार! तुम यहां से कुछ हथियारबन्द सैनिकों को साथ लेकर जाओ और महल का ताला खोलो। महल के अन्दर जाकर देखो कि यहां कोई कैदी जीवित तो नहीं बचा है। अगर कोई कैदी जीवित बचा हो तो उसे पकड़कर तुरन्त मेरे पास लाना!"

"जो आज्ञा महाराज!"—इतना कह नन्दराज को सिर झुकाकर प्रणाम करता हुआ महल का पहरेदार नन्दराज के दरबार से चला गया। नन्दराज के संकेत पर उसके सुरक्षा सचिव ने कुछ हथियारबन्द सैनिक पहरेदार के साथ कर दिए ताकि महल का कोई कैदी भागने का प्रयत्न करे तो उसे तुरन्त पकड़कर गिरफ्तार किया जा सके।

अन्धेरे महल के पहरेदारों ने सैनिकों को साथ लेकर महल का दरवाजा खोला। मौर्य तथा उसके प्रायः सभी पुत्र मर चुके थे तथा उनके शरीर से सड़ांध के कारण इतनी दुर्गंध आ रही थी कि पहरेदार और सैनिकों का अन्दर टिकना मुश्किल हो रहा था। वे नाक पर कपड़ा रखकर कैदियों के शवों का परीक्षण कर रहे थे। महल के अन्दर उन्हें और तो कोई जीवित नजर नहीं आया, हां एक किशोर बालक जरूर सांस लेता हुआ दिखाई दिया। वह मौर्य का सबसे छोटा पुत्र चन्द्रगुप्त था, जो कि दैवयोग से जीवित था तथा अभी तक मरा नहीं था।

नन्दराज के सैनिकों ने जैसे ही किशोर चन्द्रगुप्त को बेहोशी की सी हालत में देखा, उसे पकड़ लिया। इसके बाद सैनिकों व पहरेदारों ने महल के अन्दर सब जगह घूमकर देखा कि कहीं कोई कैदी जीवित तो नहीं बचा है? जब उन्हें विश्वास हो गया कि अन्दर कोई जीवित नहीं है तो वे चन्द्रगुप्त को बाहर ले आए तथा नन्दराज की अगली आज्ञा होने तक महल के दरवाजे पर लोहे का वही बड़ा-सा ताला दुबारा लगा दिया। ऐसा राजा नन्द का हुक्म था। नन्दराज जानता था कि मगध की जनता मौर्य तथा उसके पुत्रों से बहुत प्रेम करती है। अगर उन्हें पता चलेगा कि मौर्यपुत्र वहां महल के अन्दर मारे गए हैं तो प्रजा को बहुत दुःख होगा तथा प्रजाजन बगावत पर उतर आएंगे।

नन्दराज मन में सोचता था, "जब मुझे यकीन हो जाएगा कि मौर्य और उसके सारे पुत्र महल में मर गए हैं तो मैं पहरेदारों से कहकर महल में आग लगवा दूंगा और मगध में यह बात प्रचारित करवा दूंगा कि आखेट के बाद मौर्यपुत्र महल में विश्राम कर रहे थे। किसी अज्ञात कारण से महल में आग लग गयी और वे सब आग में ही जलकर मर गए। दिखावट के लिए मौर्यपुत्रों की मृत्यु पर हफ्तेभर का शोक राज्य में जारी कर दूंगा।"

जब मौर्य के जीवित बचे एकमात्र पुत्र चन्द्रगुप्त को लेकर नन्दराज के सैनिक नन्द के पास आए तो वे नन्दराज से कहने लगे, "महाराज! उस महल के अन्दर जितने भी कैदी बन्द किए गए थे, इस बालक को छोड़कर वे सबके सब मर चुके हैं। उनके शरीर सड़ने लगे हैं जिसकी वजह से चारों तरफ दुर्गंध फैल रही है। आप शवों को जलाने का हुक्म दे दीजिए वर्ना

दुर्गंध फैल जाएगी और मौर्यपुत्रों की मृत्यु का सारे मगधवासियों को पता पड़ जाएगा।"

जिन सैनिकों ने नन्दराज से यह बात कही थी, वे भी मौर्यपुत्रों से मन ही मन बहुत प्रेम करते थे। मौर्यपुत्रों की मौत का उन्हें गहरा शोक था लेकिन नन्द शासकों की क्रूरता, कठोरता तथा अत्याचारों की वजह से वे किसी से कुछ कह नहीं पा रहे थे।

नन्दराज ने किशोर चन्द्रगुप्त मौर्य को सिर से लेकर पांव तक देखा और हंसकर कहने लगा, "तो यह बालक बचा है केवल!....इस बच्चे से हमको कोई खतरा नहीं है। फिर भी दुश्मन के एकमात्र जीवित बच्चे (पुत्र) को हमें कम नहीं समझना चाहिए। हो सकता है कि यह जनता के पास जाकर हमारे खिलाफ मगध में विद्रोह फैला दे और हमें मगध का शासन संभालना भारी पड़ जाए इसलिए तुम इस बालक को ले जाकर कैदखाने में बन्द कर दो। जिन्दगीभर यह कैदखाने में बन्द रहेगा और उसी में घुट-घुट कर मर जाएगा।"

"और उन शवों का क्या करें महाराज?"—दूसरे सैनिक ने पूछा।

नन्दराज ने आज्ञा दी, "तुम महल के चारों तरफ तेल छिड़क कर महल में आग लगा दो। जितने शव अन्दर हैं उनको भी एक जगह इकट्ठा करके अन्दर ही जला दो।....पाटलिपुत्र के लोग दूर से महल की आग को देखेंगे तो दौड़े-दौड़े वहां जाएंगे। तुम उनसे कहना कि आज शाम मौर्य तथा उनके पुत्र शिकार खेलकर यहां विश्राम के लिए आए थे। जब वे रात में खा-पीकर सो रहे थे तो किसी अज्ञात कारण से महल के अन्दर आग लग गई और उसी आग में जलकर मौर्यपुत्र मर चुके हैं।"

सभी सैनिकों ने अपनी-अपनी गर्दन हिलाते हुए कहा, "ठीक है महाराज! हम आज रात ही शवों के साथ महल को आग लगा देंगे।"

अभी तक किशोर चन्द्रगुप्त को सैनिक दरबार से बन्दीगृह में नहीं ले गए थे। वह नन्द के दरबार में ही खड़ा था। दरबार में और सारे सभासद तो नन्दराज और उसके भाइयों के डर से चुप बैठे थे लेकिन किशोर चन्द्रगुप्त मौर्य से चुप न रहा गया। वह गुस्से से चीखता हुआ नन्दराज से कहने लगा, "मेरे पिता और भाइयों के हत्यारे नन्द! मैं तुझे जीवित नहीं

छोड़ूंगा। तूने मेरे पिता के साथ विश्वासघात किया है। जैसे तूने मेरे पिता और भाइयों को तड़पाकर मारा है, वैसे मैं भी तुझे एक दिन तड़पाकर मारूंगा। मैं तुझे अपने इन्हीं हाथों से सजा दूंगा हत्यारे पापी नन्द!!"

उस समय चन्द्रगुप्त की आयु अधिक नहीं थी। नन्दराज के सामने तो वह एक छोटे से बालक की तरह ही दिखाई देता था। यदि चन्द्रगुप्त की जगह किसी और व्यक्ति से नन्द से ये शब्द कहे होते तो गुस्सेबाज-अहंकारी नन्द तलवार से उसकी गर्दन उड़वा देता लेकिन बालक चन्द्रगुप्त की बात सुनकर वह पहले मुस्कराया उसके बाद जोर-जोर से हंसने लगा।

उस समय किशोर चन्द्रगुप्त मौर्य को बहुत क्रोध आ रहा था लेकिन सैनिकों ने उसके दोनों हाथ कसकर पकड़ रखे थे इसलिए वह कुछ कर नहीं सकता था। दूसरी बात यह थी कि चन्द्रगुप्त के पास कोई हथियार भी नहीं था।

चार

मगध के शासक नन्द ने अपने भाई मौर्य और उसके सभी पुत्रों के शवों के साथ अन्धेरे महल में आग लगवा दी और मौर्य के एकमात्र जीवित बचे पुत्र को अपने कैदखाने में डलवा दिया।

रात को सारा महल धूं-धूं करके जलने लगा। महल की दीवारों पर तेल इतनी ज्यादा मात्रा में डाला गया था कि भीषण आग की वजह से महल की दीवारें चटकने-तड़कने लगीं। आधी रात के समय महल को आग लगाई गयी थी। उस समय मगध के लोग गहरी नींद में सो रहे थे इसलिए महल की आग के बारे में ज्यादा लोगों को पता नहीं चल पाया लेकिन सबेरा होते ही यह खबर आग की तरह सारे मगध में फैल गयी। जब नागरिकों ने यह खबर सुनी कि सभी मौर्यपुत्र महल में लगी आग में जलकर भस्म हो गए हैं तो किसी को भी इस खबर पर विश्वास नहीं हुआ। सब जानते थे कि मौर्यपुत्र इतने वीर और साहसी हैं कि सिवाय धोखे और षड्यन्त्र के उनको मारा नहीं जा सकता। जो लोग शेर-चीते जैसे हिंसक जानवरों से लड़ते हैं, वे भला इतनी आसान मौत कैसे मर सकते हैं?

जल्दी ही मौर्यपुत्रों की हत्या को लेकर मगधवासियों के मन में यह सन्देह पैदा हो गया कि नन्दराज और उसके भाइयों ने जरूर मौर्यपुत्रों की हत्या की साजिश रची होगी और उन्हें धोखे से महल के अन्दर बुलाकर मार डाला है। मगध के लोग जानते थे कि नवनन्द (नन्द शासक) पहले से ही मौर्यपुत्रों से ईर्ष्या और वैर भाव रखते आ रहे हैं। नन्दों ने जान-बूझ कर उन सबको मारा है अथवा अपने सैनिकों से उनका वध करवाया है ताकि मौर्यपुत्रों में से कोई मगध शासन के उत्तराधिकार का दावा न कर सके। मगध के लोगों में यह चर्चा होने लगी कि नन्द शासकों ने इसीलिए मौर्यपुत्रों

को महल में बन्द करके उन्हें धोखे से मार डाला है क्योंकि मौर्यपुत्र वीर-पराक्रमी थे। उन्हें नन्दराजा कभी बाहुबल अथवा युद्ध के जरिए नहीं हरा सकते थे। न उन्हें खुद मार सकते थे इसलिए मौर्य के साथ विश्वासघात करके नन्दराज ने उन्हें पुत्रों समेत उस अशुभ महल में कल रात बुलाया होगा और महल का दरवाजा बाहर से बन्द करके महल में आग लगा दी होगी। इसी वजह से महल के अग्निकुण्ड में मौर्यपुत्रों की हत्या हुई है।

मगध के कुछ लोग यह भी कह रहे थे कि नन्दराज ने मौर्यपुत्रों को मार डालने के लिए ही उस महल का विशेषतौर पर निर्माण करवाया था और नन्द शासकों के अलावा किसी और को महल के अन्दर घुसने की इजाजत नहीं थी। प्रजाजन तो बेचारे महल के आस-पास भी नहीं फटक सकते थे। अत्याचारी नन्दराज और उसके भाई आखिरकार अपनी चाल में कामयाब हो ही गए लेकिन नन्द शासक क्रोधी और अन्यायी-अत्याचारी हैं। इनके खिलाफ कोई कुछ बोलने की हिम्मत करेगा तो मारा जाएगा।

वैसे तो मौर्यपुत्रों की मृत्यु के सम्बन्ध में नन्दराज अथवा उसके सिपाहियों से कोई कुछ कहने की हिम्मत नहीं कर पाता था लेकिन अगर कोई कुछ कहता हुआ पाया भी जाता तो नन्द के सैनिक उसे पकड़कर उसकी खूब पिटाई करते और उसे कैदखाने में डालकर कई-कई दिनों तक भूखा-प्यासा रखते।

मौर्यों की हत्या की खबर शीघ्र ही मगध और उसके आस-पास के राज्यों में आग की तरह फैल गयी। मौर्य वंश का सम्पूर्ण नाश हो गया है, यह खबर पता लगते ही भारत के अधिकांश राजाओं ने मौर्य और उसके पुत्रों की मौत पर गहरा दुःख-शोक और अफसोस प्रकट किया। लेकिन जो राजा मगध के नन्द शासकों से दुश्मनी रखते थे, उन्हें यह खबर सुनकर प्रसन्नता हुई। जब तक मौर्य के सौ पुत्र नवनन्दों के सहयोगी थे, तब तक इन राजाओं की हिम्मत नहीं होती थी कि वे मगध पर हमला करके उस पर अधिकार कर सकें लेकिन अब पराक्रमी मौर्य (मौर्यपुत्र) मारे जा चुके थे इसलिए मगध राज्य पर आक्रमण कर नन्द नरेशों को हराना ये शासक आसान समझने लगे थे।

उस समय मगध भारतवर्ष के शक्तिशाली साम्राज्यों में से एक था। मगध में अपार धन-वैभव था इसलिए मगध के आस-पास के राज्यों के शासकों की आंखें मगध पर टिकी हुई थीं।

पांच

पर्वतेश्वर भारत के पर्वतीय प्रदेश का शासक था। नन्द शासकों की तरह वह भी अपने राज्य का विस्तार करके अखिल भारतवर्ष का सम्राट बन जाना चाहता था। मगध पर अधिकार करने की उसकी कब की लालसा मन में थी लेकिन बलशाली और पराक्रमी मौर्यपुत्रों की वजह से वह मगध पर हमला करने की हिम्मत नहीं कर पा रहा था। जब उसने मौर्यवंश की हत्या की खबर सुनी तो वह बड़ा प्रसन्न हुआ। पहले दो-तीन बार सेना लेकर पर्वतेश्वर ने मगध पर हमला करके उस पर कब्जा करने की कोशिश की थी लेकिन नन्दराज के सौतेले भाई मौर्य तथा उसके वीर पुत्रों ने हर बार उसे हराकर वापिस चले जाने को मजबूर कर दिया था।

मौर्यों की हत्या की खबर सुनकर पर्वतेश्वर अपने दरबार के मन्त्रियों तथा सभासदों को सम्बोधित करके कहने लगा, "सभासदो! मगध के रक्षक मौर्य मारे जा चुके हैं इसलिए मगध पर चढ़ाई करने का समय आ चुका है। मगध के सिंहासन की रक्षा के लिए अब केवल नवनन्द ही जीवित बचे हैं। उनको हराना हमारे लिए कठिन कार्य नहीं है।"

राजा पर्वतेश्वर ने अपने महामन्त्री से पूछा, "महामन्त्री जी, आपकी क्या राय है?"

पर्वतेश्वर का बुद्धिवान-विचारशील महामन्त्री बोला, "महाराज! शक्तिशाली मौर्यों का अन्त करना इतना आसान काम नहीं है। मेरा तो यह विचार है कि आप पहले इस बात का पक्का पता लगा लें कि मौर्य एवं उसके सौ पुत्र मारे जा चुके हैं या नहीं? कहीं ऐसा न हो कि आप मगध पर आक्रमण कर दें और मौर्यपुत्र अपनी सेनाएं लेकर हमको चारों तरफ से घेर लें। इससे हम मुसीबत में फंस जाएंगे और हमें युद्ध हारना पड़ेगा महाराज! पहले भी हमने नन्द और

मौर्यों से दो-तीन बार कड़ी हार पाई है। इस प्रकार किसी गलतफहमी का शिकार होकर अपनी व अपने सैनिकों की जान जोखिम में डालना समझदारी की बात नहीं होगी।....नन्दराज बहुत चालाक राजा है। क्या पता उसने हमारा राज्य हड़पने के लिए तथा हमको फंसाने के लिए मौर्यपुत्रों के विनाश की झूठी खबर प्रचारित की हो। यदि यह खबर झूठी हुई, हम उसके झांसे में आ गए और सेना लेकर मगध पर हमला करने चल दिए तो वह युद्ध के मोर्चों पर सैनिक टुकड़ियों की कमान मौर्यपुत्रों को सौंपकर हमारी सेना को चारों तरफ से घेर लेगा। फिर हमारा कोई भी सैनिक इस चक्रव्यूह से जीवित बचकर नहीं जा पाएगा। रणभूमि में मौर्यपुत्र हमारे सैनिकों को घेरकर मारेंगे।"

अपने महामन्त्री की बात सुनकर राजा पर्वतेश्वर सोचने लगा कि कहीं महामन्त्री की बात सच्ची तो नहीं है। नन्द नरेश जानते हैं कि पर्वतेश्वर हमसे ईर्ष्या करता है तथा मगध का राज्य पाना चाहता है। हो सकता है कि उन्होंने मुझे तथा मेरे सैनिकों को अपने जाल में फांसने के लिए यह चाल चली हो ताकि मैं जल्दबाजी में फौज लेकर मगध पर हमला कर दूं और मौर्यपुत्र मेरी सेना को घेरकर रक्तपात करना शुरू कर दें। वर्ना मौर्य के सौ वीर पुत्रों की जीवनलीला समाप्त कर देना क्या किसी राजा अथवा साधारण इंसान के लिए आसान काम है और क्या इतने सारे बहादुर राजकुमार एक साथ आत्महत्या या आत्मदाह करने को मजबूर हो सकते हैं? मौर्यवंश का इतनी जल्दी पृथ्वी से भला नाश कैसे हो सकता है? यह खबर जरूर झूठी है। हां, मौर्य का एक-दो पुत्र किसी दुर्घटना का षड्यन्त्र का शिकार हो गया हो, वह बात दूसरी है लेकिन सौ शक्तिशाली राजकुमारों को जला डालना या नष्ट कर डालना असम्भव है।

इस विषय पर गहराई से विचार करता हुआ पर्वतेश्वर अपने सभासदों से कहने लगा, "हो सकता है कि मौर्गपुत्रों के मरने की खबर झूठी हो और मौर्यपुत्र जीवित हों इसलिए हमें सबसे पहले मौर्यों की उपस्थिति का पता लगा लेना चाहिए। हो सकता है कि मौर्य के सभी सौ पुत्र जीवित हों अथवा अधिकांश मगध में कहीं जिन्दा हों। हमें मौर्यों के जीवित होने का पता लगाने के लिए किसी को मगध भेजना चाहिए। पहले यह बात पता चल जाए कि मौर्यों का सचमुच नाश हो चुका है। इसके बाद ही हम मगध पर

हमला करने का निर्णय लेंगे लेकिन इस बात का पता लगाने के लिए कौन मगध जाएगा?....मैंने तो सुना है कि मगध में नन्दराज के कई गुप्तचर तथा सैनिक सादा वेश में घूमते रहते हैं तथा बाहर से हर आने-जाने वाले यात्री पर कड़ी निगाह रखी जाती है। ऐसे में कौन यह पता लगाकर आएगा कि मौर्य जीवित हैं या नहीं?"

जब इतना कहकर पर्वतेश्वर चिन्ता में पड़ गया तो उसका महामन्त्री बोला, "चिन्ता मत कीजिए महाराज! हमारा विशेष गुप्तचर कमला पीड़ इस प्रकार के खतरे भरे कार्य को अंजाम देने में बड़ा ही निपुण है। वह इस बात का मगध से पता लगा लाएगा कि मौर्यों के मारे जाने की भी खबर झूठी है या सच्ची है? क्या सचमुच सारे मौर्य मारे जा चुके हैं या कोई मौर्यपुत्र जीवित है?"

"ठीक है, तो फिर गुप्तचर कमला पीड़ को बुलाइये!"–पर्वतश्वेर के इस प्रकार आदेश देने पर महामन्त्री ने पास ही खड़े एक सैनिक को गुप्तचर कमला पीड़ के पास भेजा। कुछ ही देर में कमला पीड़ राजा के दरबार में हाजिर हो गया।

"आज्ञा दें महाराज?"–गुप्तचर कमला पीड़ ने राजा पर्वतेश्वर को झुककर प्रणाम करने के बाद नम्रतापूर्वक हाथ जोड़े पूछा। पर्वतेश्वर कहने लगा, "गुप्तचर! तुम्हें हमारा एक काम करना है।....हमें सूचना मिली है कि मगध के राजवंश में मौर्य तथा उसके सौ पुत्र किसी अग्नि-दुर्घटना में मारे गए हैं। हमें सन्देह है कि यह खबर सच्ची नहीं है। तुम्हें मगध जाकर यह पता करना है कि क्या सचमुच ही मौर्यपुत्र मर चुके हैं अथवा कोई मौर्यपुत्र जीवित भी है?....मैं जानता हूं कि यह पता लगाना काफी जोखिम भरा काम है क्योंकि मगध में सब तरफ इसी बात की चर्चा है कि मौर्यों में या मौर्यवंश में अब कोई भी जीवित नहीं है। मगध की प्रजा भी यही कहती है और नन्दराजाओं ने भी मगध में इसी बात का प्रचार करवाया है कि दुर्भाग्यवश! सभी मौर्य काल अर्थात् मृत्यु का शिकार हो गए। सच क्या है, तुम शीघ्र इसका पता लगाकर आओ!"

गुप्तचर कमला पीड़, "ठीक है महाराज! मैं अपने साथ कुछ सैनिकों को तथा पर्याप्त धन को ले जाता हूं तथा कुछ ही दिन में मगध से सच्चाई

पता लगाकर आता हूं।"

राजा पर्वतेश्वर, "ठीक है, इस कार्य के लिए तुम्हें जितने धन की आवश्यकता हो, उतना धन हमारे वित्तमन्त्री से ले जाओ।....जितने सैनिकों की जरूरत हो, उतने सैनिक ले जाओ।"

अगले दिन गुप्तचर कमला पीड़ ने अपने साथ कुछ सैनिक लिए तथा पर्याप्त धन वित्तमन्त्री से लिया। अपनी जरूरतों का सामान ले ये लोग मगध की ओर रवाना हुए। मगध पहुंचने से पहले ही इन सबने अपने वेश बदल लिए थे। धन तो कमला पीड़ गुप्तचर के पास था ही इसलिए मगध की राजधानी पाटलिपुत्र पहुंचकर अपनी योजनानुसार उसने एक मोम का शेर बनवाया तथा उस शेर को पहियों वाले लोहे के पिंजरे में बन्द करके पिंजरा चारों तरफ मजबूती से बन्द करवा दिया। जिन लोगों ने पिंजरा और मोम का शेर तैयार किया था, उन लोगों को पकड़कर कमला पीड़ के गुप्तचर एक गुप्त स्थान पर ले गए तथा उनके हाथ पैर बांधकर बन्धनों से जकड़ दिया ताकि वे लोग मोम के शेर व पिंजरे की बात नगर में किसी और को न बता दें। यद्यपि कमला पीड़ ने इन लोगों को उनकी मेहनत से दुगना धन देकर कहा था कि हमारा काम हो जाने के बाद, दो-तीन दिनों में ही हम तुमको आजाद कर देंगे। चूंकि लोहे तथा मोम के इन कारीगरों को कमला पीड़ से अच्छा-खासा मेहनताना प्राप्त हुआ था अतः इन्होंने चुप रहने में ही अपनी भलाई समझी।

कमला पीड़ ने पिंजरा खींचने के लिए भाड़े के तीन-चार मजदूर नगर से ले लिए और लोहे के पिंजरे को लेकर पाटलिपुत्र नगर के मध्य स्थित एक चौराहे पर आया। वहां आस-पास बाजार में भी भीड़-भाड़ थी तथा लोग आ-जा रहे थे। इससे पहले गुप्तचर कमला पीड़ ने पाटलिपुत्र के नागरिकों, दुकानदारों तथा सैनिकों से पूछ कर यह बात पता की थी कि नए महल में आग लग जाने की वजह से मौर्य तथा उसके सौ पुत्र उसी आग में जलकर भस्म हो गए हैं। गुप्तचर कमला पीड़ ने महल जाकर वहां के हालात का भी निरीक्षण किया था। चूंकि अग्निकुण्ड की वजह से महल खण्डहर हो चुका था इसलिए वहां अब कोई पहरा नहीं लगता था। महल का अन्दर-बाहर से निरीक्षण करने के बाद गुप्तचर कमला पीड़ ने तो यह निष्कर्ष निकाला कि महल के अग्निकाण्ड की बात सच्ची है तथा इसमें इधर-उधर पड़ी हड्डियां इस

बात की भी गवाह हैं कि यहां कई लोग जलकर खाक हुए हैं लेकिन ये हड्डियां मौर्यपुत्रों की हैं अथवा और किसी की हैं, यह शोध का विषय है। महल के अग्निकाण्ड-अवशेषों से यह बात तो साबित होती है कि यहां कई लोग मारे गए हैं लेकिन मौर्यपुत्रों में से अभी कितने लोग जीवित हैं, इस बात का पता लगाना है।

यही पता लगाने के लिए गुप्तचर कमला पीड़ लोहे का बड़ा पिंजरा लेकर पाटलिपुत्र नगर के चौराहे पर आया था। पिंजरे के अन्दर जो मोम का शेर था, वह बिल्कुल सचमुच का लगता था। उसे देखने आस-पास के लोग आ-आकर कमला पीड़ तथा पिंजरे के चारों तरफ इकट्ठा होने लगे। मगधवासियों ने समझा कि यह कोई बाजीगर या जादूगर है जो शेर का खतरनाक खेल दिखाने वाला है।

इस तरह जब सैकड़ों दर्शकों ने कमल पीड़ और उसके पिंजरे को चारों तरफ से घेर लिया तो कमला पीड़ ने अपनी बात कहनी शुरू की, "नागरिको! मैंने अपनी जान को जोखिम में डालकर बड़ी मुश्किल से इस शेर को लोहे के पिंजरे में बन्द किया है। अब मैं आप सबको चुनौती देता हूं कि कोई इस पिंजरे को छुए बिना या पिंजरे को तोड़े बिना अगर शेर को पिंजरे से बाहर निकाल लेगा तो मैं उसे मुंहमांगा इनाम दूंगा।"

इतना कहकर गुप्तचर कमला पीड़ ने अपनी कमर में बंधी रेशम की थैली से कई सारी स्वर्ण मुद्राएं निकालकर दिखाईं। इससे लोगों को विश्वास हो गया कि यह बाजीगर जो कह रहा है, सच कह रहा है। अगर कोई इसकी शर्त पूरी कर देगा तो यह ढेरों स्वर्ण मुद्राएं इनाम में देगा। यह सोचकर लोग मन ही मन शेर को पिंजरे से बाहर निकालने की युक्ति सोचने लगे लेकिन जब कमला पीड़ ने अपनी शर्त की दूसरी बात पूरी की तो भीड़ में किसी की हिम्मत नहीं हुई कि वह शेर को पिंजरे से बाहर निकालने का कुछ प्रयत्न कर सके। शर्त के अनुसार कमला पीड़ ने आगे कहा, "लेकिन मेरी शर्त को मंजूर करने के बाद अगर किसी व्यक्ति ने शर्त को पूरा नहीं किया अथवा पिंजरे को हाथ लगाकर उसने अगर शर्त तोड़ दी तो उस आदमी को जिन्दगीभर मेरी गुलामी करनी पड़ेगी। मैं स्वयं उससे कहूंगा उसे वैसा ही करना पड़ेगा।"

कमला पीड़ की शर्त का यह दूसरा वाक्यांश सुनकर पाटलिपुत्र के

लोगों में से किसी की हिम्मत नहीं हुई कि वह बाजीगर वेशधारी कमला पीड़ की शर्त को पूर्ण करने का कुछ प्रयत्न कर सके।

काफी देर तक जब कोई व्यक्ति शर्त को पूरा करने के लिए आगे नहीं आया तो कमला पीड़ जोशीले स्वर में जोर-जोर से कहने लगा, "क्या पाटलिपुत्र में, मगध में कोई भी ऐसा बहादुर तथा बुद्धिवान नागरिक नहीं है जो पिंजरे को हाथ लगाए बिना या इस लोहे के पिंजरे को तोड़े बिना शेर को पिंजरे से बाहर निकाल सके?"

भीड़ के लोग देख रहे थे कि एक तो लोहे का पिंजरा चारों तरफ से बन्द है, उसे तोड़ना भी सरल काम नहीं है। दूसरे, यह शेर भी बड़ा भयानक दिखता है। अगर किसी तरह पिंजरे को तोड़ या खोल भी दिया जाए तो शेर मुक्त होते ही अपने मुक्तिदाता को खा जाएगा।

यही सोचकर भीड़ में खड़े लोग सहमे हुए चुपचाप खड़े रहे। ऐसे समय में उन्हें अपने चहेते मौर्यपुत्रों का ख्याल आया। नागरिक जानते थे कि मौर्यपुत्र बड़े ही बहादुर तथा बुद्धिमान थे। यदि आज वे जीवित होते तो इस बाजीगर की शर्त पूरी करके इसी को अपना गुलाम बना लेते।

गुप्तचर कमला पीड़ को जब अपनी शर्त के जवाब में कहीं से कोई स्वर था आवाज सुनाई नहीं दी तो वह चीखता हुआ कहने लगा, "मुझे तो लगता है कि आप नागरिकों में कोई इतना बहादुर एवं बुद्धिमान नहीं है जो मेरी शर्त को पूरा कर सके। मैंने सुना है कि राजा के दरबार में बड़े-बड़े बुद्धिवान और शक्तिशाली मन्त्री एवं अधिकारी हैं। शायद राजदरबार में कोई मेरी चुनौती को स्वीकार कर सके। मुझे कोई महाराज नन्द के दरबार में ले चलो!"

उस समय नन्दराज के कुछ सैनिक और गुप्तचर वहीं आस-पास ही घूम रहे थे। यह तमाशा देखकर वे कमला पीड़ के पास आए और उससे पूछने लगे, "यह क्या तमाशा है?"

गुप्तचर कमला पीड़ कहने लगा, "देखिए श्रीमान! मैं अपने साथ यह जीता जागता खूंखार शेर लेकर आया हूं जो इस लोहे के पिंजरे में कैद है।"

"तो?"–एक गुप्तचर ने पूछा।

कमला पीड़, "मैंने शर्त रखी है कि अगर कोई इस पिंजरे को हाथ

लगाए बिना शेर को आजाद कर देगा तो मैं उसे मुंहमांगा धन इनाम में दूंगा और अगर मेरी शर्त मंजूर करके कोई यह शर्त पूर्ण नहीं कर पाया तो उसे मेरा गुलाम बनकर रहना पड़ेगा अथवा जो मैं कहूंगा, उसे करना पड़ेगा। ....लेकिन इन लोगों में कोई ऐसा ताकतवर तथा बुद्धिवान प्राणी नहीं है जो मेरी शर्त को स्वीकार कर सके। मैंने सुना है कि महाराज नन्द के दरबार में कई बुद्धिवान और शक्तिशाली लोग हैं। योग्य मन्त्री एवं अधिकारीगण हैं। मुझे यकीन है कि उनमें से कोई एक मेरी चुनौती को स्वीकार कर लेगा।"

दूसरा मगध गुप्तचर, "हां, हां, क्यों नहीं। मगध में क्या तुमने सभी को मूर्ख समझा है? हमारे महाराज के दरबार में एक से एक योग्य मन्त्री, विवेकशील अधिकारी तथा ताकतवर सामन्त हैं। कोई भी तुम्हारी शर्त को पूरा कर तुम्हें कंगाल बना सकता है...."

कमला पीड़, "तो फिर मुझे शीघ्र ही महाराज के दरबार में ले चलिए।"

गुप्तचर, "हां हां क्यों नहीं। हम अभी तुम्हें और तुम्हारे इस पिंजरे को महाराज के दरबार में पहुंचवाए देते हैं...."

इतना कहकर मगध गुप्तचर ने चार सैनिकों से कहा कि वे बाजीगर तथा इसके पिंजरे को महाराज के दरबार में ले जाएं। वहां इसका खेल ज्यादा देर तक नहीं चलेगा।

नन्दराज के सैनिक कमला पीड़ को राजा नन्द के दरबार की ओर ले चले। मजदूर पिंजरे की रस्सी खींचते हुए चल रहे थे और लोहे का भारी भरकम पिंजरा पहियों पर खिसकता जा रहा था।

कुछ समय पश्चात् गुप्तचर कमला पीड़ नन्दराज के दरबार में पहुंचा उसका पिंजरा उसके साथ था। दरबार में नवनन्द अपने-अपने सिंहासनों पर विराजमान थे। बड़ा भाई नन्दराज एक ऊंचे और बड़े सिंहासन पर बैठा। उसके दाएं-बाएं चार-चार सिंहासन और रखे हुए थे जिन पर उसके छोटे भाई बड़ी शान के साथ बैठे हुए थे। ये सभी नौ नन्द भाई मिल-जुलकर मगध का राज्य संभाला करते थे तथा राजकार्यों एवं युद्ध आदि के मामले में एक दूसरे की सलाह लेकर काम किया करते थे।

जब नन्दराज ने बाजीगर के भेष में राजा पर्वतेश्वर के गुप्तचर कमला पीड़ को देखा तथा उसके पिंजरे को देखा तो वह कमला पीड़ से पूछने लगा,

"इस पिंजरे को दरबार में क्यों लाए हो?"

कमला पीड़ हाथ जोड़कर बोला, "महाराज! इस पिंजरे में जो शेर बन्द है उसे मैंने बड़ी मुश्किल से पकड़कर यहां कैद किया है। मैंने नगर के सब लोगों को चुनौती दी थी कि कोई इस पिंजरे को छुए बिना शेर को आजाद कर देगा तो मैं उसे ढेर सारा अथवा मुंह मांगा इनाम दूंगा लेकिन अगर मेरी शर्त को स्वीकार करके कोई इस शर्त को पूरा नहीं कर पाया तो उसे जिन्दगीभर के लिए मेरा गुलाम होकर रहना पड़ेगा तथा जो मैं कहूंगा, उसे करना पड़ेगा।"

राजा नन्द, "लेकिन अगर किसी ने इस शर्त को पूरा कर दिया तो तुम्हें भी उसका जिन्दगीभर गुलाम होकर रहना पड़ेगा? बोलो मंजूर है?"

कमला पीड़, "मंजूर है महाराज!"

इसके बाद नन्दराज ने अपने दरबार के बुद्धिवान और शक्तिशाली मन्त्रियों को आदेश दिया कि वे बाजीगर की शर्त को पूरा करके इसका खेल समाप्त करें लेकिन उपस्थित सभासदों में से कोई भी कमला पीड़ की शर्त पूरा करने के लिए आगे नहीं आया। तब राजा नन्द ने अपने छोटे भाइयों से कहा कि वे इस शर्त को पूरा करने के लिए अपनी अक्ल लगाएं लेकिन नन्द शासकों में से किसी की अक्ल इस सम्बन्ध में कुछ काम नहीं कर रही थी।

अपने दरबार में किसी को इस शर्त के योग्य न पाकर नन्दराज को अफसोस तो हुआ लेकिन उसने हारना नहीं सीखा था। उसने शीघ्र ही सारे नगर में इस बात की मुनादी करवा दी कि जो कोई व्यक्ति बाजीगर के पिंजरे को स्पर्श किए बिना पिंजरे में कैद शेर को आजाद करने भी युक्ति हमें बता देगा, हम उसे मुंहमांगा इनाम देंगे।....यह घोषणा महाराज नन्द की ओर से की गयी थी।

मौर्यपुत्र चन्द्रगुप्त ने कारागृह के सैनिकों के मुख से जब इस विचित्र घोषणा को सुना तो उसने सोचा कि अगर मैंने उस बाजीगर की शर्त को पूरा कर दिया तो नन्दराज अपनी घोषणा के मुताबिक मुझे इस कठोर कारागृह से आजाद कर देगा। इस तरह इस पीड़ादायक जीवन से मुझे हमेशा के लिए मुक्ति मिल जाएगी। यहां तो मैं रोज तिल-तिलकर मर रहा हूं। कारागृह में मेरा दम घुटता है। अगर मैं इस कैद से आजाद न हुआ तो

नन्दराज से अपने पिता तथा निन्यानवे भाइयों की मौत का बदला कभी न ले पाऊंगा। विधाता मुझे मुक्ति का अवसर दे रहा है तो मुझे इस अवसर का पूरा लाभ उठाना चाहिए।

ऐसा सोचकर मौर्यपुत्र चन्द्रगुप्त ने कारागृह के पहरेदारों से कहा, "मैं उस बाजीगर की शर्त को पूरा करूंगा। मैं उसकी चुनौती को स्वीकार करूंगा मुझे महाराज के दरबार में ले चलो!"

जब कारागृह के पहरेदारों ने किशोर चन्द्रगुप्त के इस अनुरोध को सुना तो उनमें से एक पहरेदार नन्दराज के दरबार में गया। उसने राजा नन्द से कहा, "महाराज! एक कैदी लड़का कहता है कि वह इस बाजीगर की शर्त को पूरा करके दिखाएगा।"

नन्दराज तुरन्त बोला, "ठीक है, उसे यहां ले आओ!"

कैदी चन्द्रगुप्त को दरबार में लाया गया। राजा नन्द के इशारे पर उसके हाथों की हथकड़ियां खोल दी गयीं। कमला पीड़ किशोर कैदी का साहस देखकर मुस्कराया लेकिन चन्द्रगुप्त का ध्यान उसकी ओर नहीं था। चन्द्रगुप्त ने पिंजरे के चारों तरफ घूम-घूमकर पिंजरे और शेर का निरीक्षण-परीक्षण करना शुरू कर दिया। शेर की आंखों की स्थिर पुतलियां तथा स्थिर पूंछ देखकर उसने जान लिया कि यह शेर नकली है। शेर की देह की चमक देखकर चन्द्रगुप्त ने इस बात का भी अनुमान लगा लिया कि यह शेर पत्थर का नहीं बल्कि मोम का बना हुआ है। आगरा पिंजरे के चारों तरफ आग लगा दी जाए तो शेर का मोम पिघलकर पिंजरे से नीचे बह जाएगा और यदि ऐसा न हुआ अथवा मैं शर्त हार गया तो भी मेरे लिए बुरा न होगा। अत्याचारी नन्द के कैदखाने में पड़े रहकर मौत का इन्तजार करने से तो बेहतर है कि यह बाजीगर मुझे अपना गुलाम बनाकर ले जाए।

कुछ क्षण इसी प्रकार के ख्यालों में मग्न रहने के बाद किशोर चन्द्रगुप्त ने राजा नन्द से कहा, "महाराज! मुझे कुछ अधिक सूखी लकड़ियों की आवश्यकता है। आप शीघ्र यहां लकड़ियां मंगवा दीजिए मैं अभी इस बाजीगर की शर्त को पूर्ण किए देता हूं।"

राजा नन्द समझ नहीं पाया कि यह मौर्यपुत्र सूखी लकड़ियों के जरिए भला किस प्रकार इस बाजीगर की शर्त को पूरा करेगा लेकिन राजा ने

सेवकों को हुक्म देकर शीघ्र ही सूखी लकड़ियां दरबार में मंगवा लीं। पर्वतेश्वर का गुप्तचर समझ गया कि यह बुद्धिमान लड़का जरूर मौर्यपुत्र है क्योंकि इस मगधराज में इतनी अक्ल और साहस केवल मौर्यपुत्रों के पास ही कहा जाता है।

अब तो गुप्तचर कमला पीड़ दरबार से चुपचाप निकल भागने का मौका देखने लगा। चन्द्रगुप्त ने पिंजरे के चारों तरफ सूखी लकड़ियां रखवा दीं और जल्दी ही इन लकड़ियों में आग लगवा दी। कमला पीड़ समझ गया कि अब मेरा यहां ज्यादा देर तक ठहरना ठीक नहीं है क्योंकि इस लड़के ने मेरी शर्त पूरी कर दी है। कुछ ही समय में राजा नन्द मुझसे पूछताछ करके मेरा सारा भेद जान लेगा इसलिए मुझे अपने सैनिकों को लेकर पाटलिपुत्र नगर से शीघ्र अपने राज्य पहुंचना होगा।

जिस समय दरबार के लोग और नवनन्द पिंजरे के चारों ओर जलती आग को देखने में व्यस्त थे, उसी समय कमला पीड़ चुपचाप दरबार से बाहर खिसक गया और कुछ ही देर में अपने सैनिकों को लेकर घोड़ा दौड़ाता हुआ पाटलिपुत्र से भाग लिया।

इधर नन्दराज के दरबार में जब पिंजरे के चारों ओर लगी आग की लपटें शान्त हुईं तो सबने देखा कि पिंजरे में रखा हुआ शेर गायब है। इतनी सी देर में वह कहां अलोप हो गया, किसी को कुछ पता न चल सका। नन्दराज ने चन्द्रगुप्त से पूछा, "अरे! वह शेर कहां गया?"

किशोर चन्द्रगुप्त ने बताया, "वह शेर असली नहीं, मोम का नकली शेर था महाराज! लकड़ी की अग्नि से वह पिघलकर बह गया।"

"वाह तुम तो सचमुच बहुत अक्लमन्द हो बालक! बिल्कुल अपने पिता की तरह!....तुमने हमको खुश कर दिया।" बोलो तुम्हें क्या चाहिए?

तुम्हें अगर इस कैद खाने से छुटकारा चाहिए तो हम तुम्हें आजाद कर सकते हैं। तुम्हें जितना धन चाहिए, हमसे मांग सकते हो। तुम हमारे राज्य में रहना चाहो तो रह सकते हो और मगध छोड़कर और कहीं जाना चाहो तो जा सकते हो। तुमने उस बाजीगर की शर्त को पूरा करके हमारी और हमारे मगध राज्य की लाज रख ली है। तुम तो मांगोगे हम तुम्हें देंगे। मांगो चन्द्रगुप्त!"

नन्दराज जानता था कि यह उसके दिवंगत सौतेले भाई मौर्य का एकमात्र जीवित बचा सबसे छोटा पुत्र चन्द्रगुप्त है। नन्दराज सोचता था कि यह लड़का बिल्कुल अकेला है। यह हमारा कुछ नहीं बिगाड़ सकता।

नन्दराज का अपने भाई के पुत्र पर ऐसा स्नेह देखकर नन्द के छोटे भाइयों को बुरा लगा, "वे नन्दराज से कहने लगे, "भैया, क्या आप भूल गए हैं कि यह हमारे दुश्मन का पुत्र है। मौर्यपुत्रों में केवल यही जीवित बचा है। अगर तुमने इसे कैदखाने से आजाद कर दिया तो यह मगध के लोगों को बता देगा कि यह मौर्यपुत्र है तथा हम सबके खिलाफ मगध की जनता को भड़काएगा।"

नन्दराज, "यह बेचारा अकेला बालक है। यह हमारा कुछ नहीं बिगाड़ सकेगा। इसके पास न फौज है, न इसका कोई सहयोगी है। मगध के लोग समझ चुके हैं कि मौर्य वंश खत्म हो चुका है। ऐसे में यदि यह लड़का चिल्ला-चिल्ला कर सबको कहेगा कि मैं मौर्य का एकमात्र जीवित पुत्र हूं तो कोई इसकी बात पर विश्वास नहीं करेगा।"

कुछ तेज स्वर में नन्दराज ने चन्द्रगुप्त से पूछा, "हां चन्द्रगुप्त! बेटा, तुम्हें क्या चाहिए? क्या तुम हमारी कैद से हमेशा के लिए आजाद होकर कहीं दूर जाना चाहते हो?"

मौर्यपुत्र चन्द्रगुप्त बुद्धिमान था। वह जानता था कि अगर एक बार मैं इस कपटी-अत्याचारी नन्दराज से दूर चला गया तो इसके सैनिक और गुप्तचर कभी मुझे इसके पास नहीं फटकने देंगे और जब तक मैं इन नन्द शासकों से दूर रहूंगा तो अपने पिता तथा निन्यानवे भाइयों की मौत का बदला इनसे नहीं ले पाऊंगा इसलिए यही उचित रहेगा कि मैं यहीं राजमहल में इनके आस-पास ही रहूं ताकि अवसर पाते ही मैं इन नवनन्दों की जीवनलीला समाप्त कर अपना प्रतिशोध पूरा कर सकूं।

मोम के शेर को लोहे के पिंजरे से गायब करके चन्द्रगुप्त ने नन्दराज को खुश कर दिया था। चूंकि चन्द्रगुप्त उम्र में बहुत छोटा भी था इसलिए नन्द को उस पर दया भी आ रही थी। नन्दराज सोच रहा था कि जब मेरे सौतेले भाई मौर्य और उसके निन्यानवे पुत्र जीवित रहते हुए मगध के सम्राट नहीं बन पाए तो यह बालक चन्द्रगुप्त भला मुझसे मगध का शासन कैसे

छीन सकता है? इसके पास न तो कोई सेना है और मगध में इसका कोई मित्र या सहायक है; तब भला प्रबल या शक्तिशाली होते हुए हमें इस बालक से डरने की क्या आवश्यकता है? अगर यह हमसे सदा के लिए आजाद रहना चाहे तो भले ही रह सकता है।

नवनन्द सोचते थे कि बाजीगर की शर्त को पूरा करके तथा शेर की जटिल पहेली को सुलझाकर चन्द्रगुप्त अवश्य ही हमेशा के लिए हमसे आपनी आजादी मांगेगा लेकिन किशोर चन्द्रगुप्त ने नन्द शासकों से अपने पिता और भाइयों के हत्यारों से आजादी नहीं मांगी बल्कि उसने यह कहा, "महाराज! अगर आप मुझसे या मेरी काबलियत से प्रसन्न हैं तो मुझे यहीं, इसी राजमहल में कोई छोटा-मोटा काम दे दीजिए। मैं महल का सेवक बनकर अपने जीवन को धन्य समझूंगा।"

जब चन्द्रगुप्त मौर्य ने ऐसा कहा तो नन्द शासकों की जान में जान आई। नन्दराज ने प्रसन्नतापूर्वक कहा, "ठीक है चन्द्रगुप्त! अगर तुम हमसे या हमारी कैद से छुटकारा पाने के बजाय महल में नौकरी पाना चाहते हो तो हम तुम्हें अपने महल की अतिथिशाला की व्यवस्था का काम सौंप देते हैं।"

"जो आज्ञा महाराज!"—चन्द्रगुप्त ने सिर झुकाते हुए कहा।

इसके बाद नन्दराज ने चन्द्रगुप्त को राजमहल की अतिथिशाला के प्रबन्धक के रूप में उसे विश्राम करने भेज दिया। चन्द्रगुप्त मौर्य को अब कठोर कारावास से मुक्ति मिल चुकी थी। उस महल के अन्दर ही एक कमरा रहने के लिए दे दिया गया था जो कि अतिथिशाला के करीब ही था!

लेकिन नन्दराज ने छोटे भाई अभी भी कहीं न कहीं मन में गुस्सा तथा असन्तुष्ट थे चन्द्रगुप्त को लेकर। वह नहीं चाहते थे कि चन्द्रगुप्त को कभी कैदखाने से छुटकारा मिले इसलिए जब नन्दराज के एक छोटे भाई ने चन्द्रगुप्त की अतिथिशाला का प्रबन्धक बनाने पर ऐतराज प्रकट किया तो नन्दराज उसे समझाने लगा, "अरे! तुम चिन्ता किस बात की करते हो मेरे भाई वह लड़का उम्र में हम सबसे बहुत छोटा है। किशोर है। उसे तो अभी अपने हाथों में तलवार भी पकड़नी नहीं आती होगी। वह भला हमारा क्या बिगाड़ सकता है?"

नन्दराज का छोटा भाई, "आप चन्द्रगुप्त को कम मत समझिए भैया! वह उम्र में छोटा जरूर है लेकिन बड़ा तेज लड़ाका अथवा कुशल योद्धा है। वीरता और साहस में यह अपने मरे हुए बड़े भाइयों से कम नहीं है।"

नन्दराज, "अकेला यह हमारा कुछ नहीं बिगाड़ सकेगा।....हमारी अतिथिशाला में प्रायः ब्राह्मण अतिथि आकर ठहरा करते हैं और अतिथिशाला के प्रबन्धक को उनका आदर सत्कार करना पड़ता है। यह लड़का जब कभी ब्राह्मणों का सत्कार ठीक ढंग से नहीं कर पाएगा या उनकी सुविधाओं का ध्यान नहीं रखेगा तो ब्राह्मण इसे बुरा भला कहेंगे। हो सकता है कि कोई ब्राह्मण इसको क्रोध में आकर शाप भी दे दे। ब्राह्मण के शाप से चन्द्रगुप्त का सर्वनाश वैसे भी हो जाएगा! ठीक है न?"

नन्दराज की बात सुनकर उसके छोटे भाई ने दूसरा प्रश्न किया, "वह तो ठीक है लेकिन अगर उसने अतिथिशाला का काम ठीक तरह से संभाला तथा ब्राह्मणों की सेवा करके उनका मन प्रसन्न कर दिया तो इसका नाश कैसे हो पाएगा?....आप इसे जीवित ही क्यों रखते हैं? इस पर कोई झूठमूठ का बड़ा दोष लगाकर इसको मौत या फांसी की सजा क्यों नहीं सुना देते?"

नन्दराज को अपने छोटे भाई की मूर्खता और बुजदिली पर हंसी आ गयी। वह कहने लगा, "अरे! तुम इतने बड़े मगध साम्राज्य के शासक होकर एक किशोर बालक से घबराते हो? तुम्हें इस प्रकार इतना परेशान होने की आवश्यकता नहीं है।....क्या ऐसा कभी हो सकता है कि एक छोटा-सा मच्छर शेरों के समूह का सामना कर सके? मच्छर की औकात और ताकत क्या होती है? उसे तो जब चाहे तब मसला जा सकता है।....यह चन्द्रगुप्त भी हम नन्द भाइयों के सामने, हम नवनन्दों के सामने एक छोटा-सा मच्छर है। हम लोग जब चाहें, इसकी जीवनलीला समाप्त कर सकते हैं।....परन्तु इस समय चन्द्रगुप्त पूरी तरह से हमारी कृपा पर निर्भर है। न उसके पास किसी प्रकार की शक्ति सामर्थ्य है और न कोई विशेष अधिकार है। बेकार में उससे घबराकर उसे हौआ और राई-सी बात को पहाड़ मत बनाओ। अगर मैं इस चन्द्रगुप्त की कोई ऐसी वैसी हरकत देखूंगा या सुनूंगा तो उसी समय इस लड़के को कड़ी सजा दूंगा। फिर यह चाहकर भी जिन्दगीभर अन्धकारमय कारागार से बाहर नहीं निकलेगा और उसी में घुट-घुट कर मर जाएगा।"

नन्दराज की यह बात सुनकर उसके छोटे भाई ने फिर चन्द्रगुप्त के बारे में नन्दराज से कुछ नहीं कहा! आखिरकार नन्दराज समझ गए कि चन्द्रगुप्त हमारे लिए किसी तरह से कोई समस्या या अड़चन नहीं है इसलिए इसके बारे में ज्यादा सोच-विचार करके अपना दिमाग खराब करने की जरूरत नहीं है।

नन्द शासक सोचते थे कि चन्द्रगुप्त तो अब हमारे गुलाम की तरह है। हम उसे आदेश देकर कठिन या सरल, चाहे जैसा काम करा सकते हैं। जिस दिन चन्द्रगुप्त ने हमारा कहा नहीं माना या अपनी मनमानी करनी चाही तो हम उसे डण्डे, कोड़े से पीटेंगे, उससे अच्छी तरह निपट लेंगे। मार-मार कर चन्द्रगुप्त की खाल उधेड़ देंगे।

अपने पिता तथा भाइयों की हत्या का प्रतिशोध लेने की प्रबल भावना अपने दिल में दबाए किशोर चन्द्रगुप्त मौर्य नन्दराज की अतिथिशाला में काम करने लगा। कहने को तो वह किशोर था और पन्द्रह-सोलह वर्ष की आयु का बालक था लेकिन उसके अन्दर शक्ति और उत्साह युवाओं के जैसा था। शरीर भी उसका काफी हृष्ट-पुष्ट और मजबूत था। किशोर होते हुए भी वह नवयुवक ही नजर आता था। उसकी धमनियों में अपने वीर पिता का गर्म रक्त बहता था। अब वह कारागृह का बन्दी न होकर अतिथिशाला का प्रबन्धक था। परतन्त्र न होकर स्वतन्त्र था। अवकाश पाते ही वह महल से बाहर कुछ दूरी तक टहलते-घूमने निकल जाया करता था। नन्दराज के अन्धकारमय कैदखाने से उसने सदैव के लिए मुक्ति पा ली थी। उसके हाथों में न हथकड़ियां थीं और न बेड़ियां। वह कहीं भी कुछ भी करने के लिए स्वतन्त्र था।

इतना होते हुए भी नन्दराज के छोटे भाइयों ने चन्द्रगुप्त पर निगरानी रखने के लिए चार-पांच गुप्तचर लगा रखे थे जो हमेशा चन्द्रगुप्त के क्रियाकलापों पर निगाह रखते थे। यद्यपि चन्द्रगुप्त को इस तरह अपना नजरबन्द होना अखरता था लेकिन उसने इस सम्बन्ध में प्रकट रूप से कभी किसी से कुछ कहने की जरूरत नहीं समझी थी। न चन्द्रगुप्त ने नवनन्दों की इस अप्रिय नीति का विरोध किया था।

छह

किशोर चन्द्रगुप्त मौर्य नन्दराज की अतिथिशाला का प्रबन्धक और नन्द शासकों का दास अवश्य था लेकिन वह मगध का राजकुमार था। उसके पिता तथा बड़े भाइयों की नवनन्दों ने हत्या कर दी थी और दिन-रात चन्द्रगुप्त प्रतिशोध की आग में जला करता था। पाटलिपुत्र के राजमहल के अन्दर उसे घुटन महसूस होती थी इसलिए जब भी उसे अतिथिशाला के कार्यों से अवकाश मिलता था, वह महल से दूर ग्राम एवं वन क्षेत्र की ओर घूमने निकल जाता था। मगध का राजकुमार होने के कारण वह अपने बड़े भाइयों के साथ मगध के महलों में ही पलकर बड़ा हुआ था। ग्रामीण जीवन को उसने करीब से देखा नहीं था इसलिए ग्राम-जीवन तथा वन्य-जीवन को जानने एवं महसूस करने की अभिलाषा उसके दिल में हमेशा बनी रहती थी।

एक दिन दोपहर को अतिथिशाला के कार्यों से निबटकर तथा भोजन आदि करके चन्द्रगुप्त इसी प्रकार पाटलिपुत्र के राजमहल से बाहर निकला। सुबह और शाम को तो उसका कहीं बाहर निकलना नहीं हो पाता था। क्योंकि अतिथिशाला में ठहरे ब्राह्मणों तथा अन्य अतिथियों को सुबह शाम भोजन, जलपान तथा अन्य कई तरह की सुख-सुविधाओं की आवश्यकता रहती थी और बेचारा चन्द्रगुप्त कुछ सेवकों को साथ लेकर उन सबकी खातिरदारी में लगा रहता था। हां दोपहर को अतिथिशाला में ठहरे लोग खा-पीकर विश्राम कर रहे होते तथा चन्द्रगुप्त के पास अन्य कोई कार्य नहीं होता था तो वह राजमहल से बाहर आकर रोजाना किसी न किसी गांव की ओर घूमने निकल जाता था तथा गांव के हालातों, ग्रामीणों की परेशानियों को समझने का प्रयत्न करता था।

उस दिन चन्द्रगुप्त जब एक गांव की ओर निकला तो उसे एक वृद्ध

ब्राह्मण दिखाई दिया। उसने केवल एक गेरुए रंग का वस्त्र पहन रखा था। उसकी चांद घुटी हुई थी तथा सिर के पीछे, सिर के बीचों-बीच निकलती एक चोरी या शिखा थी। उस शिखा में गांठ लगी हुई थी। ब्राह्मण के उन्नत ललाट पर त्रिपुण्ड और तिलक था। वह वृद्ध ब्राह्मण पैरों में खड़ाऊं पहने हुए था। वह रास्ते से कंटीली झाड़ियां और कांटे बीनकर उन्हें रास्ते से अलग खोदे गए एक गड्ढे में डाल रहा था। गर्मी का मौसम था और धूप बहुत तेज पड़ रही थी। ऐसे मौसम में उस वृद्ध ब्राह्मण को पथ से कांटे हटाते देख उसे ब्राह्मण पर दया आई। चन्द्रगुप्त ने देखा कि पथ से कांटे हटाने के बाद उस वृद्ध ब्राह्मण ने एक छोटी-सी झाड़ू लेकर पथ को बुहारना शुरू कर दिया। चन्द्रगुप्त उसे ऐसा करते हुए देखता रहा। जब वह आवश्यक पथ बुहार चुका तो चन्द्रगुप्त उसके पास गया। चन्द्रगुप्त ने ब्राह्मण को प्रणाम किया और कहने लगा, “आप महान हैं ब्राह्मण देवता जो राहगीरों की सुविधा के लिए इतना उत्तम कार्य कर रहे हैं वर्ना आजकल दूसरों के हित और सुख-सुविधा के लिए भला कौन सोचता है।....आपने पथ से कांटे हटाए और पथ को बुहार कर साफ किया ताकि राहगीरों को किसी प्रकार की असुविधा न हो।”

किशोर चन्द्रगुप्त की बात सुनकर वृद्ध ब्राह्मण ने मुस्कराते हुए चन्द्रगुप्त से पूछा, “वेशभूषा से तो तुम भले घर के दिखते हो बालक! तुम्हारा नाम क्या है?” चन्द्रगुप्त ने अपना परिचय देते हुए कहा, “मैं मौर्य का पुत्र हूं। मेरा नाम चन्द्रगुप्त है....ओह! मौर्या पुत्र चन्द्रगुप्त!” यह कहते हुए वृद्ध ने एक बार पुनः चन्द्रगुप्त को गौर से देखा। उसे पता था कि मगध नरेश नन्दराज ने षड्यन्त्र करके अपने सौतेले भाई मौर्य तथा उसके पुत्रों को मरवा डाला है।

चन्द्रगुप्त ने पथ से कांटे बीनते और पथ को बुहारते जिस वृद्ध ब्राह्मण को देखा था। उनका नाम आचार्य चाणक्य था। वे तक्षशिला विश्वविद्यालय में अध्यापन का कार्य किया करते थे तथा बड़ी ही सरलता और सादगी से रहते थे। वे पक्के ब्रह्मचारी थे। अनुशासन एवं संयम का पालन किया करते थे। चाणक्य ब्राह्मणत्व के स्वाभिमान में रहते थे तथा ब्राह्मण कुल की मर्यादाओं का पालन किया करते थे।

मगध के नन्द शासकों ने स्वच्छन्द शासनोपभोग करने के लिए अपने सौतेले भाई मौर्य तथा उसके सौ बलशाली पुत्रों की हत्या कर डाली है। यह बात आचार्य चाणक्य को तक्षशिला में पता चली थी। आचार्य चाणक्य तो पहले ही नन्द की नीतियों के तथा उसके अत्याचारों के विरोधी थे लेकिन अकेला एक ब्राह्मण इतने बड़े साम्राज्य को नौ बलशाली शासक भाइयों का भला क्या बिगाड़ सकता था? चाणक्य को पता था कि अगर नन्दराज के अत्याचारों के विरोध में मैंने मगध की प्रजा को भड़काया अथवा किसी से कुछ कहा तो नन्दराज के सैनिक मुझे पकड़कर नन्दराज के पास ले जाएंगे और वह विलासी अत्याचारी राजा मुझे हमेशा के लिए अपने अन्धेरे बन्द कारागार की पुरानी कोठरी में डालकर भूख-प्यास से तड़पकर दम तोड़ने पर मजबूर कर देगा। नन्दराज पहले भी कई स्पष्टवक्ता ब्राह्मणों के साथ ऐसा कर चुका है, यह बात आचार्य चाणक्य को मालूम थी। जिस दिन उन्होंने मौर्य तथा उसके शतपुत्रों की मृत्यु की खबर सुनी थी, उस दिन उन्हें नवनन्दों (नन्दराज तथा उसके आठ छोटे शासक भाइयों) पर भारी क्रोध आया था लेकिन अपने क्रोध को प्रकट करने का सही अवसर न देख वे धैर्य, संयम एवं सहनशीलता का घूंट पीकर रह गए थे। उन्होंने मन में सोच लिया था कि एक दिन मैं अपने इसी क्रोध को अपना हथियार बनकर नन्द शासकों के विरोध में इस्तेमाल करूंगा। राजा अगर अपना कर्त्तव्य भूल जाए तो उसे अपने कर्त्तव्यों की, प्रजा पालन के दायित्वों की याद दिलाना ब्राह्मणों का कर्त्तव्य है। आज मगध के नन्द शासक अपना कर्त्तव्य-धर्म भूल चुके हैं तथा वे प्रजा पर मनमाने अत्याचार किया करते हैं। जनता से मनमाने कर वसूला करते हैं। कोई ब्राह्मण अगर उन्हें समझाने उनके दरबार में पहुंचे तथा उनसे कुछ कहे तो ये नवनन्द राजा उसे अपना दुश्मन समझने लगते हैं। ऐसे में भला मगध की जनता का उद्धार कौन और कैसे कर सकता है?

राजकुमार चन्द्रगुप्त के मन में वृद्ध ब्राह्मण के प्रति दया देखकर आचार्य चाणक्य के दिल में किशोर चन्द्रगुप्त के प्रति करुणा उमड़ आई। वे सोचने लगे, “यह वीर मौर्य का पुत्र है।....अपने सौ भाइयों में शायद केवल यही बचा रह गया है। दुष्ट नन्दों ने इस बालक को जीवित छोड़ दिया, यह आश्चर्य का विषय है। शायद इसने अपने पिता और भाइयों को

षड्यन्त्र के तहत जलते और मरते देखा होगा और इसकी छाती प्रतिशोध की ज्वाला से धधक रही होगी।"

न जाने कैसे किशोर चन्द्रगुप्त के मन में यह विश्वास हो आया कि यह तेजस्वी वृद्ध ब्राह्मण मुझे मेरे लक्ष्य तक अवश्य पहुंचा सकता है। चन्द्रगुप्त ने आचार्य चाणक्य की आंखों में सत्यता और तप का तेज देखा तथा वह दृढ़ता देखी जिसके स्पर्श से आदमी चट्टान की तरह अटल और मजबूत बन सकता है।

आचार्य चाणक्य के चरणों को स्पर्श करके चन्द्रगुप्त नम्रतापूर्वक हाथ जोड़कर उनसे कहने लगा, "ब्राह्मण देवता! इस भीषण गर्मी में पथ को झाड़ने, बुहारने, कांटों को हटाने का श्रम करते-करते आप थक गए होंगे। आपको बहुत पसीना भी आ रहा है। मेरा आपसे निवेदन है कि आप मेरे साथ अतिथिशाला में चलिए। वहां जलपान एवं भोजन आदि करके कुछ समय विश्राम कीजिए। शाम को जब उष्णता कम हो जाए तब आप अपने गन्तव्य की ओर प्रस्थान करना।....मुझे आपकी सेवा करने का सौभाग्य प्रदान करें ब्राह्मण देवता!"

किशोर चन्द्रगुप्त ने प्रार्थना पूर्वक जब ऐसा कहा तो आचार्य चाणक्य ने अत्यन्त स्नेह के साथ उसे देखा। वे चन्द्रगुप्त के पिता मौर्य के स्वभाव से परिचित थे। मौर्य जब जीवित थे तो ब्राह्मणों का बहुत आदर सत्कार करते थे तथा उन्हें दान दक्षिणा देकर हमेशा प्रसन्न रखते थे। वृद्ध चाणक्य चन्द्रगुप्त की ओर निहारते हुए मन में सोच रहे थे कि इस मगधराज में नन्द राजा तो निष्ठुर और निर्दय हैं। हां मौर्य का पुत्र ही इतना दयावान हो सकता है।

आचार्य चाणक्य को कुछ क्षणों के लिए ऐसा लगा मानो यह किशोर मेरा शिष्य बनने के योग्य है। यद्यपि वे नन्द शासकों से घृणा करते थे और उनके महलों की ओर जाना भी अपना अपमान समझते थे। लेकिन न जाने क्यों, राजकुमार चन्द्रगुप्त के आग्रह को वे टाल न सके। उन्होंने सोचा कि चलो, मैं इसके साथ नन्दराज की अतिथिशाला में चला चलता हूं। वहां पहुंचकर नन्द राजाओं की कर्म कहानी, उनके आचरण-व्यवहार की सच्चाई के बारे में भी पता चल जाएगा तथा सम्भव हुआ तो तक्षशिला का आचार्य

होने के नाते मैं नन्दों को उनके कर्त्तव्य की याद भी दिला दूंगा।

यही सब सोचते हुए आचार्य चाणक्य किशोर चन्द्रगुप्त के साथ नन्द की अतिथिशाला की ओर चल दीजिए। अभी तक चन्द्रगुप्त ने उनका परिचय नहीं पूछा था। चन्द्रगुप्त को मालूम नहीं था कि ये वही आचार्य चाणक्य हैं जिनके बुद्धि कौशल और ज्ञान की कहानियां मेरे पिता मुझे सुनाया करते थे।

जब मौर्य जीवित थे तो वे तक्षशिला के शिक्षक आचार्य चाणक्य की विद्वता, उनकी सत्यता, संयम-अनुशासनप्रियता से बहुत प्रभावित थे। अपने पुत्रों को वे प्रायः आचार्य चाणक्य की महानताओं के बारे में बताते थे। मौर्य अपने सबसे छोटे पुत्र चन्द्रगुप्त को बताया करते थे कि आचार्य चाणक्य जैसे तेजस्वी, ज्ञानी, विद्वान, नीतिज्ञाता और संयमी ब्राह्मण व्यक्ति पृथ्वी पर दूसरा नहीं है। अगर जीवन में तुमको उनका शिष्य बनने का सौभाग्य प्राप्त हो जाए तो इसे ईश्वर की कृपा समझना। चन्द्रगुप्त ने बचपन में अपने पिता के मुख से सुना था कि आचार्य चाणक्य इतने सामर्थ्यवान हैं कि जो चाहे कर सकते हैं। वे इतने नीतिकुशल हैं कि बड़े से बड़े राज्य का शासन भी संभाल सकते हैं लेकिन ब्राह्मण होने के कारण किसी राज्य का शासक बनने की उनकी लालसा नहीं है लेकिन शासकों को उनके धर्म तथा कर्त्तव्यों की याद दिलाना वे जरूरी समझते हैं और सच्ची बात कहने से आचार्य चाणक्य कभी नहीं हिचकिचाते।

राजकुमार चन्द्रगुप्त ने बचपन में अपने पिता के मुख से आचार्य चाणक्य की महानता के कई किस्से सुने थे इसलिए उसके मन में काफी समय से आचार्य के प्रति श्रद्धा थी और चन्द्रगुप्त को उस दिन की प्रतीक्षा थी जब उसे आचार्य के साक्षात् दर्शन करने का सौभाग्य प्राप्त होगा।

चन्द्रगुप्त को भला क्या पता था कि जिन आचार्य चाणक्य को वह मन ही मन अपना आदर्श तथा गुरु मानता है, एक दिन यों ही उनके दर्शन करने का सौभाग्य प्राप्त हो जाएगा। चन्द्रगुप्त तो आचार्य को एक सामान्य तेजस्वी ब्राह्मण समझ कर ले जा रहा था और चलता हुआ मन में सोच रहा था कि आचार्य चाणक्य अथवा ऐसे ही परोपकारी-तेजस्वी ब्राह्मण का शिष्य बनने का सौभाग्य मुझे प्राप्त हो जाए तो मेरा जीवन धन्य हो जाए। ऐसे ही योग्य ब्राह्मण

का दिशा-निर्देशन मुझे मेरे लक्ष्य तक पहुंचा सकता है।

नन्दराज की अतिथिशाला उस स्थान से ज्यादा दूर नहीं थी, जहां चन्द्रगुप्त की आचार्य चाणक्य से भेंट हुई थी इसलिए अतिथिशाला तक पहुंचने में हम दोनों पथिकों को ज्यादा वक्त न लगा। आचार्य चाणक्य को अतिथिशाला के सबसे शीतल कमरे में लाकर चन्द्रगुप्त ने उन्हें एक ऊंचे आसन पर बिठाया तथा परात में पानी लाकर अपने हाथों से ब्राह्मण देवता के पैर धोए। इसके बाद अपने अंगोछे से आचार्य चाणक्य के पैरों को पोंछकर चन्द्रगुप्त अतिथिशाला की रसोई में गया। वहां से एक थाली में भोजन परोसकर लाया। चन्द्रगुप्त ने आचार्य के सामने एक ऊंची चौकी रखकर उस पर भोजन की थाली रखी तथा पानी का लोटा भी भरकर रखा। इसके बाद अपने दोनों हाथ जोड़कर किशोर चन्द्रगुप्त आचार्य से बोला, "भोजन आरम्भ कीजिए ब्राह्मण देवता!"

आचार्य चाणक्य राजकुमार चन्द्रगुप्त की सेवा भावना देखकर प्रसन्न हुए और खुश होकर भोजन करने लगे। तभी नन्दराज अपने छोटे भाइयों को लेकर अतिथिशाला का निरीक्षण करने वहां आ पहुंचा। जैसे ही नन्दराज ने आचार्य चाणक्य को ऊंचे आसन पर बैठकर भोजन करते देखा तो उसका क्रोध भड़क उठा।

नन्दराज ब्राह्मणों से जलता भी था और डरता भी था। उसने अपनी अतिथिशाला में ब्राह्मणों के विश्राम के लिए कुछ कमरे इसलिए बनाए थे ताकि पथ से थके-हारे ब्राह्मण वहां आकर विश्राम करें तथा भोजन आदि से तृप्त होकर उसे साम्राज्य की वृद्धि, उन्नति और खुशहाली का आशीर्वाद दें।

नन्द क्रूर और अत्याचारी शासक था। वह मगध की भोली-भाली प्रजा पर जुल्म ढहाता था। इसके साथ-साथ वह ब्राह्मणों को अपनी अतिथिशाला में ठहराकर उनका आशीर्वाद भी पाना चाहता था। लेकिन ब्राह्मणों को एक राजा, सामन्त अथवा श्रेष्ठि व्यक्ति की तरह ऊंचा आसन दिया जाए, यह नन्दराज को स्वीकार्य नहीं था। वह केवल यही चाहता था कि ब्राह्मण याचकों की तरह उसके दरवाजे पर भिक्षा मांगने के लिए खड़े रहें और वह उनको अन्न, वस्त्र, धन आदि देकर अपना बड़प्पन प्रदर्शित करता रहे। नन्दराज और उसके भाई जब भी किसी ब्राह्मण को ऊंचे आसन पर बैठे देख

लेते थे, क्रोध से जल भुन जाते थे। तब वे न केवल उस ब्राह्मण पर गरजते बरसते थे बल्कि उसे आसन देने वाले व्यक्ति को भी कड़ा दण्ड देते थे।

और अब तो ब्राह्मण चाणक्य मधग राज्य अथवा पाटलिपुत्र नगर में कहीं और नहीं बल्कि नन्द की अतिथिशाला में ऊंचे आसन पर बैठकर भोजन कर रहे थे। यह क्रोधी राजा नन्द भला कैसे स्वीकार करते?

गुस्से से तिलमिलाता हुआ नन्दराज आचार्य चाणक्य के पास आया और लात मारकर उनकी भोजन की थाली जमीन पर गिरा दी, फिर भवें चढ़ाता हुआ बोला, "क्यों रे ब्राह्मण! हमारी अतिथिशाला में आकर तू इतने ऊंचे आसन पर बैठकर भोजन कर रहा है!! क्या तुझे हमारा बिल्कुल भी डर नहीं है? तू कहीं का राजा या सामन्त है कि तुझे इतने ऊंचे आसन पर बैठकर भोजन कराया जाए?"

इसके बाद नन्दराज चन्द्रगुप्त को डांटने लगा, "अरे चन्द्रगुप्त! तुझे ठीक से यहां काम करना है या नहीं? क्या तुझे पता नहीं है कि हमारे राज्य में किसी भी ब्राह्मण को इतना ऊंचा आसन नहीं दिया जाता है? अरे मौर्यपुत्र! तुझे अपनी जान प्यारी है या नहीं? क्या तुझे फिर से कारागृह की इसी अन्धेरी काल कोठरी में डलवा दिया जाए?....क्या तुझे हमारा कुछ भी भय नहीं है?"

जिस समय राजा नन्द चन्द्रगुप्त से ऐसा कह रहा था। उस समय आचार्य चाणक्य ने अपने आसन से नीचे उतर कक्ष में बिखरे भोजन को समेट कर थाली में रखा और थाली को चौकी पर रख, आसन पर बैठकर बिना कुछ बोले भोजन खाने लगे। वे देखना चाहते थे कि ये नन्द शासक किस हद तक अपनी नीचता पर उतरते हैं?

मगध नरेश नन्दराज और उसके भाई तो पहले ही आचार्य चाणक्य को ऊंचे आसन पर भोजन करता देख कुपित हो चुके। जब आचार्य अपना बिखरा हुआ भोजन थाली में समेटकर फिर से उसे ग्रहण करने लगे तो नन्दराज के क्रोध का पारा चरमसीमा पर चढ़ गया। वह आचार्य चाणक्य को भला बुरा कहता हुआ क्रोधपूर्वक बोला, "अरे दुष्ट ब्राह्मण! तू बड़ा हठी और दुराग्रही-अभिमानी है। तूने सुना नहीं, हमने क्या कहा? तुम लोग हमारे ही दिए टुकड़ों पर पलते हो और हमारे ही सामने हमको नीचा दिखाते हुए

इस तरह ऊंचे आसन पर बैठकर भोजन करना चाहते हो?"

आचार्य चाणक्य ने मानो नन्दराज की बात को सुना अनसुना कर दिया। वे पूर्ववत भोजन का कौर ग्रहण करने लगे। तब नन्द ने गुस्से से तिलमिलाते हुए चीखना प्रारम्भ किया, "इस नंगे भूखे ब्राह्मण की हिम्मत तो देखो! पहले तो हमारी अनुमति के बिना यह हमारी अतिथिशाला में घुस आया है और अब हमको चिढ़ाने के लिए इस लड़के (चन्द्रगुप्त) से ऊंचा आसन मंगवा, उस पर बैठकर हमारे सामने भोजन कर रहा है!....भाइयो! उठाकर फेंक दो इसे अतिथिशाला से बाहर। ओहो! सिर पर कितनी बड़ी चोटी रखी है। इसी शिखा के बल पर ये ब्राह्मण इतना इतराते हैं। इनकी जान इनकी शिखा में बसती है....इसकी शिखा पकड़कर इसे घसीटते हुए अतिथिशाला से बाहर ले आओ।"

नन्दराज के छोटे भाई तो गुस्से से भरे हुए लाल-लाल आंखों से आचार्य चाणक्य को देख रहे थे। बड़े भाई का आदेश पाते ही दो नन्दों ने आचार्य चाणक्य के हाथों को जकड़ और दो नन्द आचार्य की शिखा पकड़कर उन्हें बाहर ले जाने लगे। ब्राह्मण का इस तरह अपमान देखकर किशोर चन्द्रगुप्त नन्दराज के सामने हाथ जोड़कर प्रार्थना करने लगा, "ये ब्राह्मण देवता हैं महाराज! इन्हें छोड़ दीजिए। सारा कसूर मेरा है। ये तो बेचारे पथ में मुझे मिले थे। मैं ही आग्रह करके इनको यहां ले आया। इन्होंने यह आसन मुझसे मंगवाया नहीं था बल्कि मैं खुद ही अपनी मर्जी से इस आसन को यहां लाया था और ब्राह्मण देवता का सेवा-सत्कार करके पुण्य लाभ पाना चाहता था। सजा मुझे दीजिए, कृपया इन्हें छोड़ दीजिए। ब्राह्मण का अनादर मत कीजिए!!"

नन्दराज के छोटे भाइयों ने चन्द्रगुप्त की बात नहीं सुनी। वे आचार्य चाणक्य को बिना रुके उन्हें बाहर घसीटते हुए ले गए और नन्दराज चन्द्रगुप्त को डांटने लगा, "हां तूने इस घमंडी ब्राह्मण को यहां लाकर अपराध किया है चन्द्रगुप्त! तुझे भी इसकी सजा मिलेगी। लगता है तुझे वापिस उस अन्धेरी काल कोठरी में डालना होगा अथवा इस अपराध के दण्डस्वरूप तुझे फांसी पर चढ़ाना होगा।....तुझसे तो हम बाद में निपट लेंगे लेकिन पहले इस हठी ब्राह्मण को यहां से निकाल बाहर किया जाए!"

जिस समय नन्दराज के छोटे भाई आचार्य चाणक्य को अतिथिशाला के बाहर घसीटते हुए ले जा रहे थे, तब आचार्य चाणक्य सिंह की भांति दहाड़ते हुए मनु को चेतावनी दे रहे थे, “सावधान नन्द!....तुम्हारी धर्मान्धता से प्रेरित राजनीति आंधी की तरह चलेगी, जिसमें नन्द वंश समूल उखड़ेगा। ....नियति-सुन्दरी के भवों में बल पड़ने लगा है। समय आ गया है कि शूद्र राजसिंहासन से हटाये जाएं और सच्चे क्षत्रिय मूर्धाभिषिक्त हों।”

नन्दराज, “यह समझकर कि तू ब्राह्मण है और अबध्य है, तू मुझे भय दिखलाता है!....उठाकर बाहर फेंक दो शीघ्र इसे....”

नन्दराज की यह बात सुनकर चाणक्य को अतिथिशाला से बाहर ले आए उसके छोटे भाई आचार्य की शिखा को खींचकर उखाड़ने का प्रयत्न करने लगे। यह देख नन्दराज हंसकर कहने लगा, “हां, उखाड़ डालो इस दुष्ट ब्राह्मण की शिखा को। मिटा डालो उसका ब्राह्मणत्व!!....यह हमें शूद्र कहता है न, दण्डित करो इसे!!”

आचार्य चाणक्य शिखा खींचने वाले नन्दों से चीखते हुए कहने लगे, “खींच लो, खींच लो ब्राह्मण की शिक्षा दुष्टो! यह शिखा नन्द कुल के लिए कालसर्पिणी है। यह तब तक बन्धन में नहीं होगी, जब तक नन्द कुल निःशेष नहीं हो जाएगा। खींच लो दुष्टो ब्राह्मण की शिखा! एक दिन यही शिखा कालसर्पिणी बनकर तुम सबको डसेगी।....आज यह ब्राह्मण सारे देवों को साक्षी मानकर प्रतिज्ञा करता है कि जब तक मैं तुम सबका सर्वनाश न कर लूंगा। तब तक अपनी शिखा में गांठ नहीं लगाऊंगा। यह चोटी तब तक तुम्हारे चारों ओर काल बनकर लहराती रहेगी।”

आचार्य चाणक्य की यह प्रतिज्ञा सुनकर एक बार तो नवनन्द डरते हुए सहम गए फिर जोर-जोर से अट्ठहास करके हंसते हुए वहां से चले गए।

नन्दराज और उसके छोटे भाई तो अतिथिशाला से राजमहल के भीतर की ओर चले गए थे लेकिन नन्दों से अपमानित हुए आचार्य चाणक्य अभी भी गुस्से से कांप रहे थे। चन्द्रगुप्त की आंखों में आंसू थे। वह रो रहा था और मन ही मन खुद को धिक्कार रहा था कि मेरे कारण आज एक ब्राह्मण देवता का इतना अपमान हो गया। यदि मैं इनको यहां न लाता तो आज इन्हें इतनी प्रताड़ना नहीं सहनी पड़ती।

नन्द नरेशों के अतिथिशाला से चले जाने के बाद चन्द्रगुप्त ने अपने हाथों को जोड़ आचार्य चाणक्य के पैर पकड़ते हुए अश्रुपूरित नेत्रों से कहा, "मुझे क्षमाकर दीजिए ब्राह्मण देवता! मुझसे बड़ी भूल हुई जो आपको इस अत्याचारी नन्द की अतिथिशाला में ले आया!"

क्रोध से दांत पीसता हुआ चन्द्रगुप्त कहे जा रहा था, "एक दिन इसी क्रूर नन्दराज ने मेरे पिता और मेरे निन्यानवे भाइयों को महल में कैद करके कीड़े-मकोड़ों की तरह जलाकर मार डाला था। आज इसने आपका इतना घोर अपमान कर डाला। आपके इस अपमान का कारण मैं हूं ब्राह्मण देवता! मैं आपका अपराधी हूं। आप मुझे सजा दीजिए।"

यह कहकर राजकुमार चन्द्रगुप्त जब पुनः फूट-फूटकर रोने लगा तो आचार्य चाणक्य पृथ्वी से उठकर चन्द्रगुप्त को धीरज बंधाते हुए कहने लगे, "बेटा! इसमें तेरा काई दोष नहीं है। मेरे साथ आज यहां ऐसा होना नियति में बंधा था। तू क्यों रोता है चन्द्रगुप्त। तुझे आंसू बहाने की जरूरत नहीं है। आंसू तो अब वे लोग बहाएंगे जिन्होंने तेरे पिता और भाइयों को मारा है, तेरे पिता के कुल का नाश किया है और इस निरपराध ब्राह्मण का अपमान किया है। ....आचार्य चाणक्य एक दिन इन नवनन्दों को दिखा देगा उनके नन्द वंश का समूल नाश करने की कितनी क्षमता तक्षशिला के इस शिक्षक में है। पुत्र! मौर्य का तू एकमात्र जीवित पुत्र है। तेरे जीवित होने से मौर्य कुल का तो समूल नाश नहीं हो पाया है लेकिन इन पापी नन्दों का समूल नाश अवश्य होगा। एक अकिंचन ब्राह्मण की आज ली प्रतिज्ञा निष्फल नहीं जाएगी!"

जब आचार्य चाणक्य ने अपने मुंह से अपना नाम लिया तो किशोर चन्द्रगुप्त आचार्य को अवाक् नेत्रों से देखने लगा। उसे अपने कानों पर विश्वारा नहीं हो रहा था कि ये सचमुच वही नीति विशारद, तक्षशिला के प्रसिद्ध शिक्षाशास्त्री आचार्य चाणक्य हैं जिनकी महानता की कहानियां वह अपने पिता के मुख से बचपन में सुना करता था तथा जिन्हें वह मन ही मन अपना आदर्श, अपना गुरु बना चुका था। आज ये महान आचार्य उसकी आंखों के सामने थे। कुछ क्षण पहले नन्दों द्वारा ब्राह्मण का घोर अपमान किए जाने के कारण चन्द्रगुप्त आज के दिन को अपने लिए सबसे बुरा दिन महसूस कर रहा था लेकिन जैसे ही उसे पता चला कि भगवान खुद आचार्य

चाणक्य को मुझ पर कृपा बरसाने के लिए भेजा है तो चन्द्रगुप्त खुद को भाग्यशाली मानता हुआ आज के दिन को अपने लिए सबसे सुन्दर सबसे श्रेष्ठ अनुभव करने लगा।

अपने दोनों हाथों को पुनः जोड़कर भाव-विभोर हो चन्द्रगुप्त बोला, "आचार्य! आप मेरे सम्मुख हैं। मैं सचमुच कितना भाग्यवान हूं जो मुझे आपके दर्शन करने का आज आनन्द मिला है। आज से आप मेरे गुरु हैं और मैं आपका शिष्य हूं। आपकी तरह मैं भी नन्द वंश का नाश करने की प्रतिज्ञा कर चुका हूं। अब आपके मार्गदर्शन, आपकी शिक्षा, आदेश एवं परामर्श के सान्निध्य में ही मैं अपनी जिन्दगी के उस महान लक्ष्य को, अपनी प्रतिज्ञा को पूर्ण कर पाऊंगा।"

आचार्य चाणक्य, "तो फिर चलो चन्द्रगुप्त। तुम्हें अत्याचारी नन्दों के आश्रय में रहने की अब कोई जरूरत नहीं है। यहां और अधिक समय ठहरना तुम्हारे लिए खतरे से भी खाली नहीं होगा। आज से मैं तुम्हें अपना शिष्य स्वीकार करता हूं। मैं तुम्हें अपने साथ तक्षशिला विश्वविद्यालय ले चलूंगा और वहां तुम्हें शस्त्र व शास्त्रों की शिक्षा देकर तुम्हें तुम्हारे लक्ष्य में सफल होने के योग्य तथा समर्थ बनाऊंगा।....आज से तुम्हारे और मेरे जीवन का एक ही लक्ष्य है–नन्द वंश का समूल नाश करो। चलो, यहां से चलने की शीघ्रता करो!"

इतना कहकर आचार्य चाणक्य किशोर चन्द्रगुप्त का हाथ पकड़कर उसे अपने साथ पाटलिपुत्र के राजमहल तथा नगर से दूर ले चले। रास्तें में वे चन्द्रगुप्त को समझाते जा रहे थे–"आज से तुम्हारे जीवन की नई शुरुआत होगी चन्द्रगुप्त! तुम अपने पुराने बीते दुःखदाई दिनों को भूल जाओ और स्वयं को चक्रवर्ती सम्राट समझना प्रारम्भ कर दो। आज से तुम्हारे जीवन का नन्दों का विनाश करना और मगध का शासक बनना होना चाहिए। बेटा, तुम्हें भारतवर्ष के बिखरे हुए राज्यों को पुनः एकता के सूत्र में पिरोना है। मैं करूंगा तेरा मार्गदर्शन! तेरे कारण इस ब्राह्मण को अपने घोर अपमान का बदला मिल पाएगा!"

अब किशोर चन्द्रगुप्त आचार्य चाणक्य का शिष्य हो चुका था। आचार्य उसे लेकर शीघ्र तक्षशिला विश्वविद्यालय पहुंच जाना चाहते थे।

सात

किशोर चन्द्रगुप्त अब अपने गुरु, आचार्य चाणक्य के साथ मगध की राजधानी पाटलिपुत्र से तक्षशिला विश्वविद्यालय चला आया था और छात्र के रूप में इस महान शिक्षा केन्द्र में रहने लगा था। आचार्य चाणक्य तक्षशिला विश्वविद्यालय के शिक्षक थे। वे भारत के विभिन्न राज्यों से आए राजकुमार-राजकुमारियों को अर्थशास्त्र और नीतिशास्त्र आदि विषयों की शिक्षा दिया करते थे। इसी विश्वविद्यालय में मालव गणराज्य के गणमुख्य का पुत्र सिंहरण तथा तक्षशिला के आम्भीक एवं अलका आदि राजकुमार-राजकुमारी भी शिक्षा पा रहे थे। सिंहरण एक वीर, स्वाभिमानी मालव राजकुमार था जब कि आम्भीक अपने नाम के अनुरूप दंभी और अहंकारी था। वह जरा-जरा-सी बात पर गुमराह हो जाया करता था। जब वह बिगड़ जाया करता था तो उसकी बहिन अलका उसे समझा कर शान्त किया करती थी।

एक दिन की बात है। आचार्य चाणक्य विद्यार्थियों को अर्थशास्त्र विषय पर समझा रहे थे। तभी उन्हें लगा कि सिंहरण का ध्यान उनकी बातों की ओर नहीं है। वह उनकी बातों को पूरी एकाग्रता और रुचि के साथ नहीं सुन रहा है। अचानक आचार्य ने सिंहरण से पूछ लिया, "क्या बात है सिंहरण, आज तुम्हारा ध्यान पढ़ाई की तरफ कम है और तुम किसी सोच में डूबे हो?"

सिंहरण, "नहीं गुरुजी, ऐसी कोई बात नहीं है...."

आचार्य चाणक्य, "क्या विषय तुम्हारी समझ में नहीं आ रहा?"

सिंहरण, "विषय तो मेरी समझ में आ रहा है गुरुजी, लेकिन...."

आचार्य चाणक्य, "लेकिन क्या कुमार, खुलकर कहो? मुझसे कुछ

हिचकने या शरमाने की कोई बात नहीं है। तुम क्या कहना चाहते हो, साफ-साफ कहो?"

आचार्य चाणक्य के इस प्रकार पूछने पर सिंहरण निःसंकोच कहने लगा, "मैं अर्थशास्त्र की पढ़ाई को आज के सन्दर्भ में ज्यादा महत्त्वपूर्ण नहीं मानता हूं आचार्य! सच पूछिए तो हम मालवों को अर्थशास्त्र भी उतनी जरूरत नहीं है, जितनी कि जरूरत हमें अस्त्र-शास्त्रों की शिक्षा की है...."

आचार्य चाणक्य, "सिंहरण! मुझे खुशी है कि अर्थशास्त्र के ज्ञान के साथ तुम शस्त्र-शिक्षा में रुचि लेते हो।....क्या तुम्हें यवनों की गतिविधियों के बारे में भी कुछ पता है?....क्या तुम बता सकते हो कि भवनों के दूत भारत में क्यों आए हैं?"

मालव कुमार सिंहरण ने आचार्य चाणक्य के प्रश्न पर कुछ क्षण गम्भीरता से विचार किया। इसके बाद वह कहने लगा, "उत्तरी भारत के राज्य आपसी ईर्ष्या और द्वेष से जर्जर हो चुके हैं गुरुजी! यवन दूतों को इन राज्यों में फूट डालने के लिए भेजा गया है। मुझे तो ऐसा लगता है कि उत्तराखण्ड के प्रदेशों में कहीं कोई बड़ा भयंकर विस्फोट होने वाला है...."

इतने में आम्भीक राजकुमार बोल पड़ा, "कैसा विस्फोट सिंहरण! तुम कहना क्या चाहते हो?" इसके बाद अभिमानी आम्भीक ने आचार्य चाणक्य से पूछा, "ब्राह्मण आचार्य! यह सिंहरण क्या कह रहा है? तुमने ही इसे सिर पर चढ़ा रखा है और कुछ भी कहने की खुली छूट दे रखी है।....क्या सिंहरण तुम्हारे साथ मिलकर मेरे खिलाफ कोई षड्यन्त्र तो नहीं रच रहा है?....मेरे राज्य में रहकर, मेरे अन्न पर पलकर तुम्हारा मेरे विरुद्ध षड्यन्त्र ब्राह्मण?" आचार्य चाणक्य उद्दण्ड आम्भीक के स्वभाव से भली प्रकार परिचित थे। उन्होंने आम्भीक को डांटते हुए समझाया, "यह क्या आम्भीक! तुम्हें अपने आचार्यों से भी बात करने की तमीज नहीं, "राजकुमारोचित शिष्टाचार क्या तुम बिल्कुल भूल गए हो"

आम्भीक, "आप मुझे शिष्टाचार मत सिखाइये। मैं सब समझता हूं...."

आचार्य चाणक्य, "कुछ भी नहीं समझते हो तुम! तुम्हें अपने आप पर गुमान हो गया है। मैं एक ब्राह्मण हूं, तुम्हारा दास नहीं जो तुम्हारी

घुड़कियां सुन लूंगा। तुम यहां एक शिष्य और शिष्य बनकर रहो।....मैं एक ब्राह्मण हूं और ब्राह्मण न तो किसी के बनाए राज्य में रहता है और न किसी की भिक्षा या अन्न पर पलता है। वह खुद के बनाए वैचारिक राज्य में विचरण करता है और अमूर्त होकर जीवनयापन करता है।....ब्राह्मण अपनी इच्छा से सब कुछ ठुकरा देता है और दूसरों को ज्ञान का दान देता है...."

आचार्य चाणक्य की बात सुनकर काफी देर से चुप बैठा हुआ आम्भीक एकदम भड़क उठा और बोला, "ऐसा कहकर तुम अपने निम्न और निन्दनीय कर्म पर पर्दा नहीं डाल सकते ब्राह्मण आचार्य?"

आचार्य चाणक्य, "क्या कह रहे हो तुम?"

आम्भीक, "ठीक कह रहा हूं मैं! मुझे पता है कि तुम सिंहरण जैसे छात्रों को राज्यों में विस्फोट कराना दिखाते हो! तुम षड्यन्त्रकारी हो ब्राह्मण! मैं तुम्हें राजद्रोह के अपराध में गिरफ्तार करवाऊंगा।"

राजकुमार चन्द्रगुप्त ने जब आम्भीक द्वारा इस तरह अपने आचार्य का अपमान होते देखा तो उसे क्रोध आ गया। चीखता हुआ आम्भीक से बोला, "अपनी वाणी को लगाम दो आम्भीक! गुरुजी हमारे शिक्षक, हमारे आचार्य हैं। तुम्हें गुरुजनों से बात करने का ढंग भी नहीं आता? तक्षशिला के तुम राजकुमार हो तो क्या हुआ? यह तुम्हारा घर या महल नहीं गुरुकुल है। यह तुम्हारे पिता का दरबार नहीं है जो यहां तुम्हारा हुक्म चलेगा! यहां केवल आचार्यों को ही इतनी ऊंची आवाज में बोलने और आज्ञा देने का अधिकार है। षड्यन्त्रों का इस आश्रम में क्या काम? तुम्हारा भाषण बहुत हो चुका आम्भीक! अब तुम चुपचाप यहां से चले जाओ। गुरुजी का और अधिक अपमान मैं बर्दाश्त नहीं कर सकता? अगर तुम्हें जोर ही आजमाना है तो आओ, मुझसे आजमाओ!"

इतना कहकर चन्द्रगुप्त ने अपनी तलवार म्यान से बाहर निकाल ली जिसे देखकर आम्भीक सहम-सा गया। चन्द्रगुप्त तलवारबाजी की कला और घुड़सवारी की कला बचपन से ही अपने पिता तथा बड़े भाइयों से सीखता आया था। आम्भीक जैसे घमण्डी राजकुमारों को सबक सिखाना उसे अच्छी तरह आता था।

चन्द्रगुप्त की तलवार देखकर आम्भीक क्रोध में बड़बड़ाता हुआ

चुपचाप यहां से खिसक लिया। उसे आचार्य चाणक्य और चन्द्रगुप्त पर उस समय बहुत गुस्सा आ रहा था।

आम्भीक के चले जाने के बाद आचार्य चाणक्य चन्द्रगुप्त को समझाने लगे, "तुम्हें इस प्रकार आम्भीक पर क्रोध नहीं करना चाहिए था चन्द्रगुप्त। भारत के राजनैतिक हालात वैसे भी खराब चल रहे हैं। युवान का राजा सिकन्दर सारी दुनिया को जीतने के अभियान पर निकला है। कई देशों पर आक्रमण करके उसने उन देशों को अपने अधीन कर लिया है। सिकन्दर के पास विशाल सेना है। मुझे तो लगता है कि सिकन्दर भारत पर भी आक्रमण करना चाहता है तभी तो यवन दूत यहां आ जा रहे हैं, लेकिन भारत के राजाओं में फूट पड़ी हुई है। यवन आक्रमणकारी इसी फूट का फायदा उठाएंगे।" चन्द्रगुप्त, "मैं यह सब नहीं होने दूंगा गुरुजी! मैं आपके चरणों की सौगन्ध खाकर कहता हूं कि यवन हमारे देश में कुछ भी नहीं कर पाएंगे। मैं यवनों को उनकी चालों में कामयाब नहीं होने दूंगा। सिकन्दर भारत को कोई नुकसान नहीं पहुंचा पाएगा। मैं अपने देश को उसका गुलाम नहीं होने दूंगा।"

राजकुमार चन्द्रगुप्त भी साहस-वीरता भरी बातें सुनकर आचार्य चाणक्य ने प्रसन्नतापूर्वक चन्द्रगुप्त की पीठ थपथपाई और कहने लगे, "शाबाश चन्द्रगुप्त! तुमने सही कहा। तुम जैसे प्रतिभावान छात्रों को ऐसा ही राष्ट्रभक्त होना चाहिए।....यदि मुझे तुम जैसे दिलेर छात्र मिल जाएं तो मैं इस महान राष्ट्र का बाल भी बांका नहीं होने दूंगा।"

चन्द्रगुप्त ने दो-तीन वर्ष तक्षशिला विश्वविद्यालय में रहकर शस्त्र एवं शास्त्रों की शिक्षा ग्रहण की इन तीन वर्षों में मालव राजकुमार सिंहरण से तो उसकी दोस्ती हो गयी लेकिन राजकुमार आम्भीक उससे ईर्ष्या, द्वेष और वैर ठाने रहा। जब आम्भीक और चन्द्रगुप्त में आए दिन किसी न किसी बात को लेकर टकराव होने लगा तो आचार्य चाणक्य एक दिन नवयुवक चन्द्रगुप्त को अपने पास बुलाकर कहने लगे, "अब तुम्हें और अधिक समय तक्षशिला में नहीं रहना चाहिए चन्द्रगुप्त! मुझे तो लगता है कि आम्भीक तुमसे वैर ठाने बैठा है। वह यहां का राजकुमार है और तुम्हारा बड़े से बड़ा अहित कर सकता है। मैं नहीं चाहता कि तुम यहां रहकर और अधिक

मुसीबत में पड़ो....”

चन्द्रगुप्त, “तो मैं क्या करूं गुरुजी?....मेरे लिए आपका क्या आदेश है?”

आचार्य चाणक्य, “अगर तुम चाहते हो कि यवनों से भारत की रक्षा हो तो तुम्हें वापिस मगध जाना होगा....”

“वापिस मगध?” चन्द्रगुप्त ने हैरानी के साथ पूछा।

आचार्य चाणक्य, “हां शिष्य! इन दो-तीन वर्षों में यहां तुमने धर्मनीति, शस्त्र और शास्त्रों की जो शिक्षा ग्रहण की है उससे तुम इस योग्य बन गए हो कि अपने पिता और भाइयों की हत्या का प्रतिशोध मगध के नन्द शासकों से ले सको। मत भूलो कि तुम्हारे जीवन का प्रमुख उद्देश्य नन्द वंश को समाप्त करना और मगध की राजसत्ता प्राप्त करना है। इसका उद्योग तुम्हें मगध जाकर ही करना होगा। वहां की जनता को अपने पक्ष में करना होगा तभी तुम नन्द राजाओं के खिलाफ मगध की जनता में विद्रोह फैलाकर नन्दों को कड़ा सबक सिखा सकोगे।”

चन्द्रगुप्त, “तो क्या मुझे आपसे अलग रहना होगा गुरुवर?”

चाणक्य, “नहीं शिष्य! मैं भी अब तक्षशिला का अध्यापन कार्य छोड़ रहा हूं। अभिमानी आम्भीक की भूलों को मैं अब और क्षमा नहीं कर सकता।”

“तो आप भी क्यों न मेरे साथ मगध चलें?”

“हां मैंने भी यही सोचा है। हम दोनों साथ-साथ मगध चलेंगे और वहां छिपकर नन्दों के खिलाफ बड़ी साजिश रचेंगे।”

“बहुत अच्छा गुरुजी! आप मेरे साथ रहेंगे, मेरा मार्गदर्शन करते रहेंगे तो मुझे मेरे लक्ष्य में एक दिन सफलता अवश्य प्राप्त हो जाएगी।”

इस तरह आचार्य चाणक्य अपने प्रिय शिष्य, चन्द्रगुप्त को लेकर मगध चले आए और कुमार सिंहरण भी अपने मालव राज्य लौट गया, क्योंकि अब उससे भी तक्षशिला राजकुमार आम्भीक का रूखा-सूखा, कटु व्यवहार सहन नहीं हो पाता था।

आचार्य चाणक्य अब मगध के अन्दर ही राजकुमार चन्द्रगुप्त के साथ रहने लगे थे लेकिन उनका निवास नन्द शासकों की राजधानी पाटलिपुत्र

से बहुत दूर था। ये दोनों गुरु शिष्य मगध में अपना नाम और पहचान छिपाकर रहते थे। अब न तो चन्द्रगुप्त ने मगध में किसी को यह बताया था कि वह मौर्यपुत्र है तथा मगध का राजकुमार है और न आचार्य चाणक्य ने किसी को यह बात बताई थी कि वे नन्दों से अपमानित किए गए तक्षशिला के आचार्य हैं। ये दोनों गुरु-शिष्य मगध में अपनी पहचान छिपाकर रहने लगे थे। मालव कुमार सिंहरण, जो कि तक्षशिला विश्वविद्यालय में चन्द्रगुप्त का गहरा मित्र बन चुका था, कभी-कभी अपने मित्र से मुलाकात करने तथा अपने गुरुजी के दर्शन करने मगध आ जाता था।

उस समय पौरवराज पर्वतेश्वर की नन्द शासकों से दुश्मनी चल रही थी, यह बात आचार्य चाणक्य जानते थे। आचार्य सोचते थे कि पर्वतेश्वर पहाड़ी प्रदेश का वीर राजा है और इसके पास अपनी बड़ी सेना है। अगर किसी तरह वह हमारे पक्ष में हो जाए तो हम नन्दों के खिलाफ और जरूरत पड़ने पर सिकन्दर के खिलाफ भी उसका और उसकी सेना का इस्तेमाल कर सकते हैं। इस समय मैं और चन्द्रगुप्त मगध में अकेले हैं। हमारे पास नन्दों से मुकाबला करने के लिए न तो पर्याप्त धन-सामग्री है और न मजबूत सेना है। किसी तरह हमें पर्वतेश्वर को अपने पक्ष में लेना होगा। पर्वतेश्वर भी तो नन्द वंश को समाप्त करके मगध का साम्राज्य पा लेना चाहता है।

एक दिन आचार्य चाणक्य ने अपने शिष्य चन्द्रगुप्त से कहा, "शिष्य चन्द्रगुप्त! अब हमें अपनी योजना की सफलता हेतु पहला कदम उठाने का समय आ गया है...."

"मैं समझा नहीं गुरुजी, आप क्या कहना चाहते हैं?"—युवक चन्द्रगुप्त ने पूछा।

आचार्य चाणक्य, "नन्द वंश के विनाश हेतु हमें सबसे पहले राजा पर्वतेश्वर से मिलना होगा। वह नन्दों से दुश्मनी रखता है और वह भी हमारी तरह नन्दों का नाश चाहता है।"

"यह तो हमारे लिए अच्छी बात है गुरुजी!"—चन्द्रगुप्त ने खुश होते हुए कहा, "हम पर्वतेश्वर से मिलकर नन्दों को कड़ी चोट पहुंचा सकते हैं।"

आचार्य चाणक्य, "हां चन्द्रगुप्त!....तुम आज रात यात्रा की सारी तैयारी कर लेना। हम कल सवेरा होते ही पर्वतेश्वर के राज्य की ओर

प्रस्थान करेंगे।"

"आप चिन्ता न करें गुरुदेव! मैं सब तैयारी कर लूंगा।"

अगले दिन सवेरे ही आचार्य चाणक्य अपने शिष्य चन्द्रगुप्त को लेकर पर्वतीय प्रदेश की ओर निकल पड़े और यात्रा करके सम्राट पर्वतेश्वर के दरबार में पहुंचे। उस समय पर्वतेश्वर अपने महामन्त्री तथा अन्य सभासदों के साथ मिलकर यवन आक्रमण की समस्या के सम्बन्ध में विचार-विमर्श कर रहा था। राजा पर्वतेश्वर को अपने गुप्तचरों द्वारा सूचना मिली थी कि यूनान सम्राट सिकन्दर ने संसार के कई देशों पर आक्रमण करके उन्हें अपने अधीन कर लिया है और शीघ्र ही वह भारत के पर्वतीय प्रदेश पर अर्थात् पौरवराज पर्वतेश्वर के राज्य पर हमला करने वाला है। राजदरबार में पर्वतेश्वर ने अपने सुरक्षा सचिव तथा सेनापति को भी बुला लिया था। ये दोनों अधिकारी भी पर्वतेश्वर को राय दे रहे थे कि सिकन्दर के खिलाफ किस प्रकार एक प्रभावी युद्ध-व्यूह रचना की जाए और पूरी ताकत के साथ सिकन्दर की सेना का मुकाबला करके उसे पीछे लौटने पर मजबूर किया जाए।

विचार-विमर्श एवं वार्तालाप के ऐसे समय पर आचार्य चाणक्य का युवक चन्द्रगुप्त के साथ पर्वतेश्वर के दरबार में आना हुआ। राजा पर्वतेश्वर आचार्य चाणक्य को बहुत अच्छी तरह से जानता था तथा आचार्य की बहुत इज्जत भी करता था। जैसे ही आचार्य चाणक्य पर्वतेश्वर के दरबार में आए, पौरवराज पर्वतेश्वर ने शिष्टाचारवश अपने सिंहासन से नीचे उतरकर आचार्य को प्रणाम किया तथा उन्हें अपने सम्मुख बैठने के लिए ऊंचा आसन दिया। आचार्य चाणक्य जानते थे कि पर्वतेश्वर बड़ा ही वीर राजा है। यह विद्वानों, गुरुजनों का सम्मान करता है तथा राष्ट्रभक्त भी है।

"बहुत समय के बाद आपके दर्शन करके मैं धन्य हो गया आचार्य! आप यात्रा से थककर आए हैं। पहले जलपान-भोजन आदि करके विश्राम कर लें, इसके बाद"—पर्वतेश्वर ने नम्रतापूर्वक आचार्य से निवेदन किया। इस पर आचार्य चाणक्य तटस्थ भाव से कहने लगे, "विश्राम आदि के लिए हमारे पास ज्यादा समय नहीं है पौरवराज! हम जिस काम से तुम्हारे पास आए हैं, पहले उसे सुन लीजिए!...."

राजा पर्वतेश्वर, “आदेश कीजिए आचार्य! मेरे लायक कुछ सेवा हो तो कहिए....?”

आचार्य चाणक्य, “हां हमें तुम्हारी सहायता की जरूरत है राजन!”

पर्वतश्वेर, “कहिए आचार्य....?”

इसके बाद आचार्य चाणक्य ने युवक चन्द्रगुप्त की ओर संकेत करके कहा, “देखो, यह चन्द्रगुप्त है। मौर्य का एकमात्र जीवित बचा पुत्र!”

“मौर्य का पुत्र! लेकिन मैंने तो सुना था कि मौर्य और उनके सौ पुत्र दुर्घटना का शिकार होकर जल मरे थे और अब तक मौर्य वंश का समूल नाश हो चुका है?”–राजा पर्वतेश्वर ने आश्चर्य प्रकट करते हुए पूछा।

आचार्य चाणक्य, “हां, यह सब नवनन्दों की चाल थी। नन्दराज चाहता था कि उसका सौतेला भाई मौर्य अपने सौ पुत्रों के साथ मारा जाए ताकि मगध पर शासन के उत्तराधिकारी का दावा करने वाला नन्दों के अलावा कोई और न रहे। मौर्य वंश को जड़ से खत्म करने के लिए नन्दों ने अपनी राजधानी पाटलिपुत्र से कुछ दूरी पर एक विशेश महल का निर्माण किया। ठीक उसी तरह जैसे दुर्योधन आदि कौरवों ने पाण्डवों को जलाकर मार डालने के लिए लाक्षागृह अथवा लाख के भवन का निर्माण किया था। ....एक दिन षड्यन्त्रपूर्वक नन्दराज अपने सौतेले भाई मौर्य को उसके शतपुत्रों के साथ वन में शिकार खेलने ले गया। ये सभी सुबह से लेकर शाम तक जंगली जानवरों का वन में शिकार खेलते रहे और जब सूर्यास्त के समय थके हारे वापिस पाटलिपुत्र नगर चलने को हुए तो नन्दराज ने अपने भाई मौर्य से आग्रह किया कि आज रात्रि हम सब अपने नए महल में विश्राम करेंगे। वहीं जलपान और भोजन आदि ग्रहण करेंगे। मौर्य बेचारे नन्दराज के बहकावे में आ गए। वे अपने नन्द भाइयों पर बहुत स्नेह और विश्वास रखते थे। उन पर अपनी जान छिड़कते थे तथा नन्दों के लिए कुछ भी करने को तैयार रहते थे।”

इतना कहकर आचार्य चाणक्य कुछ क्षणों के लिए रुककर श्वॉस भरने लगे तो पर्वतेश्वर ने जिज्ञासपूर्वक पूछा, “फिर क्या हुआ आचार्य?”

आचार्य चाणक्य आगे बताने लगे, “उस नए महल में सबने भोजन आदि तो न खा पाया लेकिन जैसे ही मौर्य और उनके सौ पुत्र महल के

भीतर आ गए तो नवनन्दों ने बाहर जाकर महल का द्वार बन्द कर दिया। वह महल चारों ओर से बन्द था। मुख्यद्वार के अलावा महल में कहीं कोई और दरवाजा, खिड़की या रोशनदान नहीं था।....उस दिन के बाद कई दिनों तक महल का द्वार न खोला गया। जब द्वार खोला गया तो इस मौर्यपुत्र को छोड़कर अन्दर सभी मृत पाए गए।"

"यह सब आपको कितने बताया आचार्य?"

"इसी मौर्यपुत्र चन्द्रगुप्त ने। अब यह मेरा शिष्य है। नन्दों ने पहले इसके परिवार को महल में दम घोंटकर मार डाला फिर सबके शवों को महल के अन्दर ही जलाकर भस्म कर दिया गया और सारे मगध में यह बात प्रचारित कर दी गयी कि महल में किसी अज्ञात कारणों से लगी आग की दुर्घटना में मौर्य अपने पुत्रों सहित जलकर भस्म हो गए हैं।"

"ओह! दुष्ट नन्दराज, बहुत धूर्त और दुष्ट व्यक्ति है, यह तो मैं जानता था लेकिन यह मातृद्रोही है; अपने ही परिवार की हत्या करने वाला होगा—यह बात मुझे आज पता चली है।....आप चिन्ता न कीजिए आचार्य, शीघ्र ही मैं इन नन्दों को इनके पापों का दण्ड देने इनके राज्य पर चढ़ाई करूंगा और इनसे मगध का राज्य छीन लूंगा। ताकि ये मगध की भोली-भाली जनता को परेशान न कर सके, दीन दुखियों को न सता सके, निर्बल और निर्दोष लोगों को दण्ड न दे सके।"

आचार्य चाणक्य ने पर्वतेश्वर की हां में हां मिलाते हुए कहा, "नन्दों के नाश के कार्य में मैं आपकी मदद करूंगा राजन! मैं मगध की प्रजा को नन्दों के खिलाफ भड़काकर मगध के युवकों की एक सेना बनाऊंगा। उस सेना का नायक होगा यह बहादुर नवयुवक चन्द्रगुप्त। वह सेना नन्द से लड़े जाने वाले युद्ध में तुम्हारी मदद करेगी...."

"लेकिन इतनी कम उम्र का व्यक्ति और सेनानायक?"—पर्वतेश्वर राजा ने युवक चन्द्रगुप्त को ऊपर से नीचे तक देखकर पूछा। इस पर आचार्य चाणक्य गर्वपूर्वक कहने लगे, "तुम इसकी उम्र नहीं हौंसला देखो पर्वतेश्वर! यह भारतवर्ष का भावी सम्राट है...."

पर्वतेश्वर, "भारत का भावी सम्राट? यह क्या पहेली है आचार्य?"

आचार्य चाणक्य, "यह पहेली नहीं सच्चाई है राजन! इसने नन्द वंश

का समूल नाश करने की सौगन्ध खाई है। यदि तुम नन्दों को सबक सिखाना चाहते हो, मगध का राजसिंहासन पाना चाहते हो तो शीघ्र ही मगध पर चढ़ाई कर दो। तब तक मैं मगध के युवकों की एक सेना तैयार करता हूं।"

राजा पर्वतेश्वर, "अभी नहीं, अभी ठहरिये आचार्य!"

आचार्य चाणक्य, "क्यों राजन?"

राजा पर्वतेश्वर, "मुझे गुप्तचरों से सूचना मिली है कि शीघ्र ही सिकन्दर हमारे पर्वतीय प्रदेश पर हमला करके भारत में घुसपैठ करने वाला है। हमें किसी भी हालत में उसके हमले को रोकना है। यहां दरबार में बैठकर हम सब इसी गम्भीर समस्या पर विचार-विमर्श कर रहे थे। हमें सिकन्दर के आक्रमण का जोरदार जवाब देना होगा ताकि वह भविष्य में कभी किसी भारतीय प्रदेश पर हमला करने के बारे में न सोचे।....पहले यह सिकन्दर नाम की विश्वभर में छाई समस्या भारत से टल जाए। फिर हम और आप मिलकर सोचेंगे कि किस-किस प्रकार से नन्दों को सबक सिखाया जा सकता है। किस प्रकार मगध पर हमला करके मगध का राजसिंहासन हथियाया जा सकता है। अभी कुछ समय के लिए इस दुष्ट नन्द की बात भूल जाइये और आने वाली सिकन्दर नामक मुसीबत से निपटने की बात सोचिए।"

आचार्य चाणक्य पर्वतेश्वर के पास इसलिए आये थे ताकि नन्द के शासन का अन्त करने में उससे कुछ मदद मिल सके। आचार्य किसी भी तरह अत्याचारी नन्दराज के शासन का अन्त चाहते थे। वे सोचते थे कि जब मगध नन्दों के शासन से मुक्त हो जाएगा तो मगध के लोग और मगध की सेना सिकन्दर जैसी भावी समस्या से आसानी से निपट सकती है। चाणक्य ने पर्वतेश्वर को समझाना चाहा कि नन्द के नाश में तुम हमारी मदद करो। हम तुम्हें सिकन्दर से निपटने के लिए पर्याप्त सैन्य सहायता, धन-जन की ताकत उपलब्ध कराएंगे लेकिन राजा पर्वतेश्वर को उनकी बात समझ में नहीं आई। उसे नन्दों से अपने राज्य को कोई खतरा दिखाई नहीं देता था लेकिन सिकन्दर और उसकी फौज के कारण वह परेशान था और सोचता था कि एक बार सिकन्दर का खतरा सिर से टल जाए, फिर नन्द

आदि प्रतिकूल भारतीय राजाओं को भी कड़ा सबक सिखा दिया जाएगा। नन्द से निपटने के लिए पर्वतेश्वर ने आचार्य चाणक्य से कुछ समय मांगा। आचार्य कहने लगे, “समय ही तो मेरे पास नहीं है पौरवराज! बाहरी हमलों से ज्यादा चिन्ताजनक बात भारत की आन्तरिक दुर्बलता, फूट और कलह की है। जब तक वह दूर नहीं होगी तब तक कोई भी विदेशी हमलावर इस देश के भू-भागों पर कब्जा करके इसे अपना गुलाम बना सकता है। मैं शीघ्रातिशीघ्र भारत की आन्तरिक दुर्बलता को दूर करना चाहता हूं ताकि सभी भारतीय नरेश मिलकर पूरी ताकत के साथ सिकन्दर के आक्रमण का मुकाबला कर सकें और भारत विजय के उसके स्वप्न को कभी कामयाब नहीं होने दें!”

पर्वतेश्वर से सहायता का अपेक्षित आश्वासन न मिल पाने के कारण आचार्य चाणक्य अपने शिष्य चन्द्रगुप्त को पर्वतेश्वर के दरबार से लेकर मगध वापिस लौट गए।

आठ

यूनान का सम्राट सिकन्दर विश्वविजय का सपना लेकर कुछ महीनों से अपने राज्य के बाहर निकला हुआ था। उसके पास अपनी बहुत बड़ी सेना थी। उसके सैनिक जिस देश पर आक्रमण करते, उसे हराकर सब तरफ खूब लूटपाट मचाते।

अब तक संसार के अधिकांश देशों के राजाओं को युद्ध में हराकर सिकन्दर ने उनके राज्यों पर अधिकार कर लिया था। वह सेना लेकर गान्धार अर्थात् भारत के पश्चिमी प्रदेशों तक भी आ पहुंचा था। आम्भीक और अलका गान्धार राज्य के राजकुमार-राजकुमारी थे। जब से यवन दूतों का गान्धार में आना शुरू हुआ था, तब से यह बात तक्षशिला विश्वविद्यालय में पढ़ने वाले सिंहरण को अखरने लगी थी। वह मालव राजकुमार था और सच्चा राष्ट्रभक्त था। उसे यह पसन्द नहीं था कि भारत का कोई शासक यवनों से मित्रता करे तथा उसे भारत के आन्तरिक राज्यों पर हमला करने को प्रेरित करे।

आम्भीक गान्धार का अभिमानी राजकुमार था। उसने यवनों से मित्रता करनी प्रारम्भ कर दी थी तथा उन्हें अपने राज्य में शरण देनी प्रारम्भ कर दी थी। यह सब आम्भीक की बहिन अलका को पसन्द नहीं था। वह भारत भूमि से सच्चा प्रेम करती थी तथा भारत की एकता, अखण्डता एवं सुन्दरता बनाए रखना चाहती थी। अलका राजकुमारी कभी नहीं चाहती थी कि उसके पिता और भाई यवन सम्राट सिकन्दर की मित्रता स्वीकार लें तथा भारत-विजय की उसकी योजना में किसी प्रकार से सहायक बनें। अलका ने अपने पिता अर्थात् गान्धार नरेश तथा भाई आम्भीक को इस सम्बन्ध में काफी समझाया भी लेकिन वे दोनों अलका की बात सुनने को तैयार नहीं

हुए। गान्धार में घुस आए सिकन्दर के गुप्तचर राजकुमारी अलका पर निगाह रखने लगे थे। इस सबकी वजह से अलका को अपने राज्य में अपने महल में घुटन महसूस होने लगी थी। एक दिन वह अपना देश (राज्य) गान्धार छोड़कर महर्षि दाण्डयायन के आश्रम में चली आई ताकि वह मन की शान्ति तथा स्थिरता को प्राप्त कर सके। अपने पिता तथा भाई के भारत द्रोही क्रियाकलापों से उसका मन गान्धार में बहुत बेचैन, परेशान और अशान्त रहता था। वह यह सोचकर मन ही मन दुःखी भी होती थी कि वह ऐसे पिता की पुत्री, भाई की बहिन है जिन्होंने यवन सम्राट सिकन्दर की शक्ति के आगे अपना सिर झुका लिया है।

इधर राजा पर्वतेश्वर से सहायता का अपेक्षित आश्वासन न मिलने के कारण आचार्य चाणक्य और उनके शिष्य चन्द्रगुप्त का मन भी मगध में बहुत दुःखी, परेशान, बेचैन और चिन्तित रहता था। महर्षि दाण्डयायन से आचार्य चाणक्य का पुराना परिचय था। वे जब तक्षशिला में पढ़ाते थे, तब भी अवकाश के समय कभी-कभी महर्षि दाण्डयायन के दर्शनों व सदुपदेशों का लाभ लेने उनके आश्रम में चले आते थे। महर्षि के आश्रम में आकर उनके मन को बहुत शान्ति मिलती थी। एक दिन मन की व्यथा से परेशान होकर आचार्य चाणक्य भी चन्द्रगुप्त को साथ लेकर महर्षि दाण्डयायन के आश्रम में चले आए।

यवन सम्राट सिकन्दर भारत के पश्चिमी प्रदेश पर हमला करके भारत में दाखिल होने की योजना बना रहा था। चूंकि गान्धार नरेश ने उसकी अधीनता स्वीकार कर ली थी इसलिए सिकन्दर को गान्धार पर आक्रमण करने की जरूरत महसूस नहीं हुई। लेकिन उसे इतने बड़े भारत देश को जीतना था। भारत को जीते बिना उसका विश्वविजय का सपना पूरा नहीं हो सकता था।

महर्षि दाण्डयायन का आश्रम हिमालय की पर्वत शृंखलाओं में था। उनका आश्रम काफी दूर-दूर तक फैला हुआ था। वहां चारों ओर प्रकृति की अनुपम छटा बनी रहती थी। आश्रम में एक तरफ बहती स्वच्छ जल की नदी थी, दूसरी तरफ झरना तथा सुन्दर सरोवर था। इन जलाशयों में तरह-तरह के सुन्दर पशु-पक्षी निर्भय होकर विचरण किया करते थे। यह महर्षि

दाण्डयायन की तपस्या का ही प्रभाव था कि जो कोई भी इंसान या पशु-पक्षी आश्रम के अन्दर दाखिल होता था, वह अपना वैर-भाव भूल जाता था। महर्षि दाण्डयायन का आश्रम सारे भारतवर्ष में प्रसिद्ध था। यहां आकर मनुष्य के मन को बड़ी अद्भुत शान्ति मिलती थी और सन्तोष प्राप्त होता था। गान्धार राजकुमारी अलका का मन जब अपने पिता और भाई की नीतियों के कारण बहुत दुःखी हुआ तो उसने महर्षि के आश्रम में आना ही उचित समझा। इसी तरह आचार्य चाणक्य भी कुछ दिन अपने चित्त व मन को स्थिर-शान्त करने के लिए महर्षि के आश्रम चले आए।

जब सिकन्दर अपनी सेना लेकर भारत की सीमाओं के करीब आ पहुंचा तथा गान्धार नरेश ने उसकी अधीनता स्वीकार कर ली तो सिकन्दर ने कुछ भारतीयों के मुख से महर्षि दाण्डयायन के आश्रम के बारे में सुना। उसके दूतों तथा गुप्तचरों ने भी उसे बताया कि महर्षि दाण्डयायन एक पहुंचे हुए महात्मा, तपस्वी तथा सिद्धपुरुष हैं। वे जिस किसी को विजय अथवा सफलता का आशीर्वाद दे देते हैं, उसे अपने कार्य, अभीष्ट अथवा लक्ष्य में सफलता प्राप्त होकर रहती है।

सिकन्दर न केवल यूनान (ग्रीक देश) का सम्राट था बल्कि उसने संसार के कई देशों पर आक्रमण करके उन्हें अपने अधीन कर लिया था। इस वजह से सिकन्दर की महत्त्वाकांक्षा और उसका अभिमान बलवान था। सन् 327 ई.पू. में हिन्दुकुश पर्वत को पार करके भारत पर आक्रमण कर दिया था। उस समय मगध भारत का पूर्व का शक्तिशाली साम्राज्य था और भारत की पश्चिमी सीमा पर कई छोटे-छोटे गणराज्य थे। इनमें अस्सप, नीसा, अश्वकायन तथा गान्धार का तक्षशिला राज्य प्रमुख था।

अस्सप राज्य हिन्दुकुश के उत्तर में सिन्धु नदी तक फैला हुआ था। यहां के राजा के पास कुशल सेना थी। इसी राह नीसा राज्य पर्वतीय प्रदेश काबुल और सिन्ध नदी के बीच फैला गणराज्य था। इसी तरह भारत के पश्चिम में अश्वकायन राज्य था जिसकी राजधानी मस्सप थी। मस्सग का दुर्ग प्रकृति द्वारा सुरक्षित एवं अजेय था। ऐसे ही गान्धार में तक्षशिला एक राज्य था जहां का राजकुमार आम्भीक था तथा अलका उसकी बहिन थी। सन् 326 ई. पूर्व में जब सिकन्दर सिन्धु नदी पार करके तक्षशिला पहुंचा तो

राजकुमार आम्भीक ने उसका अभूतपूर्व स्वागत सत्कार किया। सिकन्दर को आम्भीक ने कई अमूल्य उपहार प्रदान किए तथा उसे सैनिक सहायता भी प्रदान की। कुछ लोगों का मानना था कि आम्भीक ने ही सिकन्दर को भारत पर आक्रमण करने के लिए आमन्त्रित किया था। आम्भीक ने सिकन्दर की अधीनता स्वीकार कर ली थी और अपनी तरफ से भरपूर सहयोग करने का वचन दिया था।

पर्वतेश्वर अथवा पोरस राजा की अपने पड़ौसी राज्य (तक्षशिला अथवा गान्धार) से प्रतिस्पर्धा थी। आम्भीक पोरस (पर्वतेश्वर) राजा को अपना दुश्मन मानता था। पर्वतेश्वर (पोरस) भारत का एक वीर प्रतापी शासक था। आम्भीक किसी तरह पर्वतेश्वर का दर्प-दमन करना चाहता था। आम्भीक को देखकर पुस्करावली राज्य के राजा संजय ने तथा काबुल राज्य के शासक कैफियस ने भी सिकन्दर की अधीनता स्वीकार कर ली थी।

तक्षशिला तक पहुंचने से पहले सिकन्दर और उसकी सेना को भारतीय सीमा के अस्सप, नीसा तथा अश्वकायन आदि गणराज्यों से युद्ध लड़ना पड़ा। अस्सप प्रदेश के राजा के पास एक अच्छी-खासी कुशल फौज थी। अस्सप के राजा ने अपनी सेना के साथ सिकन्दर व उसके सैनिकों से जमकर युद्ध किया। उसके सैनिकों ने भी युद्ध में खूब बहादुरी दिखाई लेकिन अस्सप का राजा आखिरकार युद्ध हार गया। सिकन्दर के लड़ाकों ने उसके चालीस हजार पुरुषों को बन्दी बना लिया तथा अनेक सारे बैल अपने कब्जे में कर लिए।

अस्सप राज्य को अपने अधीन करके सिकन्दर नीसा राज्य की ओर आया। यह प्रदेश काबुल और सिन्ध नदी के बीच फैला एक गणराज्य पर्वतीय प्रदेश था। यहां के राजा को भी सिकन्दर ने हरा दिया। नीसा के राजा ने सिकन्दर को तीन सौ घुड़सवार सैनिक भेंट के तौर पर दिए। इसके बाद मजबूत दुर्ग से घिरे अश्वकायन राज्य पर सिकन्दर ने हमला किया। यदि अश्वकायन के राजा की युद्ध में बाण लगने से मृत्यु न हो जाती तो सिकन्दर का इस राज्य को जीतना मुश्किल था। जब अश्वकायन के राजा की युद्ध में मौत हो गयी तो रानी क्लिओफेस ने सिकन्दर के सामने आत्म-समर्पण कर दिया। जब रानी अपने किले से बाहर निकल रही थी तो

सिकन्दर के यूनानी सैनिकों ने धोखे से रानी और उसके सैनिकों पर आक्रमण करके रानी को मार डाला।

उसके बाद सिकन्दर ने निकटवर्ती दुर्गों पर आक्रमण करके उन्हें जीत लिया तथा शशिगुप्त को इन प्रदेशों का क्षत्रप बनाया। शशिगुप्त हिन्दुकुश पर्वत के उत्तर में शासन करता था। वह सिकन्दर का आम्भीक की तरह दोस्त बन गया।

राजा पर्वतेश्वर को 'पोरस राजा' भी कहा जाता था। चिनाब और झेलम नदी के बीच के प्रदेश पर उसका शासन था। सिकन्दर ने पर्वतेश्वर के पास अपना एक दूत भेजा था। उस दूत के पास सिकन्दर का लिखित सन्देश था। इस सन्देश में यूनान नरेश सिकन्दर की अधीनता स्वीकार करने की बात कही गयी थी। जब सिकन्दर का दूत सिकन्दर का यह सन्देश लेकर राजा पोरस (पर्वतेश्वर) के दरबार में आया तो पर्वतेश्वर ने वीरतापूर्वक सिकन्दर के दूत से कहा, "तुम्हारा राजा भले ही संसार के कई देशों को जीत चुका है लेकिन वीरों की धरती भारत को जीतने का उसका सपना कभी पूरा नहीं होगा दूत! जाओ, यह बात जाकर यवन सम्राट सिकन्दर से कह देना। हमें उसकी अधीनता स्वीकार्य नहीं है। हम रणभूमि में स्वयं उपस्थित होकर अपनी तलवार के साथ उसका स्वागत करेंगे।"

जब सिकन्दर के दूत ने वापिस अपने स्वामी सिकन्दर के पास पहुंचकर यह खबर सिकन्दर को सुनाई तो सिकन्दर पर्वतेश्वर राजा (पोरस) का जवाब सुनकर गुस्से से जल भुन गया। उसने गुप्तचरों से पता लगवाया कि पर्वतीय प्रदेश के इस राजा पोरस अर्थात् पर्वतेश्वर को अपने आप पर इतना घमण्ड या गुमान क्यों है?

गुप्तचरों ने बताया कि पर्वतेश्वर (पोरस) राजा और उसके पुत्र बड़े ही शूरवरी और साहसी हैं। वे आज तक कोई भी युद्ध नहीं हारे हैं। उसके पास हाथियों की विशाल सेना है जिसे हराना मुश्किल है। पर्वतेश्वर और उसके पुत्र हाथी पर चढ़कर ही युद्ध करते हैं।

सिकन्दर ने जब पोरस (पर्वतेश्वर) राजा की वीरता के किस्से सुने तो मन में सोचने लगा कि कहीं ऐसा न हो कि पर्वतेश्वर हमारे लिए भारी पड़ जाए। जब हम भारत के पश्चिमी प्रदेश के इस राजा को ही नहीं हरा पाएंगे

तो भारत के अन्य राज्यों पर हमें कैसे विजय हासिल हो पाएगी।

पर्वतेश्वर पोरस राजा को लेकर यवन सम्राट सिकन्दर असमंजस और परेशानी की स्थिति में था तभी उसे अपने दूतों से पता चला कि यहां पास ही भारत के एक वृद्ध तपस्वी महर्षि दाण्डयायन का आश्रम है। अगर महर्षि से मुझे विजय का आशीर्वाद प्राप्त हो जाए तो भारत में मुझे कोई भी राजा नहीं हरा पाएगा। तब भारत विजय करने में मुझे कोई मुश्किल या कठिनाई पेश नहीं आएगी।

सिकन्दर केवल यूनान का ही नहीं बल्कि संसार के कई देशों का सम्राट बन चुका था। इतना बड़ा राजा होने के कारण भारत के एक महात्मा के स्थान पर जाकर उसे शीश झुकाना वह अपनी तौहीन समझता था इसलिए उसने अपना एक दूत महर्षि दाण्डयायन के आश्रम में भेजा ताकि वह महर्षि को सिकन्दर के सैनिक शिविर में लेकर आए।

जिस समय सिकन्दर का दूत महर्षि के आश्रम में पहुंचा, महर्षि ईश्वर के ध्यान में मग्न थे। वे आंखें मूंदे ध्यान की अवस्था में बैठे थे। सिकन्दर के दूत ने महर्षि का ध्यान समाप्त होने का इन्तजार किया और जब उनका ध्यान टूटा तो दूत हाथ जोड़ता हुआ उनके आगे आया, बोला, "हमारे सम्राट यूनान नरेश सिकन्दर ने आपको बुलाया है। आप अभी मेरे साथ चलें ऋषिवर?"

महर्षि दाण्डयायन, "क्या यह सिकन्दर की प्रार्थना है अथवा उसका आदेश है?"

दूत, "इसे उनका आदेश ही समझें...."

महर्षि, "तो फिर मैं सिकन्दर का आदेश मानने के लिए बाध्य नहीं हूं क्योंकि न तो सिकन्दर मेरा राजा है और न मैं उसका कोई दास या गुलाम हूं। जाओ, जाकर अपने राजा से कह दो कि यह हमारा आश्रम है, उसका दरबार नहीं, जहां उसका आदेश या हुक्म माना जाएगा।"

दूत, "ठीक है, मैं महाराज से यही सब कह दूंगा।"

इसके बाद सिकन्दर का दूत महर्षि को प्रणाम करके चला गया। महर्षि ने जो कुछ उससे कहा था, उसने वह सब सिकन्दर को यह सुनाया। सिकन्दर वह सब सुनकर क्रोध से आगबबूला हो उठा। वह अपनी तलवार

के जोर पर बड़े-बड़े राजाओं के सिर अपने प्राण देने को तैयार हो जाते थे।

सिकन्दर मन में सोचने लगा, "कैसा विचित्र देश है यह! यहां फकीर लोगों को भी अपने ऊपर इतना घमण्ड है कि वे किसी राजा का हुक्म मानने से इंकार कर देते हैं। मैं जाकर इस बूढ़े नंगे फकीर को मजा चखाता हूं।"

इतना कहकर सिकन्दर गुस्से में अपनी तलवार लेकर महर्षि दाण्डयायन के आश्रम में चलने को तैयार हुआ। जब उसके सेनापति ने उसके चेहरे पर क्रोध के भाव देखे तो सेनापति सेल्युकस सब कुछ समझ गया। वह सिकन्दर को समझाने लगा, "महाराज! इस तरह एक वृद्ध संन्यासी पर आपका गुस्सा करना ठीक नहीं है...."

"क्या ठीक नहीं है? इस बूढ़े आदमी ने हमारा हुक्म मानने से, यहां आने से मना कर दिया। अब हम उसे सबक सिखकर आते हैं। हमें उस संन्यासी का आशीर्वाद मिले या न मिले, कोई चिन्ता नहीं लेकिन इन भारतीयों को सिकन्दर की ताकत का अन्दाज तो रहना ही चाहिए!"—क्रोधावेश में सिकन्दर बोला।

सेनापति सेल्युकस, "लेकिन महाराज! इससे आप मुसीबत में फंस सकते हैं!"

सिकन्दर, "कैसी मुसीबत सेनापति?"

सेल्युकस, "मैंने सुना है कि यहां के ऋषियों को अगर तंग किया जाए तो वे श्राप दे देते हैं...."

"श्राप! वह क्या होता है?"

"आप! क्रोध में निकली बद्दुआ होती है जो आदमी पर सीधा असर डालती है। गुस्से में ये साधक जो कुछ किसी से कह देते हैं, वैसा ही हो जाता है। अगर आपने जाकर उनसे कुछ उल्टा-सीधा कहा अथवा आपके हुक्म पर यदि हमारे सैनिकों ने उस वृद्ध ऋषि को प्रताड़ित किया तो वह आपको पतन और पराजय की भी बद्दुआ दे सकता है....फिर आपके जीते हुए राज्य भी आपके हाथ से वापिस चले जाएंगे इसलिए आपसे प्रार्थना है कि यहां के साधक तपस्वियों से मत उलझिये।....यदि आपको महर्षि दाण्डयायन से विजय का आशीर्वाद पाना है तो नम्रता से ही पा सकते हैं ....चलिए, मैं खुद भी आपके साथ चलता हूं। जरा मैं अपनी पुत्री को

बताकर आता हूं कि आपके साथ ऋषि के आश्रम में जा रहा हूं।"

सिकन्दर के सेनापति सेल्युकस की पुत्री का नाम कार्नेलिया था। कार्नेलिया जब से भारत आई है, उसे यहां की आवोहवा, यहां भी सभ्यता, संस्कृति, रीतिरिवाज और यहां के लोगों से प्यार हो गया है। वह आश्रम जैसी पवित्र जगहों पर घूमना चाहती है। जब सेल्युकस ने उसे आकर बताया कि मैं महाराज के साथ महर्षि दाण्डयायन के आश्रम में जा रहा हूं जो कि भारत के ऋद्धि सिद्ध साधक हैं तो कार्नेलिया ने अपने पिता से विनती की कि मुझे भी अपने साथ आश्रम में ले चलें। मैं भी उस महान तपस्वी के दर्शन करना चाहती हूं।

इस तरह सेनापति सेल्युकस अपनी पुत्री कार्नेलिया तथा अपने महाराज सिकन्दर को साथ लेकर महर्षि दाण्डयायन के आश्रम के लिए चल दिया। जिस समय ये तीनों महर्षि के आश्रम में पहुंचे, उस समय महर्षि, आचार्य चाणक्य से कुछ बातें कर रहे थे। तक्षशिला की राजकुमारी अलका और राजकुमार चन्द्रगुप्त भी वहीं थे। सिकन्दर के साथ उसके चार-पांच रक्षक सैनिक भी आए थे। उसने अपने एक सैनिकों को आश्रम के अन्दर भेजा। उस सैनिक ने महर्षि से निवेदन किया, "स्वामी जी! हमारे महाराज सिकन्दर आश्रम के बाहर खड़े हैं। अगर आपकी आज्ञा हो तो वे यहां आ जाएं?"

सिकन्दर के सैनिक की बात सुनकर तपस्वी दाण्डयायन बोले, "हमारे पास आने के लिए, हमसे मिलने के लिए किसी को आज्ञा या अनुमति नहीं लेनी पड़ती सैनिक! तुम्हारे महाराज निःसंकोच अन्दर आ सकते हैं...."

सैनिक बाहर से यवन सम्राट सिकन्दर, सेनापति सेल्युकस एवं उसकी पुत्री को अन्दर लिवा लाया। बल्कि सैनिक आश्रम के बाहर ही खड़े रह गए। रास्ते में सेनापति सेल्युकस ने सिकन्दर को महर्षि को प्रणाम करने जैसी शिष्टाचार की जरूरी बातें भली प्रकार समझा दी थीं इसलिए आश्रम के भीतर आकर सेल्युकस और उसकी पुत्री ने अपने दोनों हाथ जोड़ कर एवं सिर झुकाकर महर्षि दाण्डयायन को जब प्रणाम किया तो उन्हें देख सिकन्दर ने भी इसी तरह विनीत भाव से ऋषि को प्रणाम किया तथा महर्षि से बोला, "कृपया आप मेरा प्रणाम स्वीकार करें तथा आप मुझे विजयी होने

का आशीर्वाद प्रदान करें।"

यूनान नरेश सिकन्दर ने सोचा था कि मैं महर्षि को प्रणाम कर नम्र भाव से उनसे विजय का आशीर्वाद मांगूगा तो वे मुझे विजयी होने का आशीर्वाद दे देंगे लेकिन यह सिकन्दर का भ्रम था। सिकन्दर ने किस प्रकार लूटपाट और रक्तपात करके संसार के कई देशों को कब्जे में लिया है तथा भारत की पश्चिमी सीमा के राज्यों में किस तरह हजारों भारतीयों को बन्दी बनाकर उन पर जुल्म ढहाए हैं—ये सब बातें महर्षि को मालूम थीं फिर वे भला यह सब जानते हुए भी एक विदेशी हमलावर को विजयी होने का आशीर्वाद कैसे दे सकते थे? सिकन्दर के सैनिकों ने आत्म-समर्पण कर चुकी भारतीय सीमा के अश्वकायन राज्य की रानी को भी धोखे से मार डाला था। ऐसे कपट व्यवहार वाली सेना को वे सच्चे तपस्वी विजयी होने का आशीष कैसे दे सकते थे?

महर्षि दाण्डयायन को कुछ क्षणों से चुप देखकर यूनान नरेश सिकन्दर ने हाथ जोड़कर उनसे पुनः निवेदन किया, "मुझे विजय का आशीर्वाद प्रदान करें महात्मन?"

महर्षि दाण्डयायन का स्वर अब कुछ तीखा हो चला था। वे बोले, "तुम एक विदेशी हमलावर हो सिकन्दर! हत्या और लूटपाट करना तुम्हारा और तुम्हारे सैनिकों का धर्म हो गया है। ऐसे घृणित कार्यों में सफलता पाने का आशीर्वाद तुम्हें मुझसे नहीं मिल सकेगा। हां, अगर तुम प्रेम, शान्ति, परोपकार के कार्य करने में रुचि लेने लगो तो उन सत्कर्मों में सफलता पाने का आशीर्वाद, तुम मुझसे पा सकते हो।....मेरी मानो तो तुम हिंसा और रक्तपाप, लूट और आतंक की नीति का परित्याग कर दो और मानव मात्र के कल्याण कार्यों में लग जाओ।"

सिकन्दर, "ऐसा नहीं हो सकता महात्मन! मैं विश्वविजय करने का प्रण लेकर अपने यूनान देश से सेना समेत निकला हूं। मेरे सैनिकों ने मेरे लिए अपना सब सुख त्याग रखा है। शेष राष्ट्रों को जीते बिना मैं यूनान वापिस नहीं लौट सकता।"

इसके बाद सिकन्दर ने वहां उपस्थित आचार्य चाणक्य से उनका तथा युवक चन्द्रगुप्त का परिचय पूछा। आचार्य चाणक्य ने अपना परिचय देने के

बाद युवक चन्द्रगुप्त का परिचय इस प्रकार बताया, "यह मौर्य पुत्र चन्द्रगुप्त है राजन! भारत का भावी सम्राट!"

आचार्य की बात सुनकर सिकन्दर हंस दिया और पूछने लगा, "अच्छा तो ये भारत के होने वाले सम्राट हैं लेकिन इस वीर पुरुष के तलवार का कौशल कभी देखने को नहीं मिला!!"

"वह कौशल भी तुम्हें शीघ्र देखने को मिलेगा सम्राट!"

अच्छा-अच्छा ठीक है कहता हुआ सिकन्दर महर्षि दाण्डयायन को पुनः प्रणाम करता हुआ उनके आश्रम से बाहर चला गया। जाता हुआ वह महर्षि से कहता गया, "भारत विजय करके जब लौटूंगा तो आप सभी के दर्शन पुनः अवश्य करूंगा।"

सेनापति सेल्युकस की पुत्री महर्षि के आश्रम में महर्षि को, आचार्य चाणक्य तथा युवक चन्द्रगुप्त आदि को देखकर बहुत प्रभावित हुई। उसने अपने देश में भारत के संन्यासी तपस्वियों के बारे में जैसा सुन रखा था, महर्षि दाण्डयायन को उसने वैसा ही पाया। उनका तप तेज देखकर कार्नेलिया के मन में भारत भूमि के प्रति और अधिक श्रद्धा हो आई!

नौ

सिकन्दर के सेनापति सेल्युकस की पुत्री कार्नेलिया को भारत आए ज्यादा समय नहीं हुआ था लेकिन इन थोड़े से दिनों में उसे भारत की सभ्यता और संस्कृति से प्रेम हो गया था। वह प्रायः रोज महर्षि दाण्डयायन के प्रवचन सुनने उनके आश्रम में जाने लगी थी।

फिलिप्स सिकन्दर के विजित भारतीय राज्य का क्षेत्राधिकारी था। वह सेनापति सेल्युकस की पुत्री कार्नेलिया को बुरी नजरों से देखता था। उसे मालूम हो गया था कि कार्नेनिया रोज सुबह महर्षि दाण्डयायन के आश्रम में जाती है। एक दिन जब कार्नेलिया महर्षि के आश्रम से अपने शिविर की ओर लौट रही थी तो फिलिप्स उसका रास्ता रोककर खड़ा हो गया। इस पर कार्नेलिया ने उसे डांटा लेकिन वह कार्नेलिया की डांट फटाकर की परवाह किए बिना हंसता रहा तथा कार्नेलिया की अस्मिता लूटने का प्रयास करने लगा। तब कार्नेलिया ने घबराकर 'बचाओ बचाओ' कह चिल्लाना शुरू किया। जब उसकी पुकार महर्षि के आश्रम में बैठे आचार्य चाणक्य ने सुनी तो उन्होंने अपने शिष्य चन्द्रगुप्त से कहा, "शिष्य! कोई स्त्री सहायता के लिए पुकार रही है। तुम्हें जाकर देखना चाहिए...."

"जो आज्ञा गुरुजी!"—कहता हुआ चन्द्रगुप्त अपनी तलवार हाथ में ले आवाज की दिशा में चलने लगा। आश्रम के बाहर कुछ दूरी पर उसे कार्नेलिया दिखाई दी। फिलिप्स उसका रास्ता रोके खड़ा था तथा कार्नेलिया का हाथ पकड़ने की कोशिश कर रहा था। कार्नेलिया उससे घबरा रही थी।

राजकुमार चन्द्रगुप्त ने फिलिप्स को डांटा, "तुम लोगों के मन में अपने सेनापति की पुत्री के प्रति कोई इज्जत है कि नहीं?"

"राजकुमार चन्द्रगुप्त! चुपचाप यहां से चले जाओ। तुम्हें मेरे मामले

में टांग अड़ाने की जरूरत नहीं है। तुम्हें पता नहीं है कि मैं सम्राट सिकन्दर का क्षेत्राधिकारी हूं।"—फिलिप्स ने कड़कती आवाज में कहा। तभी चन्द्रगुप्त ने अपनी तलवार उसकी गर्दन पर रखते हुए कहा, "तुम इसका पीछा छोड़ते हो या यहीं खत्म कर डालूं तुम्हें बोलो?"

अपनी गर्दन पर तलवार देखकर फिलिप्स घबरा गया। वह पछता रहा था कि अपनी तलवार वह साथ क्यों नहीं लाया। अभी इस भारतीय युवक का सिर धड़ से अलग कर डालता। जाते-जाते फिलिप्स कहता गया, "मैं तुम्हें देख लूंगा चन्द्रगुप्त!"

फिलिप्स के चले जाने के बाद कार्नेलिया ने चन्द्रगुप्त का शुक्रिया अदा करते हुए कहा, "आपने उस दुष्ट से मेरी लाज बचाई, आपका बहुत-बहुत शुक्रिया! आपका यह अहसान मैं जिन्दगीभर नहीं भूलूंगी।"

चन्द्रगुप्त, "अरे, इसमें अहसान की क्या बात है। हम भारतीय नारियों की इज्जत करना तथा उनकी इज्जत की रक्षा करना अपना धर्म समझते हैं।"

कार्नेलिया, "सचमुच धन्य है यह देश जिसमें आप जैसे वीर पुरुष रहते हैं...."

चन्द्रगुप्त, "यह कहो कि हम भाग्यशाली हैं जो हमें इस महान गौरवशाली राष्ट्र में जन्म लेने का, यहां पलने बढ़ने का अवसर मिला है....।" आइए, मैं आपको आपके शिविर तक छोड़ आता हूं वर्ना वह दुष्ट फिर रास्ते में आपको तंग करेगा....

कार्नेलिया, "बहुत अच्छा चलिए!....हमारे सम्राट भी न जाने कैसे अयोग्य और बदतमीज लोगों को क्षेत्राधिकारी बना देते हैं...."

सिकन्दर का सैन्य-शिविर महर्षि दाण्डयायन के आश्रम से ज्यादा दूर नहीं था। चन्द्रगुप्त ने पहले कार्नेलिया को उसके शिविर (तम्बू) में छोड़ा इसके बाद वह फिलिप्स की शिकायत करने यूनान नरेश सिकन्दर के शिविर में आए। फिलिप्स उनके आने से पहले ही सिकन्दर के पास खड़ा था। सिकन्दर उस समय सेनापति सेल्युकस तथा अन्य सैन्य अधिकारियों के साथ पर्वतेश्वर से लड़े जाने वाले भावी युद्ध की रणनीति तय कर रहा था। वह चन्द्रगुप्त से महर्षि दाण्डयायन के आश्रम में परिचित हो चुका था

इसलिए राजकुमार चन्द्रगुप्त ने जब उसके शिविर में प्रवेश किया तो सिकन्दर ने उनका स्वागत करते हुए कहा, "आओ-आओ मगध के राजकुमार और भारत के भावी सम्राट चन्द्रगुप्त! सिकन्दर के शिविर में तुम्हारा स्वागत है!"

चन्द्रगुप्त ने फिलिप्स की शिकायत सिकन्दर से की, "सम्राट! तुम्हारा यह क्षत्रप सेनापति सेल्युकस की पुत्री को रास्ते में छेड़ रहा था। मैं अभी कार्नेलिया को इससे बचाकर आ रहा हूं...."

जैसे ही सेल्युकस ने यह बात सुनी तो उसे क्रोध आ गया। वह फिलिप्स को गुस्से भरी नजरों से घूरने लगा। उसकी पुत्री कार्नेलिया ने कल भी उससे फिलिप्स की शिकायत की थी। इससे पहले कि सिकन्दर फिलिप्स से कुछ पूछताछ करता और सेल्युकस फिलिप्स को डांटता-फटकारता, अपनी गलती स्वीकार करने के बजाय चतुर फिलिप्स चन्द्रगुप्त और कार्नेलिया पर तथा सेनापति सेल्युकस पर ही आरोप लगाने लगा, "आप इसकी झूठी बातों में न आएं महाराज! ये सब लोग मिलकर उस वृद्ध तपस्वी के आश्रम में आपके खिलाफ षड्यन्त्र रच रहे हैं और कार्नेलिया व सेनापति सेल्युकस भी इस षड्यन्त्र में मिले हुए हैं...."

षड्यन्त्र की झूठी बात सुन सेनापति सेल्युदल ने फिलिप्स को डांटा, "यह तुम क्या कह रहे हो फिलिप्स? मैं और महाराज के खिलाफ षड्यन्त्र करूंगा?....तुम ऐसा सोच भी कैसे सकते हो?"

फिलिप्स निडरता से कहता गया, "मैं सोच नहीं रहा, देख भी रहा हूं...."

सेनापति सेल्युकस, "क्या देख रहे हो तुम भला?"

फिलिप्स, "यही की आपकी पुत्री रोज सुबह उस महात्मा के आश्रम में जाती है।"

सेल्युकस, "तो क्या हुआ! महर्षि महात्माओं के प्रति मेरी बेटी बचपन से ही श्रद्धा आस्था रखती आ रही है। वह तो महर्षि के सत्संग का लाभ लेने जाती है...."

फिलिप्स, "सत्संग नहीं, उस आश्रम में हमारे महाराज के प्रति बड़ा षड्यन्त्र रचा जा रहा है...."

चन्द्रगुप्त, "यह सब झूठ है। महर्षि के आश्रम में आपके खिलाफ कोई षड्यन्त्र नहीं रचा जा रहा। यह फिलिप्स अपनी गलती छिपाने के लिए सेनापति महोदय तथा उनकी निर्दोष पुत्री पर उल्टा दोष लगा रहा है...."

सिकन्दर, "ठीक है। हम अपने गुप्तचरों से इस बात की सच्चाई का पता लगवाएंगे। सच क्या है, वह खुद ही सबके सामने आ जाएगा।"

सिकन्दर ने अपने गुप्तचरों से पता लगवाया था कि चन्द्रगुप्त मगध के नन्द शासकों के दिवंगत भाई का एकमात्र जीवित बचा पुत्र है। नन्दों ने अपने भाई मौर्य तथा उसके निन्यानवे पुत्रों को षड्यन्त्र के तहत मार डाला था ताकि वे भविष्य में उसके शासन में किसी प्रकार की रुकावट पैदा न करें। सिकन्दर को बताया गया था कि आचार्य चाणक्य और चन्द्रगुप्त–ये दोनों मगध के नन्द वंशों को खत्म करना चाहते हैं तथा चन्द्रगुप्त मगध का शासन पाना चाहता है। सिकन्दर को तो सम्पूर्ण भारतवर्ष जीतकर यहां के राजाओं को अपने अधीन बनाना था। उसे वैसे भी भारत में रहकर राज नहीं करना था। सिकन्दर ने सोचा कि अगर चन्द्रगुप्त मगध को हराने में हमारी मदद करे तो हम इसे अपनी ओर से मगध का शासक नियुक्त कर देंगे।

सिकन्दर जानता था कि मगध भारतवर्ष का सबसे ज्यादा शक्तिशाली और सबसे ज्यादा सम्पन्न राज्य है। यदि मगध हमारे अधीन हो जाए तो यहां से ढेर सारी दौलत हम पा सकते हैं जिससे हमारे सैनिकों के वेतन, आमोद-प्रमोद की समस्या हल हो सकती है।

इसी लक्ष्य को ध्यान में रखकर सिकन्दर ने चन्द्रगुप्त से पूछा, "मैंने सुना है कि तुम मगध के नन्द शासकों से असन्तुष्ट हो?"

चन्द्रगुप्त, "केवल मैं ही नहीं, मगध की सारी जनता नन्दों के अत्याचारों से पीड़ित एवं दुःखी है तथा सब नागरिक चाहते हैं कि नन्दों के शासन का अन्त हो...."

सिकन्दर, "और तुम मगध का राजा बनना चाहते हो!"

चन्द्रगुप्त, "हां मैं नन्द शासकों के अन्याय, अत्याचार से मगधवासियों को मुक्ति दिलाकर उनके जीवन के सुख, शान्ति एवं खुशहाली से भरपूर बनाना चाहता हूं जिसे पाने के मगधवासी अधिकारी भी हैं...."

सिकन्दर, "अगर तुम चाहो तो मगध पर अधिकार करने में हम

तुम्हारी मदद कर सकते हैं। नन्द शासकों से युद्ध लड़ने के लिए तुम्हें जितने सैनिकों की जरूरत हो, हमसे ले लो!"

चन्द्रगुप्त, "नहीं, मैं एक यवन से, विदेशी लुटेरे से कोई मदद नहीं लेना चाहता। नन्दों को हटाने के लिए मैं खुद ही मगध के लोगों को संगठित कर उनकी एक सेना बनाऊंगा...."

सिकन्दर, "ओह! तो तुम्हें अपनी ताकत और बुद्धि बल पर इतना घमण्ड है कि तुम यूनान नरेश सिकन्दर की सहायता का प्रस्ताव भी ठुकरा रहे हो?"

चन्द्रगुप्त, "आप हमारे भारत देश को लूटने, यहां के लोगों को अपना गुलाम बनाने आए हैं। मुझे नहीं चाहिए आपकी मदद!!"

उस समय गान्धार नरेश का पुत्र आम्भीक भी वहां था। जब वह तक्षशिला में पढ़ता था, तभी से राजकुमार चन्द्रगुप्त और मालव कुमार सिंहरण से वैर रखने लगा था। चन्द्रगुप्त को वह कड़ा सबक सिखाना चाहता था। अब जब चन्द्रगुप्त ने सिकन्दर से मदद लेने से इंकार कर दिया तो आम्भीक को क्रोध आ गया। उसने फिलिप्स तथा अन्य कुछ यवन सैनिकों की ओर इशारा करते हुए कहा, "यह हमारे सम्राट की तौहीन कर रहा है और तुम खड़े-खड़े देख रहे हो। पकड़कर बन्दी बना लो इस दुःसाहसी युवक को, फिर सम्राट सिकन्दर तय करेंगे कि इसे इसकी गुस्ताखी की क्या सजा दी जाए।"

इसके साथ ही आम्भीक और फिलिप्स कुछ यवन सैनिकों के साथ तलवार लेकर चन्द्रगुप्त के पीछे दौड़े लेकिन वीर चन्द्रगुप्त क्या किसी की पकड़ में आ सकते थे। वे पकड़ने वालों के शरीरों को अपनी तलवार की चोटों से घायल करते हुए तेज कदमों से शिविर के बाहर निकल चले।

राजकुमार चन्द्रगुप्त की वीरता भरी बातें सुनकर यूनान नरेश सिकन्दर भी जल भुन गया था। उसे तब और भी ज्यादा गुस्सा आया जब उसे पकड़ने गए उसके सैन्याधिकारी तथा सैनिक थक हारकर घायलावस्था में उसके पास वापिस लौट आए।

दस

महर्षि दाण्डयायन के आश्रम में आचार्य चाणक्य, राजकुमार चन्द्रगुप्त तथा तक्षशिला की राजकुमारी अलका के मन को बड़ी शान्ति तथा सन्तोष की प्राप्ति हो रही थी। आचार्य चाणक्य ने अपना एक व्यक्ति मालव राज्य भेजा था ताकि वह मालव के राजकुमार सिंहरण को शीघ्र बुलाकर लाए लेकिन मालव कुमार सिंहरण अभी भी आचार्य चाणक्य के पास नहीं आ पाए थे इसलिए आचार्य चाणक्य को चिन्ता हो रही थी।

मालव कुमार सिंहरण के आश्रम आने में देर क्यों हुई, इसकी एक खास वजह थी। सिंहरण को पता चला था कि वृद्ध गान्धार नरेश का पुत्र आम्भीक उनकी हत्या कर देना चाहता है। वह पिता की हत्या कर खुद गान्धार का शासक बन जाना चाहता है तथा सिकन्दर के अधीन होकर गान्धार पर शासन करना चाहता है। जिस दिन आम्भीक अपने वृद्ध पिता की हत्या करना चाहता था, संयोग से उस दिन सिंहरण गुप्त वेश में तक्षशिला के राजमहल में ही था। उसने आम्भीक के षड्यन्त्र को सफल न होने दिया। इससे पहले कि आम्भीक अपने पिता की हत्या करने के लिए अपने कुछ आदमी अपने पिता के शयनकक्ष में भेजता, सिंहरण ने सही समय पर गान्धार नरेश को बचा लिया और उन्हें गुप्त रास्तों से महर्षि दाण्डयायन के आश्रम की ओर लाने लगा। सिंहरण जानता था कि इस समय वृद्ध गान्धार नरेश अपने कपूत बेटे के विश्वासघात की वजह से बहुत दुःखी और अशान्त हैं। उन्हें महर्षि दाण्डयायन के आश्रम में भरपूर शान्ति प्राप्त हो सकती है।

जब सिंहरण गान्धार नरेश को आश्रम की तरफ ला रहा था तो आश्रम के अन्दर आचार्च चाणक्य, गान्धार नरेश की पुत्री अलका तथा

अपने शिष्य चन्द्रगुप्त से सिंहरण के विषय पर ही चर्चा कर रहे थे, “न जाने क्यों सिंहरण को यहां आने में विलम्ब हो गया है। अब तक तो उसे यहां आ जाना चाहिए था।”

अलका ने आशंका प्रकट की, “क्या पता, मालव कुमार कहीं किसी मुसीबत या विपत्ति में न फंस गए हों?”

आचार्य चाणक्य ने तक्षशिला विश्वविद्यालय में कुछ वर्षों तक सिंहरण को शिक्षा दी थी इसलिए वे सिंहरण की वीरता से भली-भांति परिचित थे इसलिए विश्वासपूर्वक वे बोले, “नहीं पुत्री! सिंहरण जैसा वीर युवक हर मुसीबत, हर संकट को दूर करने वाला है। वह कभी किसी मुसीबत में नहीं फंस सकता।”

तभी आचार्य चाणक्य, अलका और चन्द्रगुप्त मालवगण मुख्य के कुमार सिंहरण के आने की प्रतीक्षा ही कर रहे थे कि आचार्य को सिंहरण आश्रम के अन्दर आता हुआ दिखाई दिया। वह अलका के वृद्ध पिता गान्धार नरेश को सहारा देता हुआ अन्दर ला रहा था। उसे आता देख आचार्य चाणक्य प्रसन्नतापूर्वक अलका से कहने लगे, “लो देखो! मेरा शिष्य सिंहरण आ गया पुत्री! साथ में तुम्हारे पिता भी हैं।”

जैसे ही सिंहरण और वृद्ध गान्धार नरेश आचार्य चाणक्य के सम्मुख आए, दोनों ने अपना-अपना शीश झुकाते हुए आचार्य चाणक्य को प्रणाम किया। आचार्य चाणक्य, “अरे गान्धर नरेश आप! आपने यहां आने का कष्ट कैसे किया?”

वृद्ध गान्धार नरेश अपने पुत्र आम्भीक को कोसते हुए कहने लगे, “मैं अपने पुत्र आम्भीक से दुखी होकर यहां आया हूं आचार्य! सिंहरण अगर समय पर न आते तो वह दुष्ट अपने आदमियों से मुझे मरवा ही डालता। वीर युवक सिंहरण ने समय पर आकर मेरी मदद की। मैं जिन्दगीभर सिंहरण का अहसानमन्द रहूंगा।”

सिंहरण, “अरे, इसके अहसान की क्या बात है गान्धार नरेश। आप एक योग्य प्रजापालक हैं। आपके जीवन की रक्षा तो होनी ही चाहिए थी।”

आचार्य चाणक्य, “चलिए आपने अच्छा किया जो यहां आ गए। अब

आप कुछ दिन यहां रहिए। आपके मन को शान्ति मिलेगी।"

अलका, "पिताजी! मुझे क्षमा कर दीजिए। मुझे अपने भाई आम्भीक की नीतियों से दुखी होकर मन की शान्ति पाने के लिए आपको छोड़कर यहां आना पड़ा। अब आप यहां मेरे साथ रहिए। मैं यहां आपकी हर तरह से सेवा और देखभाल करूंगी। महर्षि के आश्रम में आकर इंसान के सारे पाप-ताप धुल जाते हैं। मैं तो कहती हूं कि मेरा भाई आम्भीक भी यहां आ जाए तो वह अपने देश की माटी पर गर्व करने लगे और यवनों का साथ देना छोड़ दे।"

गान्धार नरेश, "पहले मैं भी आम्भीक की बातों में आकर अन्धा हो गया था बेटी और यवन सम्राट सिकन्दर का साथ देने को तैयार हो गया था लेकिन अब इस राष्ट्रभक्त युवक सिंहरण ने मेरी आंखें खोल दी हैं। ये यवन हमलावर किसी के सगे, किसी के अपने या विश्वासपात्र नहीं हैं पुत्री! इनका काम तो देशों को अपने स्वार्थ के लिए लूटना और बर्बाद करना है। ....आज अगर मेरा नालायक बेटा न होता तो मैं भी भारत के वीर राजाओं की तरह युद्ध भूमि में सिकन्दर के सैनिकों का मुकाबला कर रहा होता। ....इस दुष्ट कपूत आम्भीक ने मुझे भारत द्रोही बना दिया बेटी जो मैं सिकन्दर की मदद करने के लिए तैयार हो गया लेकिन अब मुझे अपनी गलती का अहसास हो गया है। अब मैं अपने जीवन की आखिरी सांस तक यवनों के खिलाफ लड़ूंगा।"

अलका, "अब आप बहुत वृद्ध हो चुके हैं पिताजी। आप यहां आश्रम के पवित्र वातावरण में रहकर शान्तिपूर्वक अपने जीवन के शेष दिन गुजारिए। भगवान का स्मरण-ध्यान कीजिए। सिकन्दर का सामना करने के लिए हमारे पास राजकुमार चन्द्रगुप्त और मालवकुमार सिंहरण जैसे वीर युवक हैं और जरूरत पड़ने पर मैं भी यवन शत्रु के खिलाफ युद्ध के मैदान में उतरूंगी।...."

गान्धार नरेश, "यह तू क्या कह रही है बेटी? तू अपने हाथ में शस्त्र उठाएगी?"

अलका, "जब बेटा कपूत होकर शत्रु का साथ देने लगे तो पुत्री को ही शत्रुओं का प्रतिकार करना पड़ता है पिता!"

"ओह मेरी अच्छी बेटी!"—इतना कहकर गान्धार नरेश ने आंखों से आंसू बहाते हुए अलका को अपने गले से लगा लिया।

आचार्य चाणक्य ने सिंहरण से यात्रा की कुशल क्षेम पूछी तथा अलका को आश्रम की एक कुटी में गान्धार नरेश के भोजन, विश्राम आदि की सुविधा करने के लिए भेज दिया। इस तरह गान्धार नरेश आश्रम के पवित्र वातावरण में रहकर मन की शान्ति प्राप्त करने लगे।

आचार्य चाणक्य को पता चला था कि राजा पर्वतेश्वर के सैनिक शिविर से आगे कुछ लोग डेरा डाले हुए हैं। वहां से यूनान नरेश का शिविर काफी दूर था। आचार्य चाणक्य को सन्देह था कि कहीं वे लोग सिकन्दर के ही तो आदमी नहीं हैं जो पर्वतेश्वर के शिविर की हलचल पता करने वहां पास ही में आ डटे हैं।

आचार्य चाणक्य सोचते थे कि अगर वे सिकन्दर के सैनिक हुए तो राजा पर्वतेश्वर (पोरस) के लिए खतरा साबित हो सकते हैं। वे लोग असल में कौन हैं, इसका शीघ्रातिशीघ्र पता लगाना होगा। अगर वे सिकन्दर के सैनिक हुए तो इसकी खबर शीघ्र पोरस राजा (पर्वतेश्वर) को देनी होगी वर्ना केवल पर्वतेश्वर के लिए नहीं बल्कि अन्य भारतीय नरेशों के लिए और पूरे भारत देश के लिए सिकन्दर बहुत बड़ा खतरा बन जाएगा। इस विदेशी हमलावर को सभी भारतीय नरेशों को मिलकर अपनी एकता की ताकत से दूर भगाना है।

पर्वतेश्वर ने सिकन्दर की सेना का मुकाबला करने के लिए झेलम नदी के उत्तरी किनारे की तरफ जहां डेरा डाला था, वहां से वह नया सैनिक शिविर दूर नहीं था, जिसकी चिन्ता आचार्य चाणक्य को थी। महर्षि दाण्डयायन का आश्रम भी पास ही में था। झेलम नदी के दूसरे किनारे अर्थात् पश्चिमी तट से कुछ दूर सिकन्दर का सैनिक शिविर था। सेनापति सेल्युकस की पुत्री हर दिन सुबह नौका में बैठकर महर्षि दाण्डयायन के आश्रम में आती थी लेकिन जब से सिकन्दर को महर्षि दाण्डयायन के आश्रम में षड्यन्त्रकारियों के छिपे होने की खबर मिली है, तब से सिकन्दर के आदेश से कार्नेलिया ने महर्षि के आश्रम में आना जाना कम कर दिया है।

आचार्य चाणक्य को इस बात की चिन्ता थी कि अगर यूनान नरेश सिकन्दर की सारी सेना झेलम नदी के उस पार है तो यह नया सैनिक शिविर नदी के इस पार क्या कर रहा है? कहीं पोरस (पर्वतेश्वर) के सैनिक शिविर में चोरी छिपे घुसकर पर्वतेश्वर की सेना का भेद पता करने की मंशा तो उन सैनिकों की नहीं है?

यही सब पता करने के लिए आचार्य चाणक्य ने अपने शिष्य चन्द्रगुप्त, सिंहरण तथा अलका को अपने पास बुलाकर समझाया, "सुनो, हम चारों शीघ्र ही उस नए सैनिक शिविर की ओर जाएंगे। आखिर पता तो चले कि वे लोग कौन हैं तथा झेलम नदी के इस पार क्या कर रहे हैं?" उनका रहस्य मालूम करने के लिए हम चारों भेष बदलकर उनके शिविर में जाएंगे। सिंहरण और अलका नट-नटनी का वेश धारण करेंगे। चन्द्रगुप्त सपेरे के भेष में होगा और मैं ब्रह्मचारी बनकर जाऊंगा। हम लोग उन सैनिकों को सपेरे और नट-नटनी का खेल दिखाते हुए शिविर की असलियत मालूम करेंगे।

दरअसल पर्वतेश्वर के सैनिक शिविर के पास जिन नए सैनिकों ने अपना पडाव डाला था। वे सिकन्दर के सैनिक अथवा यूनानी सैनिक नहीं थे, बल्कि वे मगध के सैनिक थे और इन सैनिकों का नेतृत्व मगधराज नन्द की पुत्री कल्याणी कर रही थी। कल्याणी ने अपना पिता नन्दराज की नीतियों के चलते मगध छोड़ दिया था और सिकन्दर की सेना के खिलाफ राजा पर्वतेश्वर को सैनिक सहायता पहुंचाने यहां आई थी। वह पुरुष सैनिक के वेश में शिविर में रह रही थी और इस बात का मौका तलाश रही थी कि कब उसकी मुलाकात राजा पर्वतेश्वर से हो जिसे वह अपना मन्तव्य समझा सके।

दरअसल जब से सिकन्दर भारत की पश्चिमी सीमा के राज्यों को जीतता हुआ झेलम नदी की ओर अर्थात् पर्वतेश्वर के पर्वतीय प्रदेश की ओर बढ़ रहा था, तब से पौरवराज पर्वतेश्वर को अपने राज्य की बहुत चिन्ता होने लगी थी। उसने सुन रखा था कि यूनान नरेश सिकन्दर के पास बड़ी भारी फौज है तथा वह विश्वविजय का सपना लेकर अपने देश से निकला है। उसने अब तक संसार के कई देशों पर हमला करके उन्हें अपने

अधीन कर लिया है तथा कोई भी लड़ाई वह अब तक हारा नहीं है। हिन्दुकुश पर्वत के उत्तर में अस्सप के राजा की विशाल और कुशल सेना को भी उसने हरा डाला है, चालीस हजार लोगों को उसके सैनिकों ने वहां बन्दी बना लिया था। काबुल और सिन्धु नदी के बीच फैले नीसा राज्य को भी हराकर सिकन्दर ने अपने अधीन बना लिया और अश्वकायन राज्य पर आक्रमण करके वहां के राजा को युद्ध में मार डाला है। तक्षशिला के युवराज आम्भीक ने उसकी गुलामी स्वीकार करके सिकन्दर को सैनिक सहायता देने का वचन दिया है तथा वह दुष्ट अभिमानी आम्भीक अब सिकन्दर का दोस्त बनकर हमारे पौरव राज्य पर हमला करने आ रहा है।

जब इस बात की पक्की खबर पौरवराज पर्वतेश्वर को मिली कि सिकन्दर ने पौरव पर आक्रमण करने का मंसूबा साध लिया गया है तो अपने राज्य को बचाने के लिए पर्वतेश्वर ने अपना एक दूत मगध नरेश नन्दराज के पास भेजा। दूत के जरिए पर्वतेश्वर (पोरस) ने नन्दराज से कहा, "यूनान नरेश सिकन्दर पूरे भारत के लिए एक बड़ा खतरा है। हम सभी भारतीय नरेशों को मिलकर उसका मुकाबला करना चाहिए। यदि आपकी सेना मेरी सेना के साथ मिल जाए तो हम दोनों सिकन्दर को युद्ध में हरा सकते हैं तथा उसे वापिस लौटने पर मजबूर कर सकते हैं.... ।"

उस समय मगध सारे भारतवर्ष में सबसे बड़ा और वैभव सम्पन्न साम्राज्य था। मगध के पास विशाल सेना थी। इसी प्रकार पौरव के राजा पर्वतेश्वर के पास भी वीर योद्धाओं की कमी नहीं थी। जब कोई राजा उनके पौरव राज्य पर हमला करता था तो पर्वतेश्वर (पोरस) राजा अपने पुत्रों के समय युद्ध में शामिल होता था। वह अपनी गज-सेना के जरिए आक्रमणकारी को धूल चटा देता था।

पौरव राज्य के पर्वतेश्वर (पोरस) राजा ने सिकन्दर के खिलाफ सैनिक मदद पाने के लिए अपना एक विशेष दूत मगध भेजा तो था लेकिन इस दूत को मगध नरेश नन्दराज के दरबार से निराश होकर लौटना पड़ा। जब दूत ने कहा कि आप हमारे महाराज को सैनिक सहायता दीजिए ताकि हम मिलकर सिकन्दर की सेना को भारत से पीछे की ओर खदेड़ सकें तो नन्दराज अभिमानपूर्वक कहने लगा, "यदि हमें सिकन्दर से निपटना होगा तो

हम अकेले ही निपट लेंगे। पौरव नरेश अपने राज्य की सुरक्षा स्वयं करें। सिकन्दर की सेना जब मगध की ओर आएगी तो उससे अच्छी तरह निपट लिया जाएगा।....”

मगध नरेश नन्दराज के इस उत्तर से पर्वतेश्वर का दूत उदास और चिन्तन हो गया, तथा नन्दराज की आज्ञा लेकर चला गया। उसने जैसा नन्दराज के मुख से सुना था, वैसा सब पौरवराज पर्वतेश्वर के आगे बयान कर दिया। नन्दराज का जवाब सुनकर पर्वतेश्वर अपने दरबार में आवेशपूर्वक कहने लगा, “नन्दराज समझता है कि अकेला पर्वतेश्वर सिकन्दर की सेना का मुकाबला नहीं कर सकता?....हम मरते दम तक अपने पौरव राज्य की रक्षा करेंगे तथा हमारे जीवत रहते सिकन्दर भारतवर्ष को लूटने, नष्ट करने एवं बर्बाद करने तथा भारतीयों को अपना गुलाम बनाने के एक भी प्रयास में सफल नहीं होने पाएगा। रणक्षेत्र में हम सिकन्दर के सामने पर्वत की तरह अचल होकर लड़ेंगे और उस यवन शासक को भारत से वापिस लौटने को मजबूर कर देंगे।”

कल्याणी मगध की राजकुमारी अर्थात् नन्दराज की पुत्री थी। जब उसने अपने पिता का पर्वतेश्वर के दूत के साथ रूखा-सूखा व्यवहार देखा तो उसने अपने पिता को खूब बुरा भला कहा। वह नन्दराज से बोली, “पिताजी! यह समय भारतीय नरेशों का आपसी बैर साधने का नहीं बल्कि मिलकर यवन सम्राट की सेना से मुकाबला करने का है। आज जैसा व्यवहार आप पौरव नरेश पर्वतेश्वर के साथ कर रहे हैं, भगवान न करे सिकन्दर की फौजों ने भविष्य में मगध पर हमला कर दिया तथा कोई भी भारतीय नरेश आपकी मदद के लिए तैयार न हुआ तो क्या होगा?”

“हमारी सेना हर बड़े से बड़े हमले, हर बड़े से बड़े दुश्मन का मुकाबला करने में पूरी तरह से सक्षम है बेटी! हमें किसी की मदद की जरूरत नहीं है। सिकन्दर जैसे पचास विदेशी हमलावर भी मगध के इर्द-गिर्द आ जाएं तो हमारी विशाल सेनाएं उनको आसानी से धूल चटा सकती हैं।”—पर्वतेश्वर ने अभिमान के साथ कहा।

कल्याणी ने पुनः पिता से आग्रह किया, “आपको सम्राट पर्वतेश्वर की मदद करनी चाहिए। संकट की ऐसी घड़ी में अपनी सैनिक टुकड़ियां

आपको पौरवराज भेजनी चाहिए....”

कल्याणी की यह बात सुनकर नन्दराज गुस्से से आगबबूला होकर कहने लगा, “हम क्यों भेजें अपनी सेना पर्वतेश्वर की मदद के लिए। वह तो हमारा दुश्मन है और हमसे मगध का सिंहासन छीन लेना चाहता है। वह घमण्डी राजा ‘नन्दराज’ बनने का सपना देखता है लेकिन हम न तो उसका यह अशुभ स्वप्न कभी पूरा होने देंगे और न उसके पास सैन्य सहायता भेजेंगे। कल्याणी तुम भी हमारे शत्रु की तरफदारी करना बन्द करो।”

कल्याणी, “यवन सम्राट सिकन्दर केवल पौरवराज का ही दुश्मन नहीं, वह हम सभी भारतीयों का दुश्मन है। आपको नहीं पता कि उसने भारतीय सीमा के अस्सप, नीसा और अश्वकायन आदि राज्यों पर कब्जा कर लिया है। तक्षशिला के युवराज आम्भीक ने उसकी दासता स्वीकार कर ली है और वह बड़ी जल्दी सारे भारतवर्ष पर अपना अधिकार कर लेना चाहता है....”

नन्दराज, “वह यवन हमारे मगध राज्य पर कभी अधिकार न कर सकेगा, तुम निश्चिन्त रहो....”

कल्याणी, “ओह! तो आपको केवल मगध राज्य की चिन्ता है, भारत के अन्य राज्यों की नहीं?”

नन्दराज, “अपने राज्यों की चिन्ता वहां के राजा अपने आप करें, हमें इससे क्या?”

कल्याणी, “पिताजी, आप कितने स्वार्थी हैं। केवल अपना और अपने राज्य का ही हित देखते हैं।....अगर आपने सम्राट पर्वतेश्वर की सहायता के लिए अपनी सेना न भेजी तो मैं खुद मगध के युवक-युवतियों की फौज लेकर पौरव राज्य जाऊंगी।”

नन्दराज, “यह तुम क्या कह रही हो बेटी! तुम लड़की हो। मगध की राजकुमारी इन मामलों से दूर रहती हैं। यह विषय युद्ध और राजनीति का है, तुम्हारी संगीत, नृत्य कला और पाक कला का नहीं!”

कल्याणी, “लेकिन मैं एक भारतीय नारी हूं पिताजी! अपने देश और देशवासियों के हित के लिए भारतीय स्त्रियां अपने हाथ में तलवार भी उठा सकती हैं।”

नन्दराज, “ओह! तुम बड़ी हठी हो कल्याणी!!”

नन्दराज ने अपनी पुत्री को बहुत समझाया कि पर्वतेश्वर बड़ा वीर राजा है। वह सिकन्दर की सेवा से अकेला ही निपट लेगा, तुम्हें उसकी चिन्ता करने की जरूरत नहीं है लेकिन कल्याणी किसी भी कीमत पर पर्वतेश्वर को सैन्य सहायता पहुंचाना चाहती थी। वह सोचती थी कि राजा पर्वतेश्वर यवन हमलावर से अकेले जूझने वाले हैं। भारतीय होने के नाते हम मगधवासियों का फर्ज है कि जल्दी से जल्दी उनकी सहायता को पहुंचें। कहीं ऐसा न हो भारतीयों की उपेक्षा के कारण पर्वतेश्वर अकेले ही सिकन्दर की भारी भरकम फौजों का सामना करें और युद्ध हार जाएं। इससे सिकन्दर के हौंसले बुलन्द हो जाएंगे। वह पौरव राज्य की तरह भारत के अन्य राज्यों पर भी हमले करके शीघ्रातिशीघ्र उन्हें अपने यवन-साम्राज्य में मिलना चाहेगा। इससे पहले कि सिकन्दर अपने इन अशुभ मंसूबों में कामयाब हो, हम भारतीय युवक-युवतियों को मिलकर शीघ्रातिशीघ्र पर्वतेश्वर की सेना का हिस्सा बन जाना चाहिए ताकि सिकन्दर और उसकी सेनावाहिनियों को कड़ी टक्कर दी जा सके तथा युद्ध का परिणाम महाराज पर्वतेश्वर तथा सभी भारतीयों के पक्ष में हो।

ऐसा विचार करके नन्दराज पुत्री कल्याणी के अपने राजमहल के बाहर निकलकर रातों रात मगध के पचासों युवक-युवतियों को भारत देश की एकता, अखण्डता तथा भारत माता की रक्षा के नाम पर इकट्ठा किया और मगध से अनेक शस्त्रधारी युवक-युवतियों की फौज लेकर पौरव राज्य की ओर निकल पड़ी। चूंकि पौरव नरेश पर्वतेश्वर से अभी उसका कोई परिचय नहीं था इसलिए पर्वतेश्वर के सैनिक शिविर से कुछ आगे की ओर उसने अपना शिविर स्थापित कर लिया। यह शिविर पर्वतेश्वर के शिविर से इतना दूर नहीं था कि राजा पर्वतेश्वर की निगाह इस शिविर की ओर न जा सके। कल्याणी यही चाहती थी कि पर्वतेश्वर महाराज हमारे इस नए शिविर को देखकर यहां आएं, हमसे हमारे उद्देश्य के बारे में पूछें और हम गर्वपूर्वक उन्हें बता सकें कि हम मगध के युवक-युवतियां सिकन्दर के खिलाफ युद्ध में आपकी मदद करने आए हैं।

वह सैनिक शिविर मगध की राजकुमारी कल्याणी का है, यह बात आचार्य चाणक्य को ज्ञात नहीं थी। वे तो सोच रहे थे कि कहीं सिकन्दर ने

अपने कुछ सैनिकों को झेलम नदी पार कराकर पर्वतेश्वर की सेना का भेद लेने के लिए तो नहीं भेजा है? उस नए सैनिक शिविर का भेद मालूम करने के लिए आचार्य चाणक्य ने अपने चन्द्रगुप्त, सिंहरण व अलका आदि शिष्यों को साथ में लिया। आचार्य चाणक्य ने इन तीनों को तक्षशिला विश्वविद्यालय में कुछ साल पढ़ाया था इसलिए ये तीनों उन्हें अपना गुरु एवं मार्ग प्रदर्शक मानते थे। कल्याणी के सैनिक शिविर का भेद मालूम करने के लिए आचार्य चाणक्य ने ब्रह्मचारी को भेष धारण किया। चन्द्रगुप्त को उन्होंने सपेरा तथा सिंहरण अलका को नट-नटनी बनाया। इस तरह ये चारों नए शिविर का भेद मालूम करने अपने भेष बदलकर शिविर के पास पहुंचे।

झेलम नदी के इस पौरव राज्य में अपना सैनिक शिविर स्थापित करने के पीछे पुरुष वेशधारी कल्याणी का एक उद्देश्य यह भी था कि जब पौरव राज्य पर हमला करने के लिए सिकन्दर अपने सैनिकों को साथ लेकर झेलम नदी पार करके इस ओर आए तो उससे लोहा लिया जाए। कल्याणी यह ठानकर मगध से चली थी कि अगर उसे पर्वतेश्वर (पोरस) की सेना में शामिल होने का सौभाग्य नहीं मिला तो वह अपने साथियों के साथ अकेली ही यवनों से युद्ध लड़ेगी और भारत राष्ट्र की रक्षा करते-करते राष्ट्र पर कुर्बान हो जाएगी।

एक दिन प्रातःकाल राजा पर्वतेश्वर की निगाह कल्याणी के सैनिक शिविर पर पड़ी। वह अपने घोड़े पर सवार होकर झेलम तट की ओर घूमने निकला था। एक बार वह फिर से लम्बी-चौड़ी झेलम नदी के पार सैन्य शिविर लगाए सिकन्दर के सैनिकों की हलचल को जांचना परखना चाहता था। पोरस (पर्वतेश्वर) ने मन में ठान लिया था कि जैसे ही सिकन्दर के सैनिक झेलम नदी पार करके इधर आएंगे, हमारे वीर सैनिक भूखे बाज, चील और गिद्धों की तरह उन पर टूट पड़ेंगे।

राजकुमारी कल्याणी का शिविर देखकर पहले तो पर्वतेश्वर ने सोचा कि शायद यह हमारी ही सेना की एक टुकड़ी का शिविर है जिसे झेलम तट पर शत्रु सेना की निगरानी के लिए स्थापित किया गया है लेकिन जब उसने अपने साथ चल रहे सैनिकों से पूछताछ की तो पता चला कि ये सैनिक पौरव राज्य के नहीं हैं।

असमंजस और चिन्ता मन में लिए पौरवराज पर्वतेश्वर घोड़े पर बड़ी तेजी से कल्याणी के शिविर की ओर आया। कल्याणी उस समय पुरुष सैनिक के वेश में थी। उसे पुरुष समझ राजा पर्वतेश्वर ने पूछा, "तुम लोग कौन हो और यहां क्या कर रहे हो? किससे पूछकर तुम सैनिकों ने यहां अपना शिविर लगाया है? क्या तुम उस यवन हमलावर सिकन्दर के सैनिक हो?"

"नहीं महाराज, हम सिकन्दर के सैनिक नहीं हैं। हम लोग मगध के सैनिक हैं और यवनों से युद्ध करने के लिए यहां आए हैं"–पुरुष सैनिक वेशधारी कल्याणी ने अत्यन्त नम्रता के साथ उत्तर दिया। राजकुमारी कल्याणी का उत्तर सुनकर पर्वतेश्वर ने हैरानी के साथ कहा, "तुम लोग मगध के सैनिक हो? लेकिन मगध नरेश नन्दराज ने तो हमें सैनिक सहायता देने से मना कर दिया था?"

कल्याणी, "हां, महाराज! मुझे पता है कि मगध नरेश ने आपको सहायता देने से मना कर दिया था जबकि आप भारत के लिए संकट बनकर आए सिकन्दर से लोहा लेना चाहते थे। इसीलिए मगध के हम राष्ट्रभक्त सैनिकों ने नन्दराज से बगावत कर दी...."

राजा पर्वतेश्वर (पोरस), "बगावत?"

राजकुमारी कल्याणी, "हां बगावत महाराज! जिस राजा को केवल अपने राज्य की रक्षा की चिन्ता है, अपने देश भारत की नहीं, उसके साथ हम सैनिक भला कैसे रह सकते थे? इसलिए हमने अपना अलग बागी संगठन बना लिया और मगध छोड़कर यहां चले आए। हम सैनिक सिकन्दर की सेना को यहां से आगे बढ़ने से रोकेंगे महाराज! जिस तरह सिकन्दर ने संसार के कई देशों को हराकर उन्हें अपना गुलाम बना लिया है, उस तरह वह ऋषि-मुनियों की इस पावन गौरवशाली भूमि को, हमारी भारत माता को अपना गुलाम नहीं बना सकेगा।....हम आपके साथ सिकन्दर के खिलाफ युद्ध लड़ेंगे महाराज! हम मगध से यह कसम खाकर निकले हैं कि अपने तन में प्राण रहने तक सिकन्दर को उसकी अशुभ योजना में सफल नहीं होने देंगे। भारत देश की दुश्मन से रक्षा करने में अगर हमारे प्राण भी चले जाएं तो हमें अपने आप पर गर्व रहेगा!"

"शाबाश सैनिक शाबाश! तुम्हारी राष्ट्रभक्ति की भावना को मैं प्रणाम करता हूं। जब तक तुम्हारे जैसे स्वाभिमानी देशभक्त युवक भारत में हैं तब तक हमारा देश कभी विदेशी आक्रान्ता शासकों का गुलाम नहीं बन सकता।....ठीक है! तुम लोग युद्ध में हमारे साथ रहना!"

इतना कहकर जब राजा पर्वतेश्वर चलने को हुआ तो सपेरे के वेश में चन्द्रगुप्त और नट-नटनी के वेश में अलका-सिंहरण वहां आ गए। सिंहरन ने राजा पर्वतेश्वर से निवेदन किया, "कुछ क्षणों के लिए रुक जाइये महाराज! हमारा खेल देखकर चले जाइएगा...."

शत्रु सिकन्दर झेलम नदी के उस पार अपना शिविर डाले पड़ा हुआ था और पर्वतराज पर्वतेश्वर का सिकन्दर से कभी भी युद्ध होने की आशंका थी, इस वजह से पर्वतेश्वर भावी युद्ध को लेकर बड़ा बेचैन तथा चिन्तित था। उसके गुप्तचरों ने बताया था कि सिकन्दर बड़ी भारी फौज लेकर आया है इसलिए सिकन्दर की सेना से निपटने के लिए पर्वतेश्वर एक सार्थक युद्ध नीति तैयार कर रहा था। ऐसे में उसे नट-नटनी का खेल देखने की कहां फुर्सत थी? अतः वह सिंहरण से कहने लगा, "अभी मुझे अपने शिविर में पहुंचना है, खेल देखने का मुझको अवकाश नहीं है...."

तभी अलका कहने लगी, "अगर आप हमारा खेल नहीं देखना चाहते हैं तो नागों के दर्शन ही कर लीजिए महाराज!....यह सपेरा अपनी पिटारी में एक भयंकर पहाड़ी काले नाग को पकड़कर लाया है। ऐसा सर्प आपने कभी नहीं देखा होगा...."

नटनी वेशधारी अलका की बात को सुनकर पुरुष सैनिक वेशधारी मगध-राजकुमारी कल्याणी ने राजा पर्वतेश्वर से निवेदन किया, "नागों का दर्शन कर लीजिए महाराज! हमारे देश में नागों का दर्शन बड़ा ही शुभ माना जाता है। ऐसी मान्यता है कि ऐसे सुबह के समय नाग के दर्शन कर लिए जाएं तो सारे मनोरथ सफल होते हैं।"

राजा पर्वतेश्वर बड़ा ही वीर सम्राट था। वह अभी तक कोई युद्ध नहीं हारा था और उसे इस बात का भी पूरा विश्वास था कि यवन सेना से युद्ध करके भी उसे विजय भी हासिल होगी। कल्याणी की बात पर विश्वास करके उसे सपेरा वेशधारी चन्द्रगुप्त को सर्प दिखाने की अनुमति दे दी।

पर्वतेश्वर ने सोचा कि नाग के दर्शन से अगर सिकन्दर को हराने की मेरी अभिलाषा पूरी हो जाने वाली है तो मैं नाग का दर्शन अवश्य करूंगा।"

"यह देखिए महाराज! इस हिमगिरि प्रान्त की विशेष नागमति का यह सर्प है....यह नाग हर जगह नहीं पाया जाता!"—इतना कहते हुए राजकुमार चन्द्रगुप्त पौरव नरेश पर्वतेश्वर को खुशी-खुशी वह काला सर्प दिखाने लगे जिसके दांत तुड़वाकर आचार्य चाणक्य ने एक पहाड़ी सपेरे से उसे पिटारी में बन्द करवाया था। चन्द्रगुप्त को पता था कि अब नाग विषदन्त विहीन हो चुका है। अब यह मेरा कुछ नहीं बिगाड़ सकता। इसलिए वे नाग को हाथ में लेकर राजा पर्वतेश्वर को दिखाने लगे। अन्य दो पिटारियों से भी चन्द्रगुप्त ने सर्प निकालकर दिखाए जिन्हें देखकर पर्वतेश्वर प्रसन्न हो उठा लेकिन तभी उसे शंका हुई कि सपेरे और नट-नटनी के वेश में कहीं यवन नरेश सिकन्दर अथवा आम्भीक के गुप्तचर तो नहीं हैं जो मेरी स्थिति का पता लगाने यहां आए हों?

प्रकट रूप में राजा पर्वतेश्वर ने अलका, सिंहरण तथा चन्द्रगुप्त से पूछा, "तुम लोग कहीं सिकन्दर अथवा आम्भीक के आदमी तो नहीं हो? सच बताना वर्ना मैं तुम्हें सैनिकों से कैद करवा लूंगा?"

चन्द्रगुप्त, "नहीं महाराज! हम तो आपके ही राज्य के साधारण नट-नटनी तथा सपेरे हैं। लोगों को अपना खेल दिखाकर हम अपना पेट भरते हैं...."

पर्वतेश्वर, "लेकिन तुम यहां सैनिक शिविर के पास क्या कर रहे हो और तुम इधर आ कहां से रहे हो?....क्या तुम झेलम नहीं पार करके यहां आए हो?"

चन्द्रगुप्त, "हां महाराज, हम झेलम पार करके ही आए हैं। आपसे झूठ नहीं बोलेंगे।"

पर्वतेश्वर, "फिर तो तुमने सिकन्दर के सैनिक शिविर को भी देखा होगा?"

सिंहरण, "हम वहां भी अपना खेल दिखाने गए थे महाराज! सिकन्दर के सैनिकों ने हमारे खेल को खूब पसन्द किया और हमें खुश होकर इनाम भी दिया...."

पर्वतेश्वर सिकन्दर की सेना की वर्तमान स्थिति जानने के लिए उत्सुक था। उसने सपेरा वेशधारी चन्द्रगुप्त से पूछा, "क्या तुम उधर के हालातों के बारे में बता सकते हो सपेरे?"

चन्द्रगुप्त, "महाराज! झेलम के उस पार सिकन्दर के सैनिक यहां आकर हमला करने के लिए तैयार खड़े हैं। सिकन्दर की सेना कभी भी नदी पार करके इधर आ सकती है इसलिए आप हमले का जवाब देने के लिए तैयार रहिए तथा अपने सेनापति से भी कह दीजिए...."

पर्वतेश्वर, "कोई चिन्ता नहीं, हमारे पास बड़े-बड़े रथ और गज-सेना है।"

चन्द्रगुप्त, "लेकिन देखिए आकाश में भयंकर बादल घिर रहे हैं। लगता है वर्षा होगी। बरसात के कारण आपके रथ और हाथी सेना बेकार सिद्ध हो सकती है।"

"ऐसा नहीं हो सकता सपेरे!"–कहने के साथ पर्वतेश्वर के मन में फिर से सन्देह होने लगा कि सपेरा कहीं दुश्मन का सैनिक या गुप्तचर तो नहीं है वर्ना खेल दिखाने वाले नट-नटनी और सपेरे का युद्ध के ऐसे संवेदनशील माहौल में क्या काम और उधर सिकन्दर के यवन सैनिकों ने इन्हें पकड़ा क्यों नहीं?

जैसे ही चन्द्रगुप्त ने पर्वतेश्वर से जाने की आज्ञा मांगी तो पर्वतेश्वर ने पुरुष सैनिक वेशधारी कल्याणी की ओर इशारा करते हुए कहा, "सैनिक! इन तीनों को गिरफ्तार कर लो। मुझे शक है कि ये तीनों दुश्मन के आदमी हैं। तुम इन्हें आज रात बन्दी बनाकर अपने पास रखना। कल सुबह आकर मैं इन तीनों का फैसला करूंगा।"

सैनिक वेशधारी ने शीघ्र तीनों युवक-युवती के हाथों में रस्सी बांधकर इन्हें बन्दी बना लिया और जब पर्वतेश्वर वहां से चला गया तो कल्याणी तीनों बंदियों को शिविर के बन्दीगृह में ले आई। जिसका निर्माण शत्रु बंदियों को रखने के लिए किया गया था।

अब राजकुमार चन्द्रगुप्त, मालव कुमार सिंहरण तथा गान्धार नरेश की पुत्री, तक्षशिला-राजकुमारी ये तीनों अलका मगध-राजकुमारी, कल्याणी की कैद में थे।

चन्द्रगुप्त अपनी बहिन कल्याणी को पहचानते थे। वे बचपन में अपनी इस चचेरी बहिन के साथ खेले कूदे थे लेकिन सपेरे का वेश धारण करने की वजह से चन्द्रगुप्त को कल्याणी नहीं पहचान पाई। हां, यदि राजकुमार चन्द्रगुप्त अपनी स्वाभाविक या वास्तविक वेशभूषा में होते तो कल्याणी उनको अवश्य पहचान लेती।

जब चन्द्रगुप्त ने 'कल्याणी मेरी बहिन' कहकर कल्याणी को सम्बोधित किया तो मगध राजकुमारी कल्याणी को यह स्वर कुछ जाना पहचाना-सा लगा। चन्द्रगुप्त ने जब बताया कि मैं तुम्हारा अभागा भाई चन्द्रगुप्त हूं जो अपने पिता एवं निन्यानवे भाइयों को खो चुका है तो कल्याणी 'भैया' कहकर चन्द्रगुप्त के गले से लिपट गयी। चन्द्रगुप्त ने स्नेहपूर्वक उसके सिर पर हाथ फेरा।

कल्याणी ने अपने भाई चन्द्रगुप्त से कहा कि जब मेरे मगध सैनिक तुम्हारे निर्देशन में यवनों के साथ युद्ध लड़ेंगे। इस पर चन्द्रगुप्त ने एक पहाड़ी की ओर इशारा करते हुए कल्याणी से कहा, "हमारे सैनिक शीघ्र ही इस पहाड़ी की ओट में होने चाहिए ताकि यदि यवन सेना झेलम नदी पार करके इधर आए तो उस पर तीरों से हमला करके उसे भारी क्षति पहुंचाई जा सके। इधर महाराज पर्वतेश्वर भी अपनी सेना के साथ युद्ध की तैयारी में हैं। सिकन्दर के सैनिक हमारे बाणों से घायल हुए पौरवराज को शिविर की ओर बढ़ेंगे तो वीर पौरव सैनिक पूरे उमंग उत्साह से उनका काम तमाम करने के लिए उन पर टूट पड़ेंगे।"

कल्याणी और चन्द्रगुप्त मगध के सैनिकों का पहाड़ी के पीछे मोर्चा बांधने लगे। चन्द्रगुप्त ने सिंहरण को राजा पर्वतेश्वर के शिविर की ओर भेजा ताकि सिंहरण मगध सैनिकों की स्थिति से पर्वतेश्वर को अवगत करा सके।

जैसे ही सिंहरण, पर्वतेश्वर के शिविर में आया, उसने देखा कि सिकन्दर के सेनापति सेल्युकस ने अपने सैनिकों के साथ पौरवराज पर्वतेश्वर के शिविर को चारों तरफ से घेर लिया है। आम्भीक भी सेल्युकस के साथ है। आम्भीक को यवन सेनापति के साथ देखकर मालव कुमार सिंहरण को बड़ा क्रोध आया।

सेनापति सेल्युकस अपने सैनिकों के साथ राजा पर्वतेश्वर के सम्मुख आकर ऊंचे स्वर में कहने लगा, "तुम चारों तरफ से घेर लिए गए हो पर्वतेश्वर! अब तुम कुछ नहीं कर पाओगे। अच्छा यही है कि तुम हमारे महाराज की अधीनता को स्वीकार कर लो। सम्राट सिकन्दर खुश होकर तुम्हें यहां राज्य करने की इजाजत दे देंगे।"

"मैं एक यवन लुटेरे की अधीनता स्वीकार करने के बजाय तुमसे युद्ध करना बेहतर समझूंगा सेनापति!....मेरे जीवित रहते हुए तुम लोग मेरे भारत देश को अपना गुलाम नहीं बना सकते।....मैं सीधे-सीधे तुमसे कहता हूं कि अपने सम्राट और सेना को लेकर शान्तिपूर्वक अपने यूनान देश लौट जाओ और भारत को जीतने का स्वप्न देखना छोड़ दो!" वीर पोरस (पर्वतेश्वर) ने सेनापति सेल्युकस को ललकारा। "तो तुम ऐसे नहीं मानोगे"—इतना कहकर सेनापति सेल्युकस पौरव नरेश पर्वतेश्वर के साथ युद्ध करने लगा। उसकी सेना भी पर्वतेश्वर के सैनिकों के साथ युद्ध करने लगी लेकिन सेल्युकस जब झेलम नदी पार करके इधर आया था तो बहुत सारे यवन सैनिकों को साथ लेकर आया था। उनकी तुलना में पर्वतेश्वर के पास संख्या में कम सैनिक थे। जल्दी ही यवन सैनिकों ने पौरव सैनिकों को घेर लिया और सेनापति सेल्युकस ने भी पर्वतेश्वर को खड्ग युद्ध में लाचार कर डाला। अब तक सम्राट सिकन्दर भी अपने शेष सैनिकों के साथ झेलम नदी पार करके पर्वतेश्वर शिविर के पास आ पहुंचा था। जैसे ही सेनापति सेल्युकस युद्ध में घायल होकर नीचे गिर पड़े पर्वतेश्वर को मारने के लिए हुआ, सिकन्दर ने आकर उसे रोक लिया, "ठहरो सेल्युकस! पर्वतेश्वर को और चोट मत पहुंचाओ। यह वीरों की धरती है। यहां वीरों का सम्मान होना चाहिए...."

इसके बाद यूनान सम्राट सिकन्दर ने राजा पर्वतेश्वर से पूछा, "पर्वतेश्वर! इस समय तुम्हारे प्राण हमारी इच्छा पर निर्भर हैं। बोलो, तुम्हारे साथ कैसा सलूक किया जाए?"

पर्वतेश्वर ने गर्व भरी मुस्कान के साथ कहा, "मैं इस राज्य का स्वामी हूं। यहां का राजा हूं और तुम भी यूनान के राजा हो सिकन्दर इसलिए जैसा सलूक एक राजा दूसरे राजा के साथ करता है, तुम्हें भी वैसा ही व्यवहार करना चाहिए।"

"नहीं महाराज! यह आपके विजय-अभियान की सबसे बड़ी रुकावट है। इसे आप बन्दी बना लीजिए...." सेनापति सेल्युकस ने सिकन्दर से अनुरोध किया। इतने में तक्षशिला का शासन पा चुका आम्भीक बोला, "आप इस पौरव नरेश को जीवित मत छोड़िए महाराज वर्ना यह कल काला भयंकर सर्प बनकर हम सबको डसेगा!"

लेकिन सिकन्दर ने किसी की बात नहीं सुनी। उसने सोचा कि इस समय पर्वतेश्वर को मित्र बनाने में ही मेरा भला है। उसने 'मेरी मित्रता स्वीकार करो पौरवराज' कहकर पर्वतेश्वर (पोरस) राजा की ओर दोस्ती का हाथ बढ़ा दिया। सेनापति सेल्युकस और उसके सैनिकों से युद्ध करते-करते पर्वतेश्वर बुरी तरह घायल हो चुका था। यद्यपि सामान्य हालत में वह कभी सिकन्दर से हाथ मिलाना स्वीकार नहीं करता लेकिन पर्वतेश्वर अब असहाय हालत में था। उसके कई सैनिक युद्ध में मारे जा चुके थे। सिकन्दर की मित्रता स्वीकार करने के अलावा उसके पास और कोई चारा नहीं था। उसने सोचा कि अगर मैंने सिकन्दर की मित्रता का प्रस्ताव अस्वीकार किया तो सेल्युकस मुझे बन्दी बना लेगा और पौरव राज्य पर सिकन्दर अपने किसी प्रतिनिधि को शासक बना देगा। हो सकता है कि वह यवन शासक मेरी भारतीय प्रजा पर अत्याचार करे। प्रजा को किसी भी तरह के संकट से बचाने के लिए तथा पौरववासियों की पूर्ण सुरक्षा एवं सुख-समृद्धि के लिए अच्छा है कि मैं सिकन्दर का दोस्त बन जाऊं। इससे कम से कम मेरा राज्य तो बचा रहेगा। अब तक चन्द्रगुप्त भी मगध वीरों को लेकर यहां आ चुके थे। वे पर्वतेश्वर को वीर, स्वाभिमानी एवं सच्चा राष्ट्रभक्त समझते थे और मानते थे कि तक्षशिला के राजकुमार आम्भीक इसी तरह पर्वतेश्वर कभी सिकन्दर की अधीनता स्वीकार नहीं करेंगे। उनका सिर कभी एक यवन लुटेरे शासक के आगे नहीं झुकेगा। भारतीयों को नुकसान पहुंचाने वाली तथा भारत के गौरव को तोड़ने वाली यवनों की मित्रता को राजा पर्वतेश्वर कभी स्वीकार नहीं करेंगे।

लेकिन राजा पर्वतेश्वर के शिविर में आकर चन्द्रगुप्त ने कुछ और ही दृश्य देखा। उन्होंने देखा कि पर्वतेश्वर यवन सम्राट सिकन्दर से दोस्ती का हाथ मिला रहे हैं। चन्द्रगुप्त की चचेरी बहिन कल्याणी भी यहां आ चुकी

थी। जब उसने पर्वतेश्वर को सिकन्दर से हाथ मिलाते हुए देखा तो गुस्से से आगबबूला हो उठी और अपने भाई चन्द्रगुप्त को लेकर वहां से चली गयी।

अलका भी चन्द्रगुप्त और कल्याणी के साथ वहां आ गयी थी और सिंहरण पहले ही यहां आ चुका था। चन्द्रगुप्त और कल्याणी के जाने के बाद अलका और सिंहरण ने भी पर्वतेश्वर के शिविर से बाहर जाना चाहा लेकिन तक्षशिला नरेश आम्भीक ने इन दोनों को रोक लिया। आम्भीक ने सैनिकों से कहकर अपनी बहिन अलका तथा मालव गणमुख्य के पुत्र सिंहरण को बन्दी बना लिया। इन दोनों बंदियों को आम्भीक ने अपने कैदखाने में डलवा दिया।

यूनान नरेश सिकन्दर चाहता था कि राजा पर्वतेश्वर और आम्भीक के बीच मनमुटाव और क्रोध-वैर दूर हो जाए इसलिए जल्दी ही सिकन्दर ने आम्भीक का विवाह राजा पर्वतेश्वर की बहिन से करवा दिया।

जब आम्भीक का विवाह पौरव नरेश पर्वतेश्वर की बहिन से हो गया तो आम्भीक ने भी सोचा कि अब मैं भी अपनी बहिन अलका की शादी पौरवराज पर्वतेश्वर से करा दूंगा।

उस समय अलका और मालव कुमार सिंहरण दोनों आम्भीक के कैदखाने में पड़े हुए थे और कैदखाने से भाग निकलने का प्रयत्न कर रहे थे। आम्भीक अपनी बहन अलका के पास गया और उसे इस बात के लिए मनाने की कोशिश करने लगा कि अलका खुशी-खुशी पर्वतेश्वर से विवाह करने के लिए राजी हो जाए।

लेकिन अलका राजा पर्वतेश्वर से विवाह करने के लिए तैयार नहीं थी। हां, पहले वह पर्वतेश्वर की वीरता, राष्ट्रभक्ति और पराक्रम से प्रभावित अवश्य थी लेकिन रणभूमि में जब उसने पौरवराज को सिकन्दर से हाथ मिलाते अथवा मित्रता करते हुए देखा तो उसे बहुत दुःख हुआ था। उसने कभी सोचा भी नहीं था कि पौरवराज पर्वतेश्वर इतना कायर निकलेगा तथा अपनी जान बचाने के लिए दुश्मन सिकन्दर से हाथ मिला लेगा।

अलका ने अपने भाई आम्भीक से स्पष्ट कह दिया, “भैया मैं राजा पर्वतेश्वर से विवाह नहीं कर सकती। उसने तुम्हारी तरह हम सभी भारतीयों के दुश्मन सिकन्दर से हाथ मिला लिया है।”

आम्भीक ने अलका पर काफी जोर डाला कि वह किसी तरह पर्वतेश्वर से विवाह करने के लिए तैयार हो जाए लेकिन अलका ने इस शादी के लिए हां नहीं किया।

आम्भीक अपनी बहिन अलका को अपने बन्धन से आजाद करना चाहता था लेकिन जब अलका ने उसकी बात नहीं मानी तो आम्भीक ने अलका को अपने कैदखाने में पड़ा रहने दिया। गुस्से से अपने हाथ पैर पटकता हुआ वह चला गया।

रात के समय आचार्य चाणक्य ने अपना एक आदमी भेज कर अलका को यह सन्देश पहुंचाया कि सिकन्दर मालव प्रदेश पर आक्रमण करने की योजना बना रहा है। चूंकि पौरव राज्य के शासक पर्वतेश्वर ने सिकन्दर से मित्रता कर ली है, इसलिए सिकन्दर अब उसके राज्य पर आक्रमण नहीं करेगा। वह मालव पर हमला करेगा। कल्याणी की मगध सेना मालव पहुंच चुकी है। चन्द्रगुप्त उस सेना का नायक है। मालव की रक्षा के लिए वीर सिंहरण की आवश्यकता है। तुम्हें किसी तरह सिंहरण को आम्भीक की कैद से आजादी दिलानी होगी। यदि तुम पर्वतेश्वर से प्रेम करने का झूठा नाटक करो और पर्वतेश्वर से विवाह करने की शर्त सिंहरण की रिहाई तथा मालव युद्ध में सिकन्दर की मदद न करना रखो तो हम मालव राज्य को सिकन्दर के हमले से बचा सकते थे। पर्वतेश्वर के पास बड़ी रथ सेना तथा गज सेना है। यह सेना अगर सिकन्दर की सेना के साथ मिल गयी तो मालव-मगध की संयुक्त सेना के लिए इस सेना को हरा पाना कठिन हो जाएगा इसलिए तुम किसी तरह पर्वतेश्वर को इस सबके लिए गना लो।

रात्रिकाल आचार्य चाणक्य का यह लिखित सन्देश उनका एक गुप्तचर अलका को कैदखाने के रोशनदान से गुप्त रूप से देकर चला गया। रात को दीपक के प्रकाश में अलका ने यह सन्देश पढ़कर सन्देश-पत्र जला दिया ताकि किसी को इसके बारे में खबर न हो।

अगले दिन सुबह पर्वतेश्वर अलका से मिलने के लिए आया। अलका उससे कहने लगी कि मैं आपसे प्रेम करने लगी हूं और आपसे विवाह करना चाहती हूं। यदि आप मेरी दो बातें मान लें तो मैं आपके साथ आपके इस

महल में चल सकती हूं तथा आपसे विवाह कर सकती हूं।

"कौन-सी दो बातें अलके! कहो तो?"–राजा पर्वतेश्वर प्रेमपूर्वक अलका से पूछने लगा।

अलका बोली, "पहली बात यह कि आप मालव कुमार सिंहरण को इस कैदखाने से मुक्त कर दीजिए। सिंहरण मेरा मित्र है और उसने कोई गुनाह नहीं किया है। मेरे भाई ने केवल झूठे सन्देह के आधार पर इसे यहां गिरफ्तार कर रखा है...."

राजा पर्वतेश्वर, "ठीक है, मैं अभी सिंहरण को आजाद करवाता हूं और इसके लिए एक रथ भिजवाता हूं ताकि यह वीर युवक सम्मानपूर्वक अपने मालव राज्य के लिए प्रस्थान कर सके। पर्वतेश्वर वीरों का सम्मान करना जानता है अलका! और तुम्हारी दूसरी बात क्या है? कहो, मैं उसे भी मानने के लिए तैयार हूं...."

अलका, "राजन! मैं चाहती हूं कि आप मालव युद्ध में यवनपति सिकन्दर का साथ न दें। आप एक राष्ट्रभक्त राजा हैं। मालव राज्य हमारे ही भारतवर्ष का एक हिस्सा है। आप अपने ही देश के भू-खण्ड पर हमला कर उसे नष्ट करने जैसा राष्ट्रद्रोह का कार्य न करें। ऐसा निन्दनीय कार्य करना यवन सम्राट सिकन्दर को शोभा दे सकता है, आप जैसे स्वाभिमानी राष्ट्रभक्त वीर राजा को नहीं।"

राजा पर्वतेश्वर को अलका की बात समझ में आ गयी। वह सोचने लगा कि गान्धार राजकुमारी ठीक ही कहती है। यह मेरी तरह भारत भूमि से प्रेम करती है। मालव, मगध, पौरव आदि सारे राज्य भारत भूमि का ही ले हिस्सा हैं। ये सब भारत माता के ही अंग हैं। हमें इन यवनों के कहने में आपको अपने देश के साथ गद्दारी नहीं करनी चाहिए, अपने देश के टुकड़े-टुकड़े करने का प्रयास नहीं करना चाहिए। सिकन्दर भारतीय नरेशों को आपस में लड़ाकर पूरे भारत पर कब्जा करना चाहता है। अपनी कूटनीति से भारतीय नरेशों को अपने वश में करना चाहता है। अगर मैं भी आम्भीक की तरह सिकन्दर के अभियानों में मदद करूं तो आने वाला कल मुझे भी आम्भीक की तरह गद्दार राजा कहेगा।

ऐसा सोचते हुए राजा पर्वतेश्वर (पोरस) ने अलका से कहा, "अलका!

मैं तुमसे वायदा करता हूं कि मैं मालव युद्ध में सिकन्दर को सहायता नहीं दूंगा।"

अलका, "ठीक है, तो मैं अभी आपके साथ महल में चलने के लिए तैयार हूं...."

राजा पर्वतेश्वर, "मैं अभी मालव कुमार सिंहरण के लिए रथ भिजवाता हूं और तुम्हारे लिए पालकी भिजवाता हूं।"

कुछ ही देर बाद पर्वतेश्वर ने मालव कुमार सिंहरण के लिए रथ भिजवाया और अलका को अपने राजमहल लाने के लिए पालकी भिजवाई। इसके साथ ही पर्वतेश्वर ने कैदखाने में आकर सिंहरण को आजाद किया तथा उसे अपने रथ में बिठाकर सम्मानपूर्वक मालव राज्य की ओर विदा किया। अब तक गान्धार-राजकुमारी अलका भी पालकी में आकर बैठ गयी थी। राजा पर्वतेश्वर ने कहारों से पालकी को उठवाया तथा अपने सैनिकों के साथ घोड़े पर सवार हो पालकी के साथ-साथ चलने लगा।

जैसे ही राजा पर्वतेश्वर अपने महल में पहुंचा तो उसे सिकन्दर का एक दूत उसकी प्रतीक्षा करता हुआ मिला। दूत ने पर्वतेश्वर को प्रणाम करके कहा, "महाराज सिकन्दर ने कहलवाया है कि आप अपनी सेना लेकर मालवा राज्य की सीमा पर पहुंचें। वे भी अपनी सेना लेकर वहां आ रहे हैं। मालव पर आक्रमण करना है।

सिकन्दर के दूत की यह बात सुनकर राजा पर्वतेश्वर चिन्ता में पड़ गया। सिकन्दर का दूत तो सिकन्दर का सन्देश देकर चला गया लेकिन पर्वतेश्वर परेशान हो उठा। वह सोचने लगा कि मैंने सिकन्दर की मित्रता स्वीकार की है तथा उसे अपनी ओर से हर सम्भव सहायता देने का वचन दिया है। अभी कुछ समय पहले मैं राजकुमारी अलका को भी यह वचन दे चुका हूं कि भावी मालव युद्ध में मैं सिकन्दर की सहायता नहीं करूंगा। अब मैं क्या करूं? सिकन्दर और अलका को वचन देकर मैं यह कैसे धर्मसंकट में पड़ गया हूं।

उसे चिन्ता और परेशानी में देखकर अलका उससे पूछने लगी, "पौरव नरेश आप किस चिन्ता में पड़ गए? आप सोच रहे होंगे कि मैंने सिकन्दर की मित्रता स्वीकार की है, उसे सहायता देने का वचन दिया है। अब अगर

मैं सेना लेकर मालव राज्य न जाऊंगा तो सिकन्दर को अच्छा नहीं लगेगा। वह नाराज होगा। लेकिन ध्यान रखिए, आपने मुझे भी आज यह वचन दिया है कि आप मालव युद्ध में सिकन्दर की मदद नहीं करेंगे।....अगर आपने सिकन्दर की मदद की और अपनी सेना लेकर मालव की सीमा पर पहुंचे तो मैं आपको छोड़कर चली जाऊंगी...."

राजा पर्वतेश्वर पहले से ही चिन्तित, दुःखी और परेशान था इसलिए वह अलका से कहने लगा, "नहीं, तुम मुझे छोड़कर मत जाओ अलका! मैं थोड़ी-सी सेना लेकर मालव प्रदेश के लिए निकलता हूं। वहां मैं सिकन्दर को समझाऊंगा और मालव पर आक्रमण होने से रोकने का प्रयत्न करूंगा। तुम तब तक यहीं रहो। मैं मालव राज्य को क्षति नहीं होने दूंगा, मैं वचन देता हूं।"

"आपके वचनों पर मुझे पूरा विश्वास है लेकिन आप यहां से जा रहे हैं तो मैं अकेली यहां रहकर क्या करूंगी। आप मुझे भी अपने साथ ले चलिए!"

गान्धार राजकुमारी अलका अपने भाई आम्भीक की कैद से तो छूट आई थी और अब राजा पर्वतेश्वर ने महल से भी छुटकारा पाना चाहती थी। इसलिए उसने बड़ी कुशलता से यह बात पौरवराज से कही थी कि आप मुझे भी यात्रा पर अपने साथ ले चलें, और पौरव नरेश पर्वतेश्वर ने अलका को अपने साथ ले चलना स्वीकार कर लिया।

ग्यारह

स्कंधावार मालव प्रदेश की राजधानी भी। राजा पर्वतेश्वर द्वारा दिए गए रथ पर चढ़कर जब मालव कुमार सिंहरण अपनी राजधानी स्कंधावार आए तो स्कंधावार के राजदरबार में उन्होंने सभी सभासदों को सिकन्दर के भावी हमले को लेकर विचार विमर्श करते हुए देखा। चूंकि मालव गणमुरक के पुत्र सिंहरण स्कंधावार में नहीं थे इसलिए सभासद इस विषय पर चर्चा कर रहे थे कि मालव सेना की कमान किसको सौंपी जाए अर्थात् सेनापति किसको बनाया जाए? तभी सिंहरण दरबार में आ गए और उनको देखकर सारे सभासद प्रसन्न हो उठे। कुमार सिंहरण ने दरबार की समस्या को गहराई से समझकर अपना मन्तव्य प्रकट करते हुए कहा, "मेरा मत है कि हम मालव सेना के संचालन का दायित्व मगध के राजकुमार चन्द्रगुप्त को सौंपें क्योंकि उनसे ज्यादा योग्य सेनापति हमें कोई और नहीं मिलेगा।"

राजकुमार चन्द्रगुप्त की वीरता और साहस से मालव दरबार के सभी सदस्य भली-भांति परिचित थे। कल्याणी और चन्द्रगुप्त, इन दोनों भाई बहिनों ने मगध के बागी सैनिकों को मालव की सेना में शामिल करके बड़ी प्रशंसा का काम किया था अतः जब मालव गणमुख्य के पुत्र सिंहरण ने सेनापति के रूप गें राजकुमार चन्द्रगुप्त का नाम सुझाया तो दरबार में बैठे सभी लोगों ने इसके लिए सहर्ष अपनी-अपनी सहमति दे दी।

इस तरह चन्द्रगुप्त को सर्वसम्मति से मालव सेना का नायक अथवा सेनापति बना लिया गया। मालव का सेनापति बन जाने के बाद चन्द्रगुप्त ने अपने कुछ सैनिक एवं गुप्तचर राज्य की सीमा पर दुश्मन की हरकतों का पता लगाने के लिए भेजे तथा कई सैनिक राजधानी की स्कंधावार आने जाने वाले रास्तों पर तैनात कर दिए। एक गुप्तचर ने आकर चन्द्रगुप्त को

खबर दी, "सेनापति जी! यवन सम्राट सिकन्दर तो अभी रावी नदी पार करके सेना सहित इधर नहीं आए हैं लेकिन मैंने राजा पर्वतेश्वर को अपने सैनिकों के साथ नदी पार करने का प्रयास करते हुए अवश्य देखा है। वे सिकन्दर के मित्र बन चुके हैं इसलिए सिकन्दर के अभियान को सफल बनाने के लिए इधर आक्रमण करने के लिए आ रहे हैं...."

"पर्वतेश्वर के पास कितनी बड़ी सेना है?"—सेनापति चन्द्रगुप्त ने गुप्तचर से प्रश्न किया। गुप्तचर ने उत्तर देते हुए कहा, "राजा पर्वतेश्वर के साथ छोटी सेना है सेनापति!"

"तब कोई चिन्ता नहीं"—यह कहते हुए चन्द्रगुप्त ने अपने मित्र सिंहरण से कहा, "सिंहरण! तुम कल्याणी के मगध सैनिकों को साथ लेकर रावी नदी की ओर जाओ। पर्वतश्वेर की सेना पर हमारे मगध सैनिक तीरों की ऐसी भयंकर बरसात करें कि पर्वतेश्वर के सैनिक घायल होकर बहुत दूर तक खदेड़े जाएं। वे किसी भी हालत में सिकन्दर की सेना से न मिल पाएं, इस बात का तुम ध्यान रखना!"

सिंहरण, "ठीक है मित्र! मैं मगध सैनिकों को लेकर रावी तट की ओर जाता हूं। आप अपने मालव योद्धाओं के साथ सिकन्दर की सेना से निपटने के लिए तैयार रहना...."

चन्द्रगुप्त, "मैं यवन-सेना को देख लूंगा...."

मालव—कुमार सिंहरण मगध से सैनिकों की फौज लेकर रावी नदी के तट की ओर निकल गया। रावी नदी के तट पर उसने राजा पर्वतेश्वर की सेना से जमकर युद्ध किया और पर्वतेश्वर के सैनिकों को नदी के पार बहुत दूर तक खदेड़ दिया। सिंहरण की सेना से घबराकर उसके सैनिक तितर-बितर होकर भाग गए। कुछ समय बाद जब सिकन्दर अपनी सेना लेकर रावी नदी के किनारे आया तो पर्वतेश्वर घायलावस्था में उससे मिला। पर्वतेश्वर को इस अवस्था में देखकर सिकन्दर ने उसे फटकारा, "पर्वतेश्वर! मैंने तुम्हारे पास आज्ञा भिजवाई थी कि तुम बड़ी फौज लेकर मालव पहुंचना तथा मालव पर हमला करने के लिए तैयार रहना लेकिन मुझे बताया गया है कि तुम केवल एक छोटी-सी सेना लेकर अपनी राजधानी से निकले थे। वह सेना भी हमारे शत्रु की सेना से हार गयी। तुमने जो हमारी दोस्ती के साथ

विश्वासघात किया है पौरवराज! तुम्हें अपना मित्र कहते हुए शरम आती है। अब तुम मेरी नजरों से दूर चले जाओ!"

यवन सम्राट सिकन्दर ने रावी नदी के उस पार अपना सैनिक शिविर लगाया और राजा पर्वतेश्वर उसकी फटकार से दुःखी होकर उसके शिविर से दूर चला गया। वह एक स्वाभिमानी सम्राट था। एक यवन शासक से इतनी बड़ी फटकार वह सहन नहीं कर पा रहा था। दुःखी मन से राजा पर्वतेश्वर सोचने लगा, "उधर प्रिय अलका मुझे छोड़ चली गयी और इधर इस विदेशी हमलावर से मैं बुरी तरह फटकारा गया हूं। मेरे लिए यह शर्म से डूब मरने वाली बात है। जी करता है कि इसी रावी नदी में कूदकर अपनी जान दे दूं। अलका न जाने मुझे छोड़ कहां चली गयी। मैं उसे कहां से और कैसे वापिस लाऊं, कुछ समझ में नहीं आता। यवन सम्राट सिकन्दर से दोस्ती करके मैं पछता रहा हूं।....अब मैं क्या करूं? अब जीने से कोई फायदा नहीं है। मैं नदी में कूदकर या फिर अपनी इसी तलवार से अपना गला काटकर अपनी जान दे देता हूं वर्ना प्रेम में नाकामयाबी और देशद्रोहिता या गद्दारी का कलंक लेकर मैं जी नहीं पाऊंगा!"

ऐसा सोचते हुए जैसे ही राजा पर्वतेश्वर तलवार से अपना गला काटने को हुआ? आचार्य चाणक्य ने आकर उसका हाथ पकड़ लिया।

"अरे आचार्य आप?"—पर्वतेश्वर राजा ने हैरानी के साथ आचार्य से पूछा, "आप यहां इस समय?"

आचार्य चाणक्य, "हां मैं पौरवराज! छिः-छिः इतने बलशाली, वीर प्रतापी राजा को आत्महत्या करना क्या शोभा देता है?"

आचार्य चाणक्य के ऐसे सहानुभूतिपूर्ण वचन सुनकर राजा पर्वतेश्वर की आंखों में आंसू आ गए। वह कहने लगा, "आप सच कहते थे आचार्य! सिकन्दर हम भारतीय नरेशों को अपना दास या गुलाम समझने के अलावा और कुछ नहीं समझता। उसकी नजर में हमारी कोई इज्जत नहीं है, हमारा कोई स्वाभिमान नहीं है। अभी-अभी मैं उसकी फटकार खाकर आ रहा हूं। एक भारतीय राजा होकर मैं उस विदेशी हमलावर का बहादुरी से सामना न कर सका। मैंने उसके आगे अपने घुटने टेक उसकी मित्रता स्वीकार कर ली।....यह मेरे जीवन की सबसे बड़ी भूल थी। मैं अपने प्राण हरकर इस

महान भूल का प्रायश्चित करना चाहता था आचार्य, आपने मुझे क्यों रोक लिया?....मर जाने दीजिए मुझे। मैंने मलेच्छ यवन से दोस्ती करके अपने देश के साथ गद्दारी की है...."

आचार्य चाणक्य ने पर्वतेश्वर की तलवार उसे सौंपते हुए कहा, "इसे अपनी म्यान में रख लीजिए पौरव नरेश! इसका कौशल दिखाने का वक्त शीघ्र ही आने वाला है। क्षत्रियों की तलवारें शत्रुओं का वध करने के लिए म्यान से बाहर निकलती है, अपनी आत्महत्या अथवा कायरों की तरह आत्मघात करने के लिए नहीं।"

राजा पर्वतेश्वर ने आचार्य चाणक्य के सम्मुख अपने दोनों हाथ जोड़ते हुए पूछा, "मैं इस समय किंकर्त्तव्यविमूढ़ हो गया हूं आचार्य! कुछ समझ में नहीं आता है कि मैं क्या करूं? आप ही मुझे जीवन का सच्चा पथ दर्शाइये। बताइये कि मैं क्या करूं?....उस दिन आप मुझसे सहायता मांगने आए थे लेकिन मैंने आपकी मदद नहीं की। आपने कहा था कि यूनान नरेश सिकन्दर का एकमात्र उद्देश्य नरेशों को अपना दास या गुलाम बनाना है लेकिन मैंने आपकी बात पर ज्यादा ध्यान नहीं दिया। सिकन्दर के खिलाफ लड़ते-लड़ते मैं उससे मित्रता कर बैठा और यह मेरी जिन्दगी की सबसे बड़ी भूल थी। जिस पोरस का मस्तक सदैव अपनी मातृभूमि के गर्व और स्वाभिमान से तना रहा, अपने उसी मस्तक को मैं बहुत लज्जित, झुका हुआ महसूस कर रहा हूं। सच मानिए आचार्य, आज से पहले इतनी निराशा, इतनी आत्मग्लानि मैंने अपने भीतर कभी महसूस नहीं की है!....अब मुझे अपने जीवन से घृणा हो गयी है। आप चाहें तो मेरा राज्य मुझसे ले लें लेकिन मुझे इस आत्मग्लानि और पश्चाताप से मुक्ति दिला दें।"

आचार्य चाणक्य, "मैं तो एक ब्राह्मण हूं राजन! ब्राह्मण किसी का राज्य छीनना, पाना या राज्य का शासन करना नहीं जानते, हां वे राजाओं का नियमन करना और उन्हें सही राह पर चलाना अवश्य जानते हैं।

राजा पर्वतेश्वर, "चन्द्रगुप्त तो आपका प्रिय शिष्य है।....एक दिन आपने कहा था कि वह भारत का भावी सम्राट होगा।....तब आप मुझे मेरा राज्य चन्द्रगुप्त को सौंप लेने दीजिए। मुझे विश्वास है कि वह मेरे राज्य की प्रजा के लिए मुझसे ज्यादा योग्य सम्राट साबित होगा।"

आचार्य चाणक्य, "चन्द्रगुप्त खुद मालवों का सेनापति बनकर स्कंधावार में मलेच्छ सेना का मुकाबला करने की पूरी तैयारी कर चुका है पर्वतेश्वर! इस समय उसे तुम्हारा राज्य नहीं बल्कि तुम्हारी सेना का सहयोग चाहिए ताकि वह यवन हमलावर सिकन्दर और उसकी सेना को भारत की सीमाओं से दूर खदेड़ सके।....पौरवराज, मैंने संकल्प लिया है कि मैं अत्याचारी नन्दों का अन्त करवाकर चन्द्रगुप्त को मगध का राजा बनाऊंगा। पहले मुझे अपनी वह प्रतिज्ञा पूरी कर लेने दो फिर तुम जो मुझे दोगे, दान समझकर सहर्ष स्वीकार कर लूंगा।"

आचार्य चाणक्य के बहुत समझाने पर राजा पर्वतेश्वर अपने पौरव राज्य वापिस लौट गया। उसने एक बड़ी सेना चन्द्रगुप्त की मदद के लिए शीघ्र ही स्कंधावार भेज दी। इस तरह पोरस (पर्वतेश्वर) की सेना जब मगध और मालव की सेना के साथ मिल गयी तो सिंहरण और चन्द्रगुप्त के पास यवन सम्राट सिकन्दर जैसी एक बड़ी सेना हो गयी।

सिकन्दर अपनी फौज लेकर रावी नदी पार करता हुआ मालव प्रदेश की राजधानी स्कंधावार की ओर आया। इधर से चन्द्रगुप्त और सिंहरण भी स्कंधावार से अपनी विशाल सेना लेकर युद्ध के मैदान की ओर चले। राजधानी स्कंधावार के निकट दोनों सेनाओं के बीच जमकर युद्ध हुआ। चूंकि सम्राट पर्वतेश्वर (पोरस) पहले सिकन्दर से मित्रता करने की वजह से सिकन्दर का विरोध या प्रतिरोध न करने के लिए प्रतिज्ञाबद्ध हो चुके थे इसलिए उन्होंने मालव प्रदेश की राजधानी स्कंधावार के निकट लड़े जाने वाले युद्ध में मालव सेना के पक्ष में प्रत्यक्ष रूप से भाग नहीं लिया लेकिन अपनी सेना को स्कंधावार पहुंचाकर आचार्य चाणक्य को दिया वचन अवश्य पूरा किया।

बारह

यवन सम्राट सिकन्दर और मालव सेना के नवनियुक्त सेनापति चन्द्रगुप्त मौर्य के निर्देशन में जो युद्ध लड़ा गया, वह बड़ा ही भीषण और घमासान हुआ। युद्ध में राजकुमार चन्द्रगुप्त बड़ी बहादुरी के साथ लड़े। यद्यपि सिकन्दर भी बड़ा लड़ाका था और चह भी खूब वीरता से युद्ध लड़ा लेकिन चन्द्रगुप्त और उनके सैनिकों के आगे यवन सैनिक ज्यादा समय टिक न सके। सेनापति चन्द्रगुप्त शत्रु सैनिकों को मारते-काटते हुए अपने योद्धाओं को बार-बार जोश दिला रहे थे, "वीरो! एक-एक दुश्मन को चुन-चुन कर मारो। इस रणभूमि से कोई भी मलेच्छ, जीवित बचकर न जाने पाए। इन्हें ऐसा सबक सिखा दो कि भविष्य में भारत भूमि की ओर फिर कभी आंख उठाने का साहस न करा सकें।"

दूसरी तरफ सिंहरण भी अपने दल के सैनिकों में उत्साह भरता रहा, "तुम्हें अपनी मातृभूमि भी सौंगध है वीरो! एक-एक दुश्मन का सफाया कर दो।"

सिंहरण और चन्द्रगुप्त के द्वारा जोश दिलाए जाने पर मालव, मगध और पौरव राज्य के सैनिक मिलकर दुश्मन सैनिकों को ठिकाने लगाने लगे। यूनान नरेश सिकन्दर ने जब भारतीय सैनिकों का रण कौशल देखा तो वह भौंचक्का रह गया। उसे लगा कि अब वह भारतीयों को युद्ध में नहीं हरा पाएगा। चन्द्रगुप्त और सिंहरण रणक्षेत्र में चट्टान की तरह खड़े थे। उन्हें भेदकर आगे निकल जाना किसी शत्रु सैनिक या सेनापति के वश की बात नहीं थी। फिलिप्स, आम्भीक और सेल्युकस आदि सभी योद्धा सिकन्दर के पक्ष में युद्ध के मैदान पर थे लेकिन मालव योद्धाओं का, सिंहरण और चन्द्रगुप्त का साहस देखकर सबके हाथ पैर फूल रहे थे।

चन्द्रगुप्त ने अवसर देखकर अपने धनुष से एक के बाद एक कई

बाण सिकन्दर के ऊपर छोड़े। सिकन्दर इन तीरों से घायल और लहूलुहान होकर कराहता हुआ चन्द्रगुप्त से कहने लगा, "ठीक है चन्द्रगुप्त! मैं अपनी पराजय स्वीकार करता हूं। अब लड़ाई रोक दो। हम लोग आज ही स्कंधावार से वापिस लौट जाएंगे। तुम विजयी हुए। मेरी ओर से विजय की बधाई स्वीकार करो चन्द्रगुप्त!"

जब सिकन्दर ने अपनी पराजय स्वीकार कर ली तो चन्द्रगुप्त ने अपने सैनिकों से यह कहते हुए युद्ध रुकवा दिया, "हम युद्ध जीत गए हैं। सम्राट सिकन्दर चाहते हैं कि अब व्यर्थ उनके सैनिकों का खून न बहाया जाए।"

युद्ध रुक गया। चन्द्रगुप्त प्रसन्न थे। उन्हें अभी भी इस बात पर विश्वास नहीं हो रहा था कि विश्वविजय का सपना लेकर अनेक देशों को जीतने वाला सिकन्दर इतनी जल्दी अपनी हार मान गया है।

सिकन्दर ने राजकुमार चन्द्रगुप्त को बधाई देते हुए कहा, "भारत का सम्राट बनने की मेरी तरफ से अग्रिम बधाई स्वीकार करो चन्द्रगुप्त! यदि मैं कुछ और समय भारत में रहता तो तुम्हें भारत का सम्राट बनते हुए अवश्य देखना चाहता। मुझे खेद है कि कुछ दिनों बाद जब तुम भारत के राजा बन जाओगे तो वह शुभ दिन देखने के लिए मैं भारत में न रहूंगा। मैं तब तक अपने देश लौट चुका होऊंगा। अच्छा, अब मुझे जाने की आज्ञा दो। तुमने और सिंहरण ने आज रण में बहुत कौशल दिखाया है। तुम दोनों वीरों के पराक्रम को सिकन्दर प्रणाम करता है। मैं जान चुका हूं कि भारत सचमुच वीरों की धरती है। कहां हैं तुम्हारे आचार्य चन्द्रगुप्त! मैं उस तेजस्वी तपस्वी को एक बार प्रणाम करना चाहता हूं...."

राजकुमार चन्द्रगुप्त ने सिकन्दर के पीछे आकर खड़े हो चुके आचार्य चाणक्य की ओर इशारा करते हुए कहा, "गुरुजी ये रहे यूनान नरेश! असल में ये ही इस विजय की बधाई के पात्र हैं...."

सिकन्दर ने आचार्य चाणक्य की ओर देख अपने दोनों हाथ जोड़ लिए फिर सिर झुकाते हुए कहा, "मेरा प्रणाम स्वीकार करें आचार्य!"

आचार्य चाणक्य ने अपना हाथ उठाकर सिकन्दर को अपना आशीर्वाद दिया। इसके बाद सिकन्दर अपनी सेना लेकर युद्धक्षेत्र से वापिस चला गया। वह हिरात, कन्धार, काबुल, पुरुषपुर और तक्षशिला होता हुआ पहले

झेलम नदी के तट तक, फिर रावी नदी तक आया था। इस बार उसने भारत से जाने का दूसरा मार्ग चुना और सिन्धु नदी के किनारे होता हुआ सोद्राय, आलोर, सिंदिमान और पत्तल की तरफ सेना लेकर गया। इसके बाद उसने अरब सागर के सहारे लासवेला और मेकरान का रास्ता चुना। अपने द्वारा जीते गए भारतीय प्रदेशों का अधिकारी उसने अपने सेनापति सेल्युकस को न बनाकर फिलिप्स को बनाया।

जब सिकन्दर अपनी सेना लेकर भारत से वापिस लौट गया तो मालव कुमार सिंहरण आचार्य चाणक्य से बोला, "गुरुजी, आज आपके द्वारा सोचे गए सबक पूरे हो गए हैं। हम सबने मिलकर युद्ध में सिकन्दर और उसकी सेना को परास्त कर दिया और सिकन्दर अपनी सेना लेकर अब भारत से वापिस लौट गया है। आज तो बहुत खुशी का दिन है आचार्य आप हम सबके साथ स्कंधावार चलें। वहां आज की रात विजय का उत्सव मनाया जाएगा।"

कुमार सिंहरण की बात सुनकर आचार्य चाणक्य थोड़ा मुस्कराए और कहने लगे–" मुझे शीघ्र ही पौरवराज पर्वतेश्वर के पास जाना है मालव कुमार!....बेशक! हमें यूनानियों पर विजय प्राप्त हुई है लेकिन हमारी यह विजय अन्तिम विजय नहीं है। यवनों को भारत से बाहर खदेड़ना मेरा एकमात्र लक्ष्य नहीं था। मेरा प्रथम लक्ष्य मगधवासियों को नन्द शासकों के अत्याचारों से मुक्ति दिलाकर चन्द्रगुप्त को मगध का शासक बनाना है। दूसरा लक्ष्य भारतीय क्षेत्रों से फिलिप्स के अधिकार को समाप्त कर उसे भारत से बाहर निकालना है और मेरा तीसरा लक्ष्य भारत के सभी राजाओं को इकट्ठा करके भारत को एक महाशक्ति के रूप में विकसित करना है। मैं भारत में एक अखण्ड महाशक्ति वाले चक्रवर्ती साम्राज्य की स्थापना करना चाहता हूं। ऐसी अखण्ड महाशक्ति के रूप में ही भारत विदेशी ताकतों के आक्रमण व षड्यन्त्रों के प्रभाव से बचा रह सकता है।"

जब आचार्य चाणक्य ऐसा कह रहे थे तभी वहां वृद्ध गान्धार नरेश आ गए और आचार्य से कहने लगे, "मेरी पुत्री अलका का विवाह होने तक आप कहीं नहीं जाएंगे आचार्य!"

"आपकी पुत्री का विवाह! किसके साथ गान्धार नरेश?"–आचार्य

चाणक्य ने विस्मित होते हुए पूछा।

वृद्ध गान्धार नरेश ने बताया, "मैं अपनी बेटी अलका का विवाह मालव कुमार सिंहरण के साथ करना चाहता हूं...."

आचार्य चाणक्य, "यह तो बहुत खुशी की बात है। आप शीघ्र विवाह का आयोजन कीजिए। वर वधू को आशीर्वाद देने तक मैं मालव में ही रुकूंगा।"

सिंहरण–तब तो हम मालवों को आपकी सेवा करने का सौभाग्य प्राप्त हो जाएगा आचार्य! मेरी भी यही इच्छा थी कि आप कुछ दिन और हमारे पास ठहरें। हमें अपने सत्संग और मार्गदर्शन का लाभ दें। ईश्वर ने मेरी प्रार्थना सुन ली!"

तभी सिकन्दर के सेनापति की पुत्री कार्नेलिया वहां आ गयी। वह सिकन्दर की सेना के साथ अपने यूनान देश लौटने वाली थी। उसे दुःख था कि सिकन्दर ने उसके पिता के बजाय फिलिप्स को विजित भारतीय प्रदेशों का क्षत्रप बनाया है। कार्नेलिया सोचती थी कि अगर मेरे पिता को भारतीय प्रदेशों का क्षेत्राधिकारी बना दिया गया होता तो मुझे भारत में रहने का तथा भारत की सभ्यता-संस्कृति के बारे में और करीब से जानने का अवसर मिल जाता।

मन ही मन कार्नेलिया चन्द्रगुप्त से प्रेम करती थी इसलिए वह चन्द्रगुप्त से मिलने आई थी। चन्द्रगुप्त की ओर देखती हुई वह कहने लगी, "मैं सेना के साथ अपने देश लौट रही हूं चन्द्रगुप्त इसलिए मैं तुमसे विदा लेने आई हूं। यह सुन्दर महान देश मुझे हमेशा याद आता रहेगा। अन्य देश मनुष्यों की जन्मभूमि है लेकिन भारत देश मानवता की जन्मभूमि है।....सच पूछो तो मुझे इस देश से अपनी जन्मभूमि जैसा ही प्रेम हो गया है...."

अभी कार्नेलिया चन्द्रगुप्त से इस प्रकार की बातें कर रही थी कि फिलिप्स यहां आ पहुंचा। उसे अपने गुप्तचरों से जैसे ही पता लगा कि कार्नेलिया चन्द्रगुप्त से मिलने उसके पास गयी है तो वह सीधा चन्द्रगुप्त के पास चला आया। जिस समय कार्नेलिया चन्द्रगुप्त से कह रही थी कि सम्राट सिकन्दर ने फिलिप्स को मेरे पिता की जगह भारतीय प्रदेशों का क्षत्रप बना दिया है, इस वजह से मुझे इस पावन देश में रहने का सौभाग्य प्राप्त नहीं हो पाएगा तो कार्नेलिया के ये शब्द फिलिप्स ने सुन लिए। वह कार्नेलिया

से बोला, "यदि तुम चाहो तो मुझसे विवाह करके भारत की महारानी बन सकती हो कार्नेलिया! तब तुम्हें भारत में रहने का सुअवसर प्राप्त हो जाएगा!"

फिलिप्स के मुख से शादी की बात सुनकर कार्नेलिया ने घृणा से मुंह फेर लिया।

फिलिप्स, "कार्नेलिया! मेरी बात सुनो!"

कार्नेलिया, "मुझे तुमसे कोई बात नहीं करनी है।"

फिलिप्स, "तुम्हें मुझसे बात करनी ही होगी...."

चन्द्रगुप्त ने जब देखा कि फिलिप्स, कार्नेलिया की इच्छा के विरुद्ध जबरन उससे बात करना चाहता है तो वे फिलिप्स को डांटने लगे, "इस देश में रहकर क्या तुम्हें अभी भी नारियों की इज्जत करना नहीं आया। फिलिप्स! नारी का आदर कैसे किया जाता है, क्या यह तुम्हें सिखाना पड़ेगा....?"

फिलिप्स, "तुम्हें मेरे मामले में टांग अड़ाने की जरूरत नहीं है चन्द्रगुप्त!"

फिलिप्स का यह जवाब सुनकर चन्द्रगुप्त आवेशपूर्वक अपनी तलवार निकालकर बोले, "मुंह संभालकर बात करो। अगर तुम्हें नारियों से बात करने का सलीका नहीं आता तो मेरी तलवार अभी तुम्हें वह सलीका सिखा देगी।"

राजकुमार चन्द्रगुप्त के ऐसे तीखे तेवर देख फिलिप्स घबरा गया और यह कहता हुआ अपने सैनिक लेकर चला गया, "मैं तुमसे युद्ध करने नहीं आया हूं चन्द्रगुप्त। मैं तो कार्नेलिया से मिलने आया था...."

फिलिप्स के जाने के बाद कार्नेलिया ने चन्द्रगुप्त से कहा, "अब मैं चलती हूं राजकुमार! यदि मेरे भाग्य ने साथ दिया तो मैं पुनः भारत लौटकर आऊंगी और इस पुण्यशाली भूमि के फिर से दर्शन करूंगी।....इस देश के लोग मुझे अपने जैसे ही लगाते हैं। बड़े भारी मन से मुझे यहां से जाना पड़ रहा है। क्या करूं, पिताजी की आज्ञा है। मैं अपना हृदय भारत में छोड़कर जा रही हूं...."

यह कहती हुई कार्नेलिया चली गयी। उसके भारत सम्बन्धी विचार

जानकर आचार्य चाणक्य बहुत प्रसन्न हुए।

इसके बाद ये सभी लोग मालव प्रदेश की राजधानी स्कंधावार में आ गए। वहां चन्द्रगुप्त भी चचेरी बहिन कल्याणी थी। अब वह भी अपने मगध सैनिकों को लेकर मगध लौट जाना चाहती थी अतः वह चन्द्रगुप्त से बोली, "अब मैं भी मगध लौट जाना चाहती हूं चन्द्रगुप्त! मालव प्रदेश से यवन सम्राट सिकन्दर को हरा कर मालव को विजयश्री दिलाकर मेरा कार्य पूरा हुआ।"

चन्द्रगुप्त, "जैसी तुम्हारी इच्छा कल्याणी! तुमने मालव सेना की सहायता करके मालव के ऊपर बड़ा उपकार किया है।....जब मैं मगध जीतने आऊंगा तो तुम पुनः वहां मेरी सहायता करना कल्याणी!"

कल्याणी, "ठीक है मेरे भाई!"

कल्याणी अपने मगध सैनिकों को लेकर मगध लौट गयी। अलका और सिंहरण के विवाह का कार्य समाप्त करके आचार्य चाणक्य ने राजकुमार चन्द्रगुप्त को अपने साथ लिया और एक दिन पौरवराज पर्वतेश्वर के दरबार में आए। पर्वतेश्वर ने उनका खूब आदर-सत्कार किया।

कुछ दिन पहले जब सिकन्दर द्वारा किए गए अपमान से दुःखी होकर राजा पर्वतेश्वर आत्महत्या करना चाहता था तो आचार्य चाणक्य ने उसे मरने से बचाया था। तब पर्वतेश्वर ने आचार्य को वचन दिया था कि आप जैसा कहेंगे मैं वैसा ही करूंगा।

जब राजा पर्वतेश्वर आचार्य चाणक्य और उनके शिष्य राजकुमार चन्द्रगुप्त का आदर-सत्कार कर चुका तो आचार्य चाणक्य पर्वतेश्वर से बोले, "राजन! आपको अपना वचन याद है?"

"हां आचार्य! मैं उसे भूला नहीं हूं। आप आज्ञा दीजिए, मुझे क्या करना है? मेरा पौरव राज्य, धन, वैभव, सेना, शक्ति संगठन सब कुछ आपका है। अगर मेरा जीवन मेरी शक्ति सामर्थ्य आपके कुछ काम आ सके तो मैं अपने आपको धन्य समझूंगा।"

आचार्य चाणक्य, "तो फिर ठीक है। राजकुमार चन्द्रगुप्त कुछ ही दिनों में मगध के लिए प्रस्थान करेंगे। उनकी मदद के लिए तुम्हारी सेना की आवश्यकता होगी।"

राजा पर्वतेश्वर, "मेरी सेना हमेशा राजकुमार चन्द्रगुप्त की रक्षा और

उनके विजय लक्ष्य को पूर्ण करने के लिए तैयार रहेगी आचार्य!"

आचार्य चाणक्य, "बहुत अच्छा पौरवराज! मुझे तुमसे यही उम्मीद थी। पहले चन्द्रगुप्त गुप्त भेष में मगध जाएंगे और वहां वस्तुस्थिति का पता लगाकर मगध की प्रजा अपने पक्ष में करेंगे। इसके बाद युद्ध का, नन्द शासकों के विनाश का दिन निश्चित किया जाएगा। उस समय तुम अपनी सेना के साथ चन्द्रगुप्त की मदद के लिए तैयार रहना। कुमार सिंहरण भी अपनी मालव सेना के साथ चन्द्रगुप्त की मदद के लिए तैयार रहेंगे। इस तरह हमारी सम्मिलित सेना नन्दों की सेना को हराकर मगध पर अधिकार कर लेगी। नन्दों को समूल नष्ट कर दिया जाएगा और राजकुमार चन्द्रगुप्त का राज्याभिषेक कर दिया जाएगा।"

राजा पर्वतेश्वर, "यह तो आपकी बहुत सुन्दर योजना है आचार्य! नन्दों के अत्याचारों से मगध की जनता को हमेशा-हमेशा के लिए मुक्ति मिल जाएगी!"

पोरस अर्थात् राजा पर्वतेश्वर अभी ऐसा कह ही रहे थे कि तभी उनके दरबार में राजा फिलिप्स का एक दूत आया।

राजा पर्वतेश्वर को प्रणाम करके दूत कहने लगा, "महाराज! मैं राजा फिलिप्स एक दूत हूं और राजकुमार चन्द्रगुप्त के लिए एक सन्देश लेकर आया हूं...."

"राजकुमार चन्द्रगुप्त इस समय दरबार में ही बैठे हैं, कहो उनके लिए क्या सन्देश है?" पोरस (पर्वतेश्वर) राजा ने पूछा।

दूत, "हमारे महाराज फिलिप्स ने राजकुमार चन्द्रगुप्त को द्वन्द्वयुद्ध के लिए आमन्त्रित किया है। उन्होंने कहा है कि अगर कुमार चन्द्रगुप्त को अपनी भुजाओं पर भरोसा है तो वे शीघ्र हमारे पास द्वन्द्वयुद्ध के लिए चले आएं। यदि हम युद्ध हार गए तो हमेशा के लिए भारत से चले जाएंगे...."

"भारत से तो तुझे जाना ही होगा दुष्ट यवन!"–राजकुमार चन्द्रगुप्त गुस्से से अपने दांत पीसते हुए सोचने लगे। प्रकट रूप से उन्होंने पर्वतेश्वर से कहा, "मैं फिलिप्स के द्वन्द्वयुद्ध के निमन्त्रण को स्वीकार करता हूं महाराज!"

आचार्य चाणक्य, "शाबाश चन्द्रगुप्त!"

राजा पर्वतेश्वर–तो फिर ठीक है दूत! तुम फिलिप्स से जाकर कहो कि राजकुमार शीघ्र ही उनके पास द्वन्द्वयुद्ध के लिए आएंगे।"

फिलिप्स, "जो आज्ञा महाराज मैं चलता हूं। आज्ञा दीजिए!"

इतना कह फिलिप्स का दूत राजा पर्वतेश्वर को पुनः प्रणाम करता हुआ दरबार से चला गया। आचार्य चाणक्य अचानक गहरे सोच में डूब गए। पर्वतेश्वर ने उनसे पूछा, "आप किस सोच में डूब गए आचार्य कुछ कहिए?"

आचार्य चाणक्य बताने लगे, "महाराज! निकट भविष्य में मालव, मगध और पौरव की सेनाओं की सम्मिलित शक्ति की आवश्यकता पड़ेंगी...."

राजा पोरस (पर्वतेश्वर), "वह किसलिए आचार्य?"

आचार्य चाणक्य, "सिकन्दर बहुत महत्त्वाकांक्षी सम्राट है। यहां से हार खाकर वह चुप नहीं बैठेगा तथा बड़ी सेना का संगठन करके भारत के ऊपर बड़ा आक्रमण करने का प्रयत्न करेगा। हमें उसके आक्रमण को निष्प्रभावी बनाकर, एक बार फिर से उसे युद्ध में हराकर कड़ा सबक सिखाना है।"

राजा पर्वतेश्वर, "मेरी समस्त सेना आपकी सेवा में हाजिर है आचार्य!"

आचार्य, "हां तुम्हारी सेना और सिंहरण की मालव सेना–ये दोनों बड़ी सेनाएं तो हमारे पास हैं लेकिन मगध की सेना को और अपने वश में करना है। नन्दों का अन्त करके जब हम मगध को जीत लेंगे और मगध पर चन्द्रगुप्त का शासन हो जाएगा तो मगध की सेना भी हमारे अधिकार में रहेगी। तब तीनों सेनाएं मिलकर सिकन्दर की यवन सेना का सफलतापूर्वक मुकाबला कर पाएंगी। अगर सिकन्दर के मन में भारत विजय की कोई कसर रह गयी हो तो मैं चाहूंगा कि वह फिर से भारत आकर हमारी सेनाओं से युद्ध करे और इस बार हम उसको और भी बुरी, और भी कड़ी, ऐसी शिकस्त दें कि वह यवन सम्राट अपने जीते जी फिर कभी भारत पर हमला करने के बारे में सोच भी न सके।"

इतना कहकर आचार्य चाणक्य ने गहरी निःश्वास छोड़ी और दरबार में शान्ति और सन्नाटा छाया रहा। राजकुमार चन्द्रगुप्त ने उस चुप्पी को

तोड़ते हुए आचार्य चाणक्य से निवेदन किया....” फिलिप्स ने मुझे द्वन्द्वयुद्ध के लिए ललकारा है गुरुजी! मुझे उसके पास जाने की आज्ञा दीजिए। मैं अपना घोड़ा लेकर उसके महल में जाता हूं और उसे द्वन्द्वयुद्ध में हराकर आज ही उसका काम तमाम करके आता हूं।”

यह कहते हुए राजकुमार चन्द्रगुप्त अपने गुरु आचार्य चाणक्य के सम्मुख हाथ जोड़ते हुए नम्रतापूर्वक उठे तो आचार्य उन्हें समझाने लगे, “हां तुम्हें फिलिप्स के पास द्वन्द्वयुद्ध के लिए पहुंचना है लेकिन इस वेश में नहीं। तुम्हें भेष बदलकर फिलिप्स के महल में जाना होगा। अपने घोड़े के साथ-साथ कुछ शिकारी कुत्तों को भी ले जाना होगा....”

“शिकारी कुत्ते! वह किसलिए आचार्य?”–चन्द्रगुप्त हैरानी के साथ पूछने लगे। आचार्य चाणक्य ने उन्हें अपनी योजना बताते हुए कहा, “यह फिलिप्स बड़ा ही धूर्त, चालाक, कपटी और षड्यन्त्रकारी है चन्द्रगुप्त! मुझे तो लगता है कि वह तुम्हें अपने रास्ते का रोड़ा या कांटा समझ रास्ते से हटाना चाहता है। द्वन्द्वयुद्ध के बहाने तुम्हें अपने पास बुलाकर तुम्हें मार डालने की एक चाल हो सकती है। चाल का जवाब तुम्हें चाल से ही देना है। तुम शिकारी कुत्ते साथ ले राजा पर्वतेश्वर के दूत बनकर उसके महल में जाना और महल के द्वारपालों से कहना कि मुझे पोरस राजा ने भेजा है। उन्होंने कुछ शिकारी कुत्ते महाराज फिलिप्स की सेवा में भेंट के तौर पर भेजे हैं और वे खुद भी जल्दी ही महाराज फिलिप्स से मिलने के लिए यहां आने वाले हैं।....इस झूठे बहाने से तुम्हें फिलिप्स तक निष्कंटक पहुंचने का अवसर मिल जाएगा और जब वह अहंकारी यवन राजा फिलिप्स तुम्हारे सामने हो तो तुम उसे अपना असली परिचय देकर द्वन्द्वयुद्ध के लिए ललकारते हुए उसका काम तमाम कर डालना।”

चन्द्रगुप्त, “मैं ऐसा ही करूंगा गुरुजी!”

आचार्य चाणक्य, “तो फिर ठीक है तुम अभी यात्रा पर जाने की तैयारी करना शुरू कर दो!”

आचार्य चाणक्य के आदेश से चन्द्रगुप्त का वेश बदला गया। उन्हें राजा पर्वतेश्वर के एक दूत के रूप में सजाया गया। हम घोड़ा तथा पांच शिकारी कुत्ते उन्हें दिए गए। इस गुप्तवेश में चन्द्रगुप्त अपने घोड़े पर बैठ

कुत्तों को पीछे दौड़ाते हुए राजा फिलिप्स की अधीनता वाले राज्य की ओर निकल गए।

जब छद्मवेश में चन्द्रगुप्त शिकारी कुत्तों के साथ फिलिप्स के महल के दरवाजे पर पहुंचे तो उन्होंने द्वारपालों से कहा, "मैं पौरव राज्य से आया हूं तथा सम्राट पर्वतेश्वर का दूत हूं। हमारे महाराज ने सम्राट फिलिप्स की सेवा में अपने कुछ शिकारी कुत्ते भेजे हैं। यह हमारे महाराज की ओर से सम्राट फिलिप्स को तुच्छ भेंट है। हमारे महाराज शीघ्र ही सम्राट फिलिप्स से भेंट करने आएंगे।....मुझे सम्राट फिलिप्स के पास ले चलिए!"

फिलिप्स के महल के रक्षक सैनिक राजकुमार चन्द्रगुप्त को फिलिप्स के महल के अन्दर ले गए तथा फिलिप्स के पास उन्हें छोड़ आए। राजा पर्वतेश्वर द्वारा भेजे गए शिकारी कुत्तों को देखकर फिलिप्स प्रसन्न हो उठा तथा चन्द्रगुप्त से बोला, "पर्वतेश्वर ने कुत्ते सचमुच शेर जैसे भेजे हैं। हमें उसकी यह शानदार भेंट स्वीकार्य है दूत!"

"तो फिर आइये, हमारे तुम्हारे द्वन्द्वयुद्ध की परीक्षा हो जाए महाराज!"—राजकुमार चन्द्रगुप्त ने जब मुस्कराते हुए ऐसा कहा तो फिलिप्स उन्हें ध्यानपूर्वक देखता पहचानने की कोशिश करता हुआ बोला, "कौन हो तुम?....चन्द्रगुप्त तुम हो! इस भेष में?"

चन्द्रगुप्त, "हां मैं हूं। अब बातों में समय न गंवाओ फिलिप्स! तुमने मुझे द्वन्द्वयुद्ध के लिए ललकारा है। आओ, फिर से युद्ध करो!"

इसके बाद चन्द्रगुप्त और फिलिप्स अपनी-अपनी तलवार लेकर आपस में भिड़ गए। यद्यपि फिलिप्स तलवारबाजी में निपुण था लेकिन चन्द्रगुप्त की वीरता के आगे वह हार गया। चन्द्रगुप्त ने अपनी तलवार के एक ही वार में उसका सिर धड़ से अलग कर दिया। इसके बाद वह अपनी तलवार को म्यान में डालकर महल से बाहर आया। महल के रक्षकों ने उससे पूछा, "तुम्हारे शिकारी कुत्ते हमारे महाराज को पसन्द आए?"

राजकुमार चन्द्रगुप्त, "हां, वे उन्हें देखकर बहुत खुश हुए हैं और हमारे महाराज पर्वतेश्वर जी को धन्यवाद कहा है...."

इतना कहकर चन्द्रगुप्त तेज कदमों से चले गए। कुछ ही दूरी पर पेड़ से बंधा अपना घोड़ा खोला और सरपट पौरव राज्य की ओर दौड़ चले।

तेरह

जिस समय कल्याणी मगध के बागी सैनिकों को लेकर राजा पर्वतेश्वर की सहायता के लिए पौरव राज्य गयी थी, उसी समय उसके पिता नन्दराज को उसकी विरोधी हरकतों के बारे में पता चल गया था। इससे पहले कि नन्दराज विद्रोही राजकुमारी कल्याणी और मगध के विद्रोही युवकों को पकड़ने के लिए अपने सैनिक भेजता, कल्याणी मगध की सीमा से दूर जा चुकी थी इसलिए नन्दराज ने सोचा कि जब कभी विद्रोही राजकुमारी और विद्रोही सैनिक वापिस मगध लौटेंगे तो उन सबको बन्दी बनाकर कड़ा सबक सिखाऊंगा। अब जब यवन सम्राट सिकन्दर को युद्ध में हराकर कल्याणी और उसके सैनिक स्कंधावार से अपने मगध राज्य, पाटलिपुत्र राजधानी लौटे आए तो नन्द ने इन सबको बन्दी बनाकर कारागाह में डाल दिया। विद्रोही युवकों को कारागृह में बड़ी यातना दी जाने लगी। राजकुमारी कल्याणी को कारागार में नहीं डाला जा सकता था, क्योंकि वह राजा नन्द की पुत्री थी इसलिए उसे राजकीय उपवन में नजरबन्द कर दिया गया तथा उसके पाटलिपुत्र नगर से बाहर जाने आने पर पाबन्दी लगा दी गयी। नन्दराज ने अपनी इस पुत्री पर राजद्रोह का आरोप लगाया था। नन्दराज का सोचना था कि मगध की स्त्रियों को राजनैतिक मामले में, शासन-प्रशासन और सैनिक मामलों में हस्तक्षेप नहीं करना चाहिए।

राजकुमारी कल्याणी अपने ही राजोद्यान में न केवल बन्दी थी बल्कि नन्दराज ने उस पर निगरानी रखने के लिए उसके चारों ओर कई सैनिक तैनात कर दिए थे। नन्दराज को मालूम हो गया था कि उसकी पुत्री कल्याणी मगध के राजकुमार चन्द्रगुप्त से और उसके गुरु आचार्य चाणक्य से मिली हुई है। इन दोनों पुरुषों को नन्दराज अपना दुश्मन समझता था

तथा न किसी के मुख से उनका नाम सुनना चाहता था और न चन्द्रगुप्त व चाणक्य की शक्ल सूरत देखना चाहता था। नन्दराज को यह भी पता चल गया था कि राजकुमारी कल्याणी ने पौरव और सिकन्दर की सेना के बीच हुए युद्ध में चन्द्रगुप्त और मालव कुमार सिंहरण की मदद की है जिसके कारण सिकन्दर की हार हुई और उसे भारत छोड़कर जाना पड़ा।

इन सब बातों की वजह से मगध नरेश नन्दराज को अपनी सयानी बेटी कल्याणी पर बहुत क्रोध आता था। उसने कल्याणी के चारों तरफ पहरा देने वाले सैनिकों को खास हुक्म दे रखा था कि कल्याणी राजकीय उपवन से कहीं भागने न पाए।

लेकिन जो सैनिक राजकीय उद्यान में कल्याणी के चारों तरफ पहरा देते थे उनमें कुछ सैनिक ऐसे भी थे जो नन्दराज की कुटिल नीतियों के कारण इससे दुःखी थे।

एक दिन कल्याणी राजकुमारी अपने राजोद्यान में उदास हुई बैठी थी तथा मगध एवं भारत राष्ट्र के राजनैतिक हालातों पर विचार कर रही थी कि अचानक उसने दो सैनिकों को अपनी ओर आते देखा। ये सैनिक मगध सैनिकों की तरह पोषाकें पहने हुए थे तथा कमर से अस्त्र-शस्त्र बांधे हुए थे। राजकुमारी का पहरा दे रहे सैनिकों को इन्हें देखकर आश्चर्य तो हुआ लेकिन उन्होंने सोचा कि शायद महाराज नन्दराज ने इनको राजकुमारी पर अधिक मजबूती के साथ निगाह रखने के लिए यहां भेजा हो। इसी कारण मगध सैनिकों ने इन नवागंतुक सैनिकों से किसी प्रकार की पूछताछ नहीं की।

असल में ये सैनिक कोई और नहीं बल्कि राजा पर्वतेश्वर एवं आचार्य चाणक्य ही थे। कल्याणी ने आचार्य चाणक्य को तो उनके उन्नत ललाट तथा आंखों के तेज से पहचान लिया लेकिन राजा पर्वतेश्वर को न वह पहचान पाई। आचार्य चाणक्य ने कल्याणी को बताया कि मेरे साथ आया यह सैनिक कोई और नहीं बल्कि राजा पर्वतेश्वर ही हैं। राजकुमारी कल्याणी ने दोनों को आदरपूर्वक प्रणाम किया।

आचार्य चाणक्य ने कल्याणी से मगध के राजनीतिक हालातों पर चर्चा की तथा चन्द्रगुप्त के लिए कल्याणी से सैनिक सहायता मांगी।

कल्याणी ने आचार्य से कहा कि मेरे पास मगध के दस हजार विद्रोही सैनिक हैं। आप जब चाहेंगे, जहां चाहेंगे, ये बहादुर सैनिक राजकुमार चन्द्रगुप्त के पास पहुंच जाएंगे तथा मगध के भावी सम्राट चन्द्रगुप्त के लिए अपने प्राणों की बाजी लगा देंगे।

कल्याणी से सैनिक मदद का आश्वासन पाकर राजा पर्वतेश्वर और आचार्य चाणक्य चुपचाप राजकीय उद्यान से बाहर आ गए।

आचार्य चाणक्य को पता था कि मगध राजा के ऊपर कहीं पर एक रहस्यमय हिरण्यगुफा है। इस गुफा में बहुमूल्य हीरे-मोती छिपे हुए हैं। आचार्य सोचते थे कि वे हीरे-मोती किसी तरह हमें प्राप्त हो जाएं तो हम नन्द शासकों के खिलाफ तथा सिकन्दर जैसे विदेशी हमलावरों के खिलाफ एक विशाल सेना का निर्माण कर सकते हैं। लेकिन आचार्य ने यह भी सुन रखा था कि कोई भी सामान्य आदमी उस गुफा तक नहीं पहुंच सकता। जो भी आदमी उस गुफा का वैभव लूटने गुफा में गया, गुफा से फिर कभी जीवित लौटकर वापिस नहीं आया है। उस गुफा में भूलभूलैया है। जो भी उसमें जाता है, हमेशा के लिए उस भूलभुलैया में ही फंसकर रह जाता है। एक बार गुफा के भीतर पहुंचने के बाद आदमी को गुफा से बाहर जाने का मार्ग मिल ही नहीं पाता है। लेकिन गुफा को किसी भी हालत में मगध के अन्दर तलाशना ही होगा तभी हमें अपने लक्ष्यों में कामयाबी मिल पाएगी। तभी हमारे सारे मनोरथ सफल हो पाएंगे।

आचार्य चाणक्य को स्वर्ण वैभव से भरी हुई हिरण्य गुफा का मगध में पता लगाना था तथा उस गुफा से स्वर्ण आदि प्राप्त करना था। इसके लिए इनका कुछ समय मगध में रहना आवश्यक था। उन्होंने एक महात्मा का वेश धारण किया और राजा नन्द के राजकीय उद्यान के पास ही एक कुटिया बनाकर रहने लगे। राजा पर्वतेश्वर भी उनके शिष्य के वेश में उनके साथ रहने लगे।

राजकुमारी कल्याणी को राजोद्यान में राजसी वेशभूषा में देखकर राजा पर्वतेश्वर कल्याणी की ओर आकर्षित हो गये। उनके मन में कल्याणी से विवाह करने की इच्छा उत्पन्न हुई। एक दिन वे राजकुमारी कल्याणी से मिलने राजकीय उद्यान में आए। प्रायः आचार्य चाणक्य उन्हें साथ लेकर

राजोद्यान में कल्याणी को उपदेश देने आते थे लेकिन आज जब कल्याणी ने पर्वतेश्वर को अकेले उद्यान में आया देखा तो वह पर्वतेश्वर से पूछने लगी, "अरे महाराज, आज आप अकेले आए हैं? आचार्य श्री आपके साथ नहीं आए?

पोरस (पर्वतेश्वर) राजा कहने लगे, "हां, मैं आज तुम्हारे पास अकेला आया हूं। एक जरूरी बात तुमसे कहनी है कल्याणी...."

कल्याणी, "कहिए पौरवराज!"

पौरव नरेश बताने लगे, "तुम्हारे पिता ने पहले मुझसे कहा था कि अगर मैं उनकी पुत्री अर्थात् तुम्हारे साथ विवाह कर लूं तो वे अपना आधा राज्य मुझे दे देंगे...."

कल्याणी, "अच्छा! लेकिन पिताजी ने यह बात मुझे तो कभी नहीं बताई है?"

पर्वतेश्वर, "उन्हें शायद राजकार्यों में व्यस्त रहने के कारण याद न रहा हो लेकिन मैं तुमसे सत्य कहता हूं कि उन्होंने ऐसा मुझसे कहा था।"

कल्याणी, "कहा होगा। लेकिन मैं क्या करूं? तुम्हारी पिताजी से पहले क्या बात हुई थी, मैं नहीं जानती। हां इतना मैंने जरूर सुना है कि पौरवराज पर्वतेश्वर कभी झूठ नहीं बोलते। सच की रक्षा के लिए अपने प्रण के पालन के लिए वे अपने प्राण भी न्यौछावर कर सकते हैं।"

कुछ क्षण ठहरकर कल्याणी ने राजा पोरस (पर्वतेश्वर) से पूछा, "अब तुम क्या चाहते हो राजन?"

पर्वतेश्वर, "उस समय तो मैंने तुम्हारे पिता की बात पर ध्यान नहीं दिया था और विवाह की बात टाल दी थी क्योंकि मैंने तुम्हें कभी देखा ही नहीं था। मुझे पता नहीं था कि नन्दराज की पुत्री इतनी सुन्दर है।....अब मैं तुमसे विवाह करना चाहता हूं कल्याणी!"

"मुझसे विवाह करना चाहते हो तुम?"—इतना कहते हुए राजकुमारी सोच, चिन्ता, हैरानी और परेशानी में पड़ गयी। दरअसल अपने हृदय में उसने अपने चचेरे भाई चन्द्रगुप्त की छवि बसा रखी थी और वह चन्द्रगुप्त से शादी करने की इच्छा अपने मन में पाले हुए थी। यद्यपि पौरवराज पर्वतेश्वर चन्द्रगुप्त मौर्य की तरह ही राष्ट्रभक्त तथा वीर भारतीय योद्धा

था। लेकिन कल्याणी के हृदय में उसके लिए आदर का स्थान था, प्रेम के लिए नहीं। प्रेम तो वह मन ही मन चन्द्रगुप्त से ही करती थी। चन्द्रगुप्त भले ही उसका चचेरा भाई था और मगध का समाज चन्द्रगुप्त-कल्याणी के वैवाहिक सम्बन्ध को इजाजत नहीं देने वाला था परन्तु कल्याणी को न समाज की, न धर्म की चिन्ता थी।

कल्याणी ने सोचा कि मुझे चन्द्रगुप्त से प्रेम है तथा मैं उसी से विवाह करूंगी, यह बात मुझे राजा पर्वतेश्वर को बतानी होगी। पर्वतेश्वर भारत का वीर प्रतापी सम्राट है आखिर उसे भी तो पता होना चाहिए कि मैं उससे क्यों विवाह नहीं कर सकती?

ऐसा सोचते हुए राजकुमारी कल्याणी ने पौरवराज पोरस अर्थात् पर्वतेश्वर से निःसंकोच-निर्भय होकर कहा, "मैं तुमसे विवाह नहीं कर सकती पर्वतेश्वर, क्योंकि मैं किसी और को चाहती हूं। मैं राजकुमार चन्द्रगुप्त को चाहती हूं और मैं उसी के साथ विवाह करूंगी।"

चन्द्रगुप्त से राजकुमारी कल्याणी के विवाह की बात सुनकर पर्वतेश्वर आश्चर्य में पड़ गया। कहने लगा, "यह कैसे हो सकता है? चन्द्रगुप्त तो रिश्ते में तुम्हारा भाई लगता है?"

कल्याणी, "हां वह मेरा चचेरा भाई तो है राजन लेकिन मैं क्या करूं? मैं बचपन से ही उससे प्रेम करती आई हूं। हम दोनों इस राजमहल में साथ-साथ खेल-कूदकर बड़े हुए हैं। आज नहीं, काफी समय पूर्व मैंने राजकुमार चन्द्रगुप्त को अपना जीवन-साथी बनाने का फैसला कर लिया था....। अब मैं विवाह करूंगी तो उसी से करूंगी वर्ना जिन्दगीभर कुंवारी रहूंगी...."

पर्वतेश्वर, "यह कैसा पागलपन है कल्याणी! राजकुमार से विवाह करने के लिए तुम समाज की, धर्म की सारी मर्यादाएं लांघ दोगी?....आचार्य चाणक्य तुम्हें इस विवाह के लिए कभी अनुमति नहीं देंगे।"

पर्वतेश्वर की इस बात के उत्तर में कल्याणी चुप रही। कल्याणी के मन की अभिलाषा जानकर राजा पर्वतेश्वर को दुःख हुआ। उसकी सारी आशाओं पर पानी फिर गया। पहले वह गान्धार राजकुमारी अलका से विवाह करना चाहता था लेकिन अलका का विवाह सिंहरण के साथ हो

गया। अब उसके दिल में राजकुमारी कल्याणी के प्रति प्रेम जागा था लेकिन कल्याणी चन्द्रगुप्त से प्रेम करती थी।

राजकुमारी कल्याणी चन्द्रगुप्त से विवाह करने के लिए प्रतिज्ञाबद्ध है, यह जानकर राजा पर्वतेश्वर को बहुत दुःख हुआ। अब उसे मगध में एक-एक पल रहना अखर रहा था इसलिए वह उदास मन से चुपचाप कल्याणी के पास से उठकर चला गया। आचार्य चाणक्य को अपने राज्य के अधूरे कार्य पूर्ण करने तथा सेना की व्यवस्था करने का बहाना बनाया और उनसे जाने की अनुमति मांगी। आचार्य चाणक्य उसके मन की दशा देखकर सब कुछ समझ गए इसलिए उन्होंने पर्वतेश्वर को अपने पौरव राज्य वापिस जाने से न रोका। वैसे भी आचार्य चाणक्य को पर्वतेश्वर से सैनिक सहायता प्राप्त होने की पूरी उम्मीद बंधी हुई थी इसलिए वे पौरव नरेश के मन को कुरेदकर उन्हें और ज्यादा दुःखी नहीं करना चाहते थे।

चौदह

आचार्य चाणक्य को पर्वतीय पौरव प्रदेश के राजा पर्वतेश्वर से सहायता की बहुत उम्मीद थी। पर्वतेश्वर ने आचार्य से वायदा किया था कि वह सैनिक सहायता देकर चन्द्रगुप्त के मगध-विजय अभियान को सफल बनाने में अपनी पूरी कोशिश करेगा लेकिन कुछ दिन बीत जाने के पश्चात् एक दिन आचार्य को इस बात की सूचना मिली कि राजा पर्वतेश्वर का निधन हो गया है। कुछ लोगों का कहना था कि पर्वतेश्वर ने अपने जीवन से तंग आकर नदी में कूदकर आत्महत्या कर ली है जब कि कुछ लोगों का मानना था कि पर्वतेश्वर किसी बड़े षड्यन्त्र का शिकार हुआ है।

राजा पर्वतेश्वर की मृत्यु की खबर सुनकर आचार्य चाणक्य को दुःख तो हुआ लेकिन वे निराश नहीं हुए। उन्होंने अपने शिष्य चन्द्रगुप्त को अपने पास बुलाकर कहा, "चन्द्रगुप्त! अब हमें सभी पहाड़ी राजाओं को संगठित करके नन्द शासकों के खिलाफ उन्हें हथियार बनाना होगा। उनके मन में नन्द राजाओं के प्रति घृणा, ईर्ष्या, शत्रुता की भावनाएं भरकर मगध पर चढ़ाई करने के लिए उन्हें राजी करना होगा...."

चन्द्रगुप्त ने शंका प्रकट की, "लेकिन नन्दों का मगध तो बहुत विशाल राज्य है गुरुजी! सारे पहाड़ी राजा इन दुष्ट नन्दों से मन ही मन घबराते भी हैं। वे भला नन्दों के खिलाफ युद्ध छेड़ने के लिए क्यों तैयार होंगे?"

आचार्य चाणक्य, "हम उनके मन में प्रलोभन, लालच और महत्त्वाकांक्षा भर देंगे चन्द्रगुप्त! तुम एक-एक करके इन पहाड़ी राजाओं को मेरे पास लेकर आओ, फिर देखो, उनको मैं कैसे अपने वश में करता हूं।....सबसे पहले तुम आम्भिराज को मेरे पास लेकर आओ, इसके बाद मलयकेतु राजा और पर्वतेश्वर के भतीजे लघु पौरवराज को क्रमशः यहां लेकर आना।....

ध्यान रहे, इन पहाड़ी राजाओं को इस आश्रम में एक साथ लेकर नहीं आना है वर्ना उन्हें हमारी योजना का पता पड़ जाएगा। जब मैं एक पहाड़ी राजा को अपनी बात समझा लूं तब तुम उसे वापिस उसके राज्य छोड़ने जाना, इसके बाद दूसरे पहाड़ी राजा को मेरे पास लेकर आना। ठीक है?"

राजकुमार चन्द्रगुप्त, "ठीक है गुरुजी, आपकी जैसी आज्ञा।"

उस समय आचार्य चाणक्य के पास तथा उनके शिष्य चन्द्रगुप्त के पास न तो नन्द शासकों से लड़ने के लिए शक्ति थी और न पर्याप्त साधन थे। पहाड़ी राजाओं की मदद के बिना आचार्य चाणक्य स्वयं को अपने लक्ष्य में कामयाब अथवा सफल हुआ नहीं देखते थे लेकिन भारत के पहाड़ी राजा आपस में प्रतिद्वन्द्विता और ईर्ष्या रखते थे। हरेक राजा स्वयं को दूसरों से ज्यादा श्रेष्ठ और महान समझता था। आचार्य चाणक्य जानते थे कि जब इन राजाओं के अहम और महत्त्वाकांक्षा का पोषण किया जाएगा तो यह हमारी योजनानुसार कार्य करने के लिए राजी हो जाएंगे।

आचार्य चाणक्य के पास पहाड़ी राजाओं को प्रलोभन देने के लिए तीन मुख्य चीजें थीं। पहली चीज थी विशाल मगध राज्य का शासन, दूसरी विशेष चीज थी—मगध की हीरे-मोतियों के भण्डार वाली हिरण्य स्वर्ण गुफा का अधिकार और तीसरी चीज पौरव राज्य को अपने अधिकार में लेना था।

मगध की तरह पौरव भी उत्तरी भारत का, पर्वतीय प्रदेश का एक बड़ा राज्य था और राजा पर्वतेश्वर के बाद वह राज्य अनाथ-सा हो गया था। यद्यपि लघु पौरवराज आदि पर्वतेश्वर के भतीजे पौरव का शासन संभाल रहे थे लेकिन भारत के कई पहाड़ी राजाओं की नजर इस राज्य की ओर लगी हुई थी।

सबसे पहले राजकुमार चन्द्रगुप्त आम्भिराज के पास गए और राजा से निवेदन किया कि हमारे आचार्य जी ने आपको याद किया है। वे आपसे मगध और पौरव राज्य के बारे में कुछ जरूरी बातें करना चाहते हैं। आम्भिराज शीघ्र ही आचार्य चाणक्य के पास चलने को तैयार हो गया। आचार्य चाणक्य ने मगध की सीमा के बाहर अपने एक नए आश्रम का निर्माण करवा लिया था। उन्हें डर था कि मगध के राजकीय उद्यान के पास वाली कुटिया में मैं खुलकर पहाड़ी राजाओं से वार्तालाप नहीं कर पाऊंगा। वहां तो नन्द के सैनिकों एवं गुप्तचरों का खतरा बना ही रहता है।

यदि आचार्य चाणक्य मगध की सीमा के बाहर कुटिया अथवा आश्रम बनाकर न रहने लगते तो आचार्य चाणक्य के लिए चन्द्रगुप्त को पहाड़ी राजाओं के पास भेजना तथा पर्वतीय नरेश से खुलकर वार्तालाप करना असम्भव हो जाता। मगध की सीमा के बाहर नवस्थापित आश्रम में क्रमशः पहाड़ी राजाओं का आगमन होने लगा। सबसे पहले राजकुमार चन्द्रगुप्त आम्भि प्रदेश के शासक 'आम्भिराज' को वहां लेकर आए। आम्भिराज ने पहले ही तक्षशिला के आचार्य रह चुके आचार्य चाणक्य की प्रशंसा सुन रखी थी। राजकुमार चन्द्रगुप्त ने मालव सेना का सेनापति बनकर सिकन्दर और उसकी सेना को युद्ध में परास्त कर दिया था–इस बात को भी आम्भिराज जानता था इसलिए वह आचार्य चाणक्य के पास आने के लिए चन्द्रगुप्त के निमन्त्रण को अस्वीकार न कर सका।

आम्भिराज ने आचार्य चाणक्य के आश्रम में दाखिल होकर आचार्य को प्रणाम किया। आचार्य चाणक्य ने अपने दोनों हाथ उठाकर आम्भिराज को 'यशस्वी भव' का वरदान दिया। इसके बाद वे राजा से कहने लगे, "राजा फिलिप्स की मृत्यु हो चुकी है। सिकन्दर भी अब इस दुनिया में नहीं है। पौरव नरेश पर्वतेश्वर ने भी इस दुनिया से विदा ले ली है।....इधर नन्दों ने मगध में आतंक मचा रखा है। मगध की प्रजा उनके अन्याय और अत्याचारों से दुःखी है।"

आचार्य चाणक्य की बात सुनकर राजा आम्भिराज चुप रहा। आचार्य ने उसे प्रलोभन में फंसाते हुए आगे कहना शुरू किया, "आम्भिराज! आप एक वीर प्रतापी पर्वतीय राजा हैं। आप चाहें तो मगध का सिंहासन प्राप्त कर सकते हैं और पौरव का राज्य भी आपका हो सकता है...."

आम्भिराज, "सचमुच! क्या ऐसा हो सकता है आचार्य?"

आचार्य चाणक्य, "हां राजन! इस पृथ्वी पर वीरों के लिए कुछ भी असम्भव नहीं है। अत्याचारी नन्द मगध के शासक बनने योग्य नहीं है। यदि तुम हमारी मदद करो, हमारे शिष्य चन्द्रगुप्त को सैन्य-सहायता दो तो हम मगध पर हमला करके उसका राजा तुम्हें बना सकते हैं। यदि एक बार तुम शक्तिशाली मगध साम्राज्य के शासक बन गए तो, पौरव राज्य को प्राप्त करना और फिलिप्स के राज्यों पर अधिकार करना तुम्हारे लिए कोई कठिन या असम्भव बात नहीं रह जाएगी।....इसके अलावा मगध राज्य की एक

और बहुमूल्य चीज तुमको प्राप्त होगी?"

आम्भिराज, "वह क्या चीज आचार्य?"

आचार्य चाणक्य, "स्वर्ण की बनी हुई हिरण्य गुफा आम्भिराज...."

आम्भिराज, "हां मैंने भी उस गुफा के बारे में सुना है।....क्या सचमुच ऐसी कोई बेशकीमती हीरे-मोती और स्वर्ण से भरी हुई रहस्यमय गुफा मगध के अन्दर है?"

आचार्य चाणक्य, "अवश्य है आम्भिराज! जब तुम्हारा मगध पर शसन हो जाएगा तो उस रहस्यमय गुफा पर भी तुम्हारा अधिकार होगा।"

आम्भिराज, "तो फिर ठीक है, आप जैसा कहेंगे, मैं वैसा ही करूंगा।"

आचार्य चाणक्य, "तुम अपनी सेना का संगठन करके उसे भावी युद्ध, 'मगध युद्ध' के लिए तैयार करो आम्भिराज! मेरे शिष्य चन्द्रगुप्त ने जिस तरह मालव प्रदेश से सिकन्दर की विशाल सेना वाहिनियों को खदेड़ कर सिकन्दर के भय तथा आतंक को इस राष्ट्र में हमेशा-हमेशा के लिए खत्म किया था, वैसे ही तुम्हें चन्द्रगुप्त के साथ मिलकर मगध से नन्दों के भय और आतंक को हमेशा-हमेशा के लिए समाप्त कर देना है।"

आम्भिराज, "ठीक है, मैं आपके कहे अनुसार अपनी सेना को नए सिरे से संगठित करके उसे मजबूत बनाता हूं।"

इसके बाद आम्भिराज आचार्य से विदा ले अपने सैनिकों के साथ वापिस अपने राज्य की ओर लौट गया। आम्भिराज के चले जाने के बाद चन्द्रगुप्त मलयकेतु नामक दूसरे पहाड़ी राजा को आचार्य चाणक्य के पास लाए। आचार्य ने उसे भी राज्य, धन, शक्ति और सामर्थ्य का प्रलोभन दिया और कहा कि तुम मगध का शासक बनने के सर्वथा योग्य हो। तुम चाहो तो दिवंगत पर्वतेश्वर का पौरव राज्य भी तुम्हारा हो सकता है तथा मगध की हिरण्य गुफा की अपार स्वर्ण सम्पदा के तुम स्वामी बन सकते हो। इसके लिए तुम्हें अपनी सेना को भावी युद्ध के लिए तैयार करना पड़ेगा। जल्दी ही हम पूरे जोर-शोर और ताकत के साथ मगध पर आक्रमण करेंगे।

आम्भिराज की तरह मलयकेतु भी एक वीर, महत्त्वाकांक्षी पर्वतीय राजा था। वह भी आचार्य चाणक्य की बातों से सहमत होकर कहने लगा, "ठीक है, मैं मगध की चढ़ाई के समय अपनी पूरी फौज के साथ राजकुमार

चन्द्रगुप्त की मदद के लिए तैयार रहूंगा।"

लघु पौरवराज पौरव प्रदेश के दिवंगत राजा पर्वतेश्वर (पोरस) का भतीजा था। पर्वतेश्वर के देहान्त के बाद अब वही पौरव राज्य का शासन संभाल रहा था तथा भारत के बाकी पहाड़ी राजाओं की तरह महत्त्वाकांक्षी था। आचार्य चाणक्य ने चन्द्रगुप्त के जरिए उसे भी अपने पास बुलाया और पौरवराज से कहने लगे, "पौरव नरेश पर्वतेश्वर के निधन के बाद अब तुम्हीं उनके राज्य के एकमात्र उत्तराधिकारी हो। पौरव राज्य के तो तुम स्वामी हो ही लेकिन मैं चाहता हूं कि मगध के भी तुम राजा बनो!"

"क्या ऐसा हो सकता है आचार्य?" लघु पौरवराज हैरानी के साथ पूछने लगा। इस पर आचार्य चाणक्य सहज रूप से मुस्कराते हुए समझाने लगे, "हो क्यों नहीं सकता महाराज! वीरों के लिए इस संसार में कुछ भी होना सम्भव है। तुम्हें पता नहीं है कि मगध में एक हिरण्य गुफा है। उस गुफा के अन्दर अपार स्वर्ण सम्पदा तथा बहुमूल्य हीरे-मोती भरे हुए हैं। मैं चाहता हूं कि तुम राजकुमार चन्द्रगुप्त के साथ मगध के खिलाफ युद्ध में शामिल हो अत्याचारी नन्दों को हरा दो। मगध जैसे विशाल साम्राज्य के शासक बन जाने के बाद तुम इस पृथ्वी के सबसे बड़े राजा कहलाओगे!"

लघु पौरवराज, "तो फिर आप जैसा कहेंगे, मैं वैसा ही करूंगा। मेरे चाचा पर्वतेश्वर की मृत्यु का कारण नन्दराज और उसकी पुत्री कल्याणी है। मैं नवनन्दों को युद्ध में परास्त करके अपने चाचा की मृत्यु का बदला लूंगा आचार्य!"

आचार्य चाणक्य, "इस महान कार्य में मेरा आशीर्वाद, तुम्हारे साथ रहेगा राजन!"

उसके बाद आचार्य चाणक्य ने एक-एक करके उत्तरी भारत के और भी कई पहाड़ी राजा अपने पास बुलाए तथा सभी को कुछ न कुछ प्रलोभन देकर अपने पक्ष में कर लिया। सभी से कहा गया कि हम उत्तरी भारत के प्रमुख राजाओं को संगठित करके एक विशाल सेना का निर्माण कर रहे हैं। आप उस सेना का हिस्सा बनने में खुद को गौरवांवित कीजिए। अगर किस्मत ने साथ दिया और नवनन्दों का अन्त हो गया तो आप ही मगध के अगले सम्राट होंगे। मगध साम्राज्य का शासक बन जाने से भारत के अन्य छोटे-मोटे राज्यों के नरेश अपने आप ही आपकी अधीनता स्वकार कर लेंगे।

पन्द्रह

आचार्य चाणक्य ने आम्भिराज, मलयकेतु तथा लघु पौरवराज आदि बड़े पहाड़ी राजाओं को मगध का शासक बनने का प्रलोभन दिया था जबकि छोटे राजाओं से कहा गया था कि आप नन्दों के खिलाफ शुरू किए जा रहे युद्ध अभियान में सम्मिलित सेना का हिस्सा बनें। जो राजा जितनी सेना या शक्ति से हमारी मदद करेगा, हम मगध के विशाल साम्राज्य में उतना ही ज्यादा भू-भाग उसे पुरस्कार के रूप में दे देंगे। इसके अलावा मगध की हिरण्य गुफा से ढेर सारा स्वर्ण तथा बहुमूल्य हीरे-मोती निकालकर उस राजा को इनाम के रूप में दे दिए जाएंगे।

इस प्रकार आचार्य चाणक्य ने उत्तरी भारत के लगभग सभी पर्वतीय राजाओं को अपने पास बुलाकर उन्हें मगध के विरुद्ध सैन्य अभियान में भाग लेने के लिए राजी कर लिया था। पर्वतीय प्रदेशों के शासकों के अलावा जो राजा शेष रहे थे, उनकी सैन्य सहायता प्राप्त करने के लिए आचार्य चाणक्य ने उन राजाओं के पास इस प्रकार का लिखित सन्देश भिजवाया, "....पर्वतीय प्रदेशों के प्रायः सभी राजाओं की सहायता से हमने नन्द शासकों अथवा नवनन्दों के खिलाफ एक बड़ी सेना तैयार कर ली है। यह विशाल सेना शीघ्र मगध पर हमला करने के लिए मगध की ओर कूच करेगी। इस सेना के जरिए मगध में अत्याचारपूर्ण राज्य कर रहे नन्दों का अन्त होगा तथा वहां एक स्वर्ण युग, नवीन युग की शुरुआत होगी। उस नए युग में मगध की प्रजा चैन की, शान्ति की सांस ले सकेगी।....मगध विजय के बाद हमें हिरण्य गुफा की अपार स्वर्ण सम्पदा तथा हीरे-जवाहरात हमको प्राप्त होंगे। जो राजा हमारे सैनिक अभियान का हिस्सा नहीं बनेगा, उसे हिरण्य गुफा का हिस्सा नहीं दिया जाएगा। अगर कोई राजा हमारे युद्ध

अभियान के दौरान सैन्य अभियान में भाग लेने वाले किसी राजा के प्रदेश पर आक्रमण करेगा तो हमारी सम्मिलित सैन्य मगध अभियान के बाद उसे मजा चखाएगी। ऐसे राजा का अंग-अंग काटकर फेंक दिया जाएगा।"

उत्तरी भारत के पहाड़ी इलाकों के सब राजाओं के पास जब यह सन्देश पहुंचा तो वे आचार्य चाणक्य के मगध अभियान का हिस्सा बनने के लिए तैयार हो गए। सबने सोचा कि आचार्य चाणक्य इस समय भारत के सर्वाधिक प्रभावशाली व्यक्ति हैं। उनके शिष्य चन्द्रगुप्त और सिंहरण ने मालव युद्ध में सिकन्दर को परास्त कर दिया था। मगध से अत्याचारी नन्दों के शासन का तो अन्त होना ही चाहिए। अगर हम आचार्य के अभियान का हिस्सा बनेंगे तो हो सकता है हमें सचमुच हिरण्य गुफा की सम्पदा तथा मगध में भू-भाग प्राप्त हो जाए अथवा हमारी बहादुरी से प्रसन्न होकर आचार्य हमें मगध का सम्राट बना दें इसलिए प्रायः सभी राजाओं ने अपने-अपने स्वीकृति पत्र आचार्य चाणक्य के पास भेज दिए तथा सम्मिलित सेना के जमावड़े के लिए आचार्य चाणक्य ने जो स्थान अथवा विशाल मैदान तय किया था, उसी मैदान में सभी राजा अपनी-अपनी सेना पहुंचाने लगे। सेनाओं के साथ राजा खुद भी मैदान में आ डटे। जब सब राजा सेना सहित मैदान में आ चुके तो आचार्य चाणक्य ने मगध के सेनापति पुष्पगुप्त को अपने पास बुलाया। पुष्पगुप्त मगध छोड़कर आचार्य चाणक्य के पास चला आया था। वह नन्दों से गुस्सा था तथा नन्दों का नाश चाहता था। उसके विद्रोही तेवरों को देखकर पहाड़ी राजा लोग शीघ्र ही चन्द्रगुप्त की सेना का हिस्सा बनने के लिए तैयार हो गए थे।

आचार्य चाणक्य ने पुष्पगुप्त से पूछा, "सेनापति! क्या तुम मुझे हिरण्य गुफा के बारे में कुछ बता सकते हो?"

पुष्पगुप्त, "आचार्य! वह एक ऐसी रहस्यमय गुफा है, जिसमें व्यक्ति एक बार चला जाता है तो वह फिर गुफा से जीवित वापिस आ नहीं पाता। नन्दराज अपने जीवित रहते किसी को उस गुफा पर अधिकार नहीं करने देगा। लेकिन यदि आप चाहें तो उस गुफा पर अधिकार कर सकते हैं। अगर वह गुफा हाथ लग गयी तो आप इन सभी राजाओं को स्वर्ण एवं हीरे-जवाहरातों से मालामाल कर सकते हैं।"

सेनापति पुष्पगुप्त की बात सुनकर सभी पहाड़ी नरेशों एवं अन्य राजाओं के मन में आचार्य चाणक्य की बात से पक्का विश्वास हो गया कि अगर हमें कुछ पाना है तो इस अभियान को हमें सफल बनाना ही होगा।

जब मैदान में सभी भारतीय नरेशों की विशाल फौज अपने राजा और सेनानायकों के साथ उपस्थित थीं तो आचार्य चाणक्य सबको सम्बोधित करते हुए ओसस्वी स्वर में कहने लगे, "आदरणीय नरेशो! केवल हाथियों की पंक्ति खड़ी कर देने से हम युद्ध नहीं जीत सकते। इसके लिए सर्वप्रथम हमें मगध के विशाल भू-प्रदेशों को पार करना होगा। जरूरी है कि हम सभी संगठित होकर आगे बढ़ें। हमारे बीच आपस में न तो किसी प्रकार की फूट होनी चाहिए और न किसी तरह का झगड़ा, तनाव और मनमुटाव होना चाहिए। आप सब मेरी बात से सहमत हैं?"

"हम आपकी बात से सहमत हैं आचार्य! हम सब मगध को जीतकर ही लौटेंगे।"—सभी पर्वतीय राजाओं एवं अन्य नरेशों ने एक स्वर में उत्तर दिया। मैदान में सभी तरफ से सेनाएं तो आकर इकट्ठा हो गयी थीं लेकिन सेना को नेतृत्व कौन देगा अथवा सेनापति कौन बनेगा—यह सवाल सबके मन मस्तिष्क में था। पहाड़ी राजाओं में मलयकेतु, आम्भिराज और लघु पौरवराज—ये तीन ही राजा बड़े थे। कुछ पहाड़ी राजा चाहते थे कि राजा मलयकेतु सेना का नेतृत्व प्रदान करें। जबकि कुछ राजा आम्भिराज को सेनापति बनाना चाहते थे। तब आचार्य चाणक्य ने कहा कि आम्भिराज और मलयकेतु दोनों राजा मिलकर हमारी सम्मिलित सेना का नेतृत्व संभालेंगे।

पहाड़ी राजाओं में आम्भिराज और मलयकेतु का बड़ा प्रभाव था। ये दोनों अपने-अपने विशाल पहाड़ी राज्यों के सम्राट थे तथा पराक्रमी योद्धा थे। इनको अपनी सेना के नायक के रूप में पाकर सब राजाओं को प्रसन्नता हुई। तत्पश्चात् आचार्य चाणक्य ने घोषणा की, "कल हमारी सम्मिलित सेना मगध के लिए प्रस्थान करेगी।"

उस दिन शाम को सभी राजाओं एवं सैनिकों ने उसी मैदान में भोजन आदि ग्रहण किया। आचार्य चाणक्य ने सैनिकों के लिए मैदान में ही अस्थायी तम्बू तनवा दिए थे तथा भोजन आदि की भी व्यवस्था कर दी थी अतः जब रात हो गयी तो सभी सैनिक अपने-अपने तम्बू डेरे में आराम

करने चले गए। मैदान कई कोस लम्बा-चौड़ा था और मैदान में तम्बू डेरों को देखकर ऐसा लगता था मानो वहां कोई नगर बस गया हो। तक्षशिला में राजाओं की एक खास बैठक होनी थी इसलिए सभी राजा शाम को भोजन आदि से निबटकर तक्षशिला नगर की ओर चले गए।

आचार्य चाणक्य का आश्रम इस मैदान के करीब ही था। रात को वे मैदान में अपने शिविर के बाहर टहलते हुए सोचने लगे, "मुझे इस युद्ध में मगध के सेनापति पुष्प की प्रतिक्षा का उपयोग करना होगा। कल मुझे भी अपना आश्रम बन्द करके इन राजाओं के साथ मगध की राजधानी पाटलिपुत्र के लिए प्रस्थान करना होगा। एक बार हमने मगध जीत लिया तो फिर वहां से इधर की ओर लौटना न होगा।....लेकिन मगध के महामन्त्री राक्षस की ओर से मुझे बहुत चिन्ता हो रही है। वह बहुत चालाक, होशियार तथा नीतिनिपुण व्यक्ति है। उसने अपने राजा नन्दराज के लिए हिरण्य गुफा को इस तरह बनाया है कि कोई जीवित व्यक्ति न तो गुफा के अन्दर जा सकता है और न गुफा से बाहर निकल सकता है।....मुझे याद है उस राक्षस ने मगध के बुद्धिमान महामन्त्री शकटार को जीवित ही गुफा के अन्दर दफना दिया था। विषकन्या का निर्माण भी महामन्त्री राक्षस ने किया था। महामन्त्री राक्षस के कारण ही मगध राज्य आज इतना शक्तिशाली बना हुआ है।.... कूटनीति में राक्षस मुझसे ही ज्यादा निपुण है। मैंने बड़ी मेहनत से पहाड़ी राजाओं का यह संगठन तैयार किया लेकिन महामन्त्री राक्षस कोई चाल या षड्यन्त्र खेलकर इस संगठन को छिन्न-भिन्न कर सकता है अतः अपने इस सैन्य संगठन की रक्षा के लिए मुझे हर समय तैयार रहना होगा।....अगर मेरा यह संगठन बिखर गया तो मैं कहीं का नहीं रहूंगा। मैं फिर से एकदम अकेला पड़ जाऊंगा।"

इस प्रकार की चिताएं आचार्य चाणक्य के मन-मस्तिष्क को परेशान कर रही थीं।

जिस मैदान में आचार्य चाणक्य ने पहाड़ी राजाओं की सम्मिलित सेना को इकट्ठा किया था, वह भू-भाग तक्षशिला राज्य के अन्तर्गत आता था। तक्षशिला को अपने अधिकार में करके सिकन्दर ने अपने विश्वासपात्र यवन क्षत्रप फिलिप्स को वहां का शासक बना दिया था। फिलिप्स की हत्या

करके वीर चन्द्रगुप्त ने तक्षशिला पर अपना अधिकार किया तथा आर्षसेन नामक पहाड़ी राजा को तक्षशिला का अस्थाई शासक बना दिया था।

सैनिकों के शिविरों से अलग तक्षशिला के महल के पास पहाड़ी राजाओं के शिविरि लगाए गए थे। इन्हीं शिविरों में पर्वतीय राजा मलयकेतु का शिविर भी था।

रात के समय आचार्य चाणक्य ने सैनिकों के शिविर में टहलते हुए राजा मलयकेतु के शिविर की ओर प्रस्थान किया। जब मलयकेतु के द्वारपालों ने मलयकेतु को बताया कि आचार्य चाणक्य आपसे मिलने आए हैं तो मलयकेतु अपने बिस्तर से उठकर आचार्य को लेने गया तथा आचार्य को प्रणाम कर उन्हें अपने कक्ष में ले आया।

"आपने इतनी रात में यहां आने का कष्ट कैसे किया आचार्य! अपना दूत भेजकर मुझे अपने पास बुलवा लिया होता। मैं आ जाता...." –राजा मलयकेतु नम्रतापूर्वक आचार्य चाणक्य से कहने लगा, "कोई खास बात बतानी थी मुझे?"

"हां राजन!"–आचार्य चाणक्य बोले, "मैं मगध के महामन्त्री राक्षस को लेकर अचानक बहुत चिन्तित हो उठा हूं...."

राजा मलयकेतु, "क्यों, महामन्त्री राक्षस ने कुछ किया है क्या?"

आचार्य चाणक्य, "नहीं, अभी तो उसने कुछ किया नहीं है लेकिन वह बड़ा ही चतुर, बुद्धिमान और कूटनीतिज्ञ है। मुझे डर है कि वह हमारे पहाड़ी राजाओं के संगठन को तोड़ने के लिए कोई चाल न चल दे...."

"आपको ऐसा क्यों लग रहा है आचार्य?"

"अभी मैंने सैनिक शिविर के अन्दर एक स्त्री एवं पुरुष को संदिग्ध हालत में घूमते हुए देखा था।....मुझे तो लगता है कि राक्षस ने उन्हें यहां किसी षड्यन्त्र के तहत भेजा होगा...."

"आपने उन दोनों का पीछा नहीं किया?"

"हां पीछा किया था लेकिन अन्धेरे में दोनों अचानक न जाने कहां गायब हो गए। अन्धेरे के कारण मैं उनके चेहरे भी न देख सका...."

"तो आप सैनिकों को आवाज लगाकर उन्हें पकड़वा लेते!"

"हां, यही मैंने गलती की। मैंने सोचा था कि मैं खुद उनको पकड़

कर दबोच लूंगा लेकिन कमबख्त अन्धेरे का फायदा उठाकर कहां गायब हो गए....”

“चलिए छोड़िए!....मगध का महामन्त्री राक्षस षड्यन्त्रकारी है। वह जरूर हमारे संगठन को तोड़ने की कोई गहरी चाल चल सकता है....। वह कब कौन-सी चाल चलने वाला है, इस चाल का पहले से कोई पता नहीं लग पाता है....”

“तभी तो मैं महामन्त्री राक्षस की ओर से चिन्तित हूं राजन!....मैं चाहता हूं कि मुझे उसकी योजनाओं का पता लगे....”

“लेकिन ऐसा भला कैसे हो सकता है....”

“हां, ऐसा होना सम्भव है। यदि तुम मेरा साथ दो तो....”

“मैं आपकी सेवा-सहायता के लिए हर समय प्रस्तुत हूं आचार्य! आप बस आदेश दीजिए मुझे....”

अपनी योजना के क्रियान्वयन के लिए राजा मालयकेतु की सहमति पाकर आचार्य चाणक्य मन ही मन प्रसन्न हुए और मलयकेतु से कहने लगे, “इसके लिए मैंने एक योजना बनाई है महाराज!”

राजा मलयकेतु—कहिए आचार्य क्या योजना है आपकी?”

आचार्य चाणक्य, “इस योजना में मुझे तुम्हारी, मगध के पूर्व सेनापति पुष्पगुप्त तथा उसकी धर्मपत्नी शृंगार देवी की जरूरत पड़ेगी। पहले तुम मेरी योजना को समझ लो, बाद में मैं पुष्पगुप्त तथा शृंगार देवी को भी अपनी योजना समझा दूंगा। तुम्हें मेरी योजना अगर अच्छी लगे तो अपनी सहमति देना। इसके बाद मैं उन दोनों से भी योजना के क्रियान्वयन के लिए सहमति प्राप्त कर लूंगा!”

“अच्छी बात है, आप योजना बताइये....”

“देखो राजन! पुष्पगुप्त मगध का सेनापति रह चुका है। आज वह हमारे पक्ष में है। अगर किसी तरह हम पुष्पगुप्त और उसकी पत्नी को वापिस मगध भेज दें, वे दोनों राजधानी पाटलिपुत्र में नन्द और चाणक्य के करीब रहने लगें तो उन दोनों की बातों, षड्यन्त्रों, क्रियाकलापों की सूचनाएं गुप्त रूप से हम तक पहुंचाते रहेंगे। इससे हमें पता चलता रहेगा कि नवनन्द और महामन्त्री राक्षस हमारे खिलाफ कौन-सी चाल खेलने वाले हैं....”

"लेकिन सेनापति पुष्पगुप्त तो विद्रोही बनकर मगध से निकला है। उसे नन्दराज और महामन्त्री राक्षस भला कैसे अपने राज्य में घुसने देंगे....?"

"इसके लिए भी मेरे पास एक योजना है महाराज...."

"वह कैसी योजना आचार्य?"

राजा मलयकेतु के इस प्रकार पूछने पर आचार्य चाणक्य उसे बताने लगे, "मैं पुष्पगुप्त को इस बात के लिए तैयार करूंगा कि वह तक्षशिला के शिविर मैदान में पहाड़ी राजाओं तथा तुम्हारे सम्मुख इस बात की झूठी खबर फैला दे कि तुमने पौरव नरेश पर्वतेश्वर की हत्या की थी।"

राजा मलयकेतु, "लेकिन पर्वतेश्वर की हत्या मैंने कहां की है आचार्य, उसे तो मैं अपना गहरा दोस्त मानता था?....मैं भगवान की सौगन्ध खाकर कहता हूं कि पोरस (पर्वतेश्वर) की हत्या में मेरा कुछ भी हाथ नहीं है...."

आचार्य चाणक्य, "हां, मैं इस बात को जानता हूं कि राजा पोरस (पर्वतेश्वर) की हत्या तुमने नहीं की है लेकिन पुष्पगुप्त इसी झूठी खबर को यहां फैलाएगा...."

राजा मलयकेतु, "उससे क्या होगा?"

आचार्य चाणक्य, "यह झूठी खबर सुनकर तुम पुष्पगुप्त पर खूब आगबबूला होना तथा उसे पकड़ने, सजा देने के लिए उसके पीछे भागना। पुष्पगुप्त और उसकी पत्नी श्रृंगार देवी तुमसे बचने के लिए अपने सैनिकों के साथ मगध की ओर भागेंगे तथा राजधानी पाटलिपुत्र में घुसने का प्रयास करेंगे।"

"फिर?"

"मगध का महामन्त्री राक्षस उन दोनों को पकड़ लेगा। पुष्पगुप्त महामन्त्री से और नन्दराज से अपनी भूल की क्षमा मांगता हुआ पश्चाताप करेगा तथा नन्दराज के महल में शरण लेगा। चूंकि पुष्पगुप्त कई सालों तक मगध का वफादार सेनापति रहा है इसलिए राक्षस और नन्दराज अन्ततः उसे क्षमा करके दोनों पति-पत्नी को अपनी सेवा में रख लेंगे। इसके बाद वे दोनों हमारे गुप्तचरों के जरिए राक्षस के षड्यन्त्रों की खबरें हम तक पहुंचाते रहेंगे। राक्षस के शातिर दिमाग की चालें कामयाब होने से पहले ही उनका तोड़ा निकाल लिया जाएगा।....यही है मेरी योजना। पुष्पगुप्त से मालूम

करके सही समय पर मगध पर आक्रमण कर दिया जाएगा।....आई मेरी योजना समझ में?"

मलयकेतु ने अपनी गर्दन हिलाते हुए चिन्तित स्वर में कहा, "राक्षस की चालों से अवगत होने की आपकी योजना तो अच्छी है आचार्य लेकिन जब पहाड़ी राजा लोगों को यह पता चलेगा कि पौरवराज पर्वतेश्वर की हत्या मलयकेतु ने की है तो वे मुझे बहुत धिक्कारेंगे और ये सब राजा मेरे विरोधी, दुश्मन बन जाएंगे। पर्वतेश्वर (पोरस) के गुजर जाने के इतने दिनों बाद आज भी ये सब राजा पर्वतेश्वर का नाम बड़े आदर-सम्मान के साथ लेते हैं....।"

"तुम्हारा कहना सही है महाराज!...." आचार्य चाणक्य राजा मलयकेतु को समझाने लगे, "लेकिन एक बार मगध पर हमारा अधिकार हो जाए, राक्षस और नन्दों का अन्त हो जाए, इसके बाद मैं स्वयं इन सब राजाओं को अपने पास बुलाकर सब कुछ स्पष्ट रूप से समझा दूंगा। इनके मन की सारी भ्रान्तियां दूर कर दूंगा। जब पर्वतीय राजाओं को पता पड़ेगा कि पुष्पगुप्त को मगध में प्रवेश दिलाने के लिए तथा राक्षस की कूटनीतियों का पता लगाने के लिए ही तुम्हारे ऊपर पर्वतेश्वर राजा की हत्या का झूठा आरोप लगाया गया था तो सब राजा तुम्हें क्षमा कर देंगे तथा पहले की तरह तुम्हें आदर सम्मान देने लगेंगे।"

आचार्य चाणक्य की योजना की गहराई को समझते हुए राजा मलयकेतु ने इस योजना के क्रियान्वयन के लिए अपनी सहमति प्रदान की, "ठीक है आचार्य! मैं आपकी इस योजना में शामिल होने के लिए तैयार हूं।"

आचार्य चाणक्य, "जब पुष्पगुप्त राजा पर्वतेश्वर की हत्या की झूठी खबर फैलाए तो तुम सब राजाओं के सामने उस पर ऐसा क्रोध करना कि सबको तुम्हारा गुस्सा सच्चा प्रतीत हो। पुष्पगुप्त अपनी पत्नी और सैनिकों को लेकर मगध की राजधानी पाटलिपुत्र की ओर भागेगा। तब तुम उसका अपनी सेना के साथ पीछा करना। उसका पीछा करते-करते पाटलिपुत्र पहुंच जाना। मौका देखकर हमारी अन्य सेनाएं भी अलग-अलग रास्तों से होती हुई पाटलिपुत्र पहुंच जाएंगी तथा नगर को चारों ओर से घेर लेंगी, लेकिन

अपना काम समाप्त करके तुम्हें वापिस आकर हमारी सेना में मिल जाना है। फिर अवसर देखकर हमारी सेनाएं एक साथ चारों तरफ से पाटलिपुत्र पर हमला करेगी और नन्दराज की सेना को संभलने का मौका भी नहीं मिल पाएगा।"

अब तक पर्वतीयराज मलयकेतु को आचार्य चाणक्य की सारी योजना समझ में आ चुकी थी। उसने योजना के क्रियान्वयन के लिए अपनी तरफ से आचार्य को अपनी पूर्ण सहमति दे दी। तत्पश्चात् आचार्य चाणक्य ने जाते हुए मलयकेतु से कहा, "अब मैं सेनापति पुष्पगुप्त के शिविर में जाता हूं। आज ही रात उन दोनों पति-पत्नी को इस योजना के क्रियान्वयन के लिए मनाना होगा और कल सवेरा होते ही इस योजना पर अमल शुरू कर देना होगा। हमारे पास ज्यादा वक्त नहीं है।"

राजा मलयकेतु, "ठीक है, आप निश्चिन्त होकर जाइये आचार्य!"

आचार्य चाणक्य राजा मलयकेतु के शिविर से चलकर पुष्पगुप्त के शिविर में आए तथा पुष्पगुप्त को सोते हुए से उठाया। इसके बाद आचार्य ने पुष्पगुप्त और उसकी धर्मपत्नी शृंगार देवी को अपनी सारी योजना समझाई। दोनों आचार्य की योजना पर अमल करने को तैयार हो गए। पुष्पगुप्त के शिविर से बाहर निकलकर आचार्य चाणक्य अपने दूत निपुणक के पास आए और उससे कहा कि कल सुबह जब सारे पहाड़ी राजा अपनी-अपनी सेना के पास तक्षशिला के मैदान में आ जावें तो तुम भागते-दौड़ते, हांफते, सब राजाओं के सामने यह खबर मेरे पास आकर सुनाना कि पुष्पगुप्त को मैंने यह कहते सुना है कि राजा पर्वतेश्वर की हत्या राजा मलयकेतु ने की है।

निपुणक आचार्य के कहे अनुसार काम करने को तैयार हो गया। यदि आचार्य चाणक्य चाहते तो अपनी इस महत्त्वपूर्ण योजना को अपने शिष्य चन्द्रगुप्त को बताते लेकिन चन्द्रगुप्त को उन्होंने इस योजना के बारे में कुछ नहीं बताया। दरअसल आचार्य चाणक्य चाहते थे कि इस योजना के क्रियान्वयन के समय किसी की भी भाव मुद्रा या अभिनय बनावटी नहीं लगना चाहिए वर्ना यह योजना अपनी सफलता प्राप्त करने से पहले ही असफल हो सकती है। यदि पहाड़ी राजाओं को जरा भी पता चल गया कि

पर्वतेश्वर की हत्या की खबर झूठी है तो उनका हमारे ऊपर से भरोसा उठ जाएगा और उधर राक्षस को शक हो गया कि सेनापति पुष्पगुप्त को कूटनीति के तहत पाटलिपुत्र में भेजा गया है तो वह पुष्पगुप्त की हत्या भी कर सकता है। अगर मैंने चन्द्रगुप्त को यह योजना बताई तो उसके दिमाग में तरह-तरह के प्रश्न उठेंगे तथा उससे बनावटी अभिनय नहीं हो पाएगा। इस सबके परिणामस्वरूप हमारी यह योजना तो धूल, मिट्टी में मिलेगी ही लेकिन मगध पर विजय पाना भी असम्भव हो जाएगा।

अगले दिन प्रातःकाल नाश्ता-भोजन आदि करके जब सारे पहाड़ी राजा तक्षशिला के मैदान में आकर इकट्ठे हो गए और आचार्य चाणक्य भी अपने शिविर से बाहर आकर मलयकेतु, आम्भिराज तथा लघु पौरवराज आदि राजाओं से मगध की ओर प्रस्थान करने के विषय पर चर्चा करने लगे तो उनकी योजना के अनुसार उनका दूत निपुणक पुष्पगुप्त के शिविर की तरफ से निकलकर दौड़ता-हांफता आचार्य चाणक्य के पास आया और आचार्य से कहने लगा, "आचार्य! मैं अभी-अभी एक अद्‌भुत और रहस्यमय बात सेनापति पुष्पगुप्त के शिविर से सुनकर आ रहा हूं।"

"कैसी बात?"—आचार्य चाणक्य थोड़ा ऊंचे स्वर में पूछने लगे ताकि उनके पास खड़े पहाड़ी राजाओं का ध्यान उनकी ओर जाए।

निपुणक बताने लगा, "मुझे अभी-अभी सेनापति पुष्पगुप्त के दो सैनिक आपस में यह बात कहते हुए मिले कि राजा मलयकेतु ने सम्राट पर्वतेश्वर की हत्या की है।"

आर्चाय चाणक्य, "क्या कहा?"

राजा मलयकेतु की यह बात सुनकर क्रोधपूर्वक निपुणक से पूछने लगा, "यह खबर बिल्कुल झूठी है। कौन यह खबर फैला रहा है?"

निपुणक ने राजा मलयकेतु से कहा, "मुझे तो लगता है कि सेनापति पुष्पगुप्त ने ही अपने शिविर में यह बात प्रचारित की है।"

राजा मलयकेतु बनावटी क्रोध करता हुआ चीख-चीखकर कहने लगा, "यदि पुष्पगुप्त ने यह झूठी खबर फैला दी है तो मैं अभी जाकर उसे दण्ड देता हूं...."

इतना कहकर राजा मलयकेतु ने अपने सैनिकों को आदेश दिया,

"सैनिको! जाओ, सेनापति पुष्पगुप्त को पकड़कर गिरफ्तार कर लो। उसने यह झूठी खबर फैलाई है कि मैंने अपने मित्र पर्वतेश्वर को मारा है। जाओ!!"

राजा मलयकेतु के सैनिक सेनापति पुष्पगुप्त की शिविर की ओर दौड़े लेकिन उसी समय पुष्पगुप्त अपनी पत्नी और सैनिकों को साथ ले घोड़े पर सवार हो शिविर से बाहर भाग गया। जब मलयकेतु के सैनिकों ने निराश अपने राजा के पास लौटकर यह कहा कि 'सेनापति श्वेतकेतु अपने शिविर में नहीं है' तो यह बात सुनकर मलयकेतु और भी ज्यादा गुस्सा हुआ। उसने तुरन्त अपनी सेना के सम्मुख जाकर सेना को आदेश दिया, "सैनिको! मगध पर चढ़ाई करने से पहले हमें झूठे, धोखेबाज और मक्कार सेनापति पुष्पगुप्त को सबक सिखाना है। शायद वह भागकर वापिस मगध जाएगा इसलिए तुम सभी योद्धा मेरे साथ चलो। रास्ते में पुष्पगुप्त के सैनिकों से हमारी भिंडत हो सकती है। अगर वह महामन्त्री राक्षस अथवा नवनन्दों से शरण मागेगा तथा मगध में प्रवेश कर भी जाएगा तो भी हम मगध सैनिकों से लड़कर उसे यहां ले आएंगे तथा आचार्य चाणक्य एवं इन सभी राजाओं के सामने उसे कठोर दण्ड देंगे।"

इतना कहकर आचार्य चाणक्य से आज्ञा ले राजा मलयकेतु अपनी सेना लेकर सेनापति पुष्पगुप्त के पीछे-पीछे चल पड़ा। तक्षशिला के मैदान में इकट्ठा हुए पर्वतीय राजाओं को तो समझ में ही नहीं आ रहा था कि यह क्या हो रहा है। सम्मिलित सेना के मगध प्रस्थान करने से पूर्व यह नया नाटक कहां से खड़ा हो गया? मलयकेतु के चले जाने के बाद प्रायः सभी पहाड़ी राजा इस खबर को लेकर राजा मलयकेतु की निन्दा आलोचना करने लगे कि सम्राट पर्वतेश्वर की हत्या करके उसने अपने मित्र के साथ कितना बड़ा विश्वासघात किया है। कुछ राजा तो यह भी कहने लगे कि मलयकेतु की निगाह पहले से पौरव राज्य पर थी इसलिए पोरस (पर्वतेश्वर) को मारकर उसने स्वयं को पौरव राज्य का उत्तराधिकारी घोषित कर दिया है।

उस समय राजकुमार चन्द्रगुप्त भी आचार्य चाणक्य के पास खड़े थे। उन्हें भी यह नई खबर सुनकर राजा मलयकेतु पर बड़ा क्रोध आया और वे मलयकेतु को बुरा भला कहने लगे।

मलयकेतु और उसकी सेना के चले जाने के बाद आचार्य चाणक्य ने सभी पर्वतीय राजाओं से कहा, "जो कुछ होता है, भले के लिए होता है। अब आप सभी राजा अपनी-अपनी सेना को साथ लेकर मगध की ओर प्रस्थान करें। इस सम्मिलित सेना का प्रधान नेतृत्व राजकुमार चन्द्रगुप्त के हाथ में होगा।

आचार्य चाणक्य ने राजाओं से यह भी कहा कि हम मार्ग में विश्राम, पड़ाव करते हुए मगध की राजधानी तक्षशिला के पास पहुंचेंगे तथा तक्षशिला को चारों तरफ से घेर लेंगे। इसके बाद अनुकूल अवसर आते ही एक साथ तक्षशिला पर चारों ओर से हमला कर दिया जाएगा।

सभी पर्वतीय राजा आचार्य की बात से सहमत हो गए तथा अपनी-अपनी सेनाओं को योजनाबद्ध तरीके से आगे बढ़ने का आदेश देने लगे।

इधर सेनापति पुष्पगुप्त अपनी पत्नी एवं सैनिकों के साथ घोड़ा दौड़ाता हुआ जब घने जंगल में पहुंच गया तो वह जंगल में थका-हारा विश्राम करता हुआ राजा मलयकेतु के आने की प्रतीक्षा करने लगा। कुछ समय बाद मलयकेतु भी उस वन में आ गया। तब ये दोनों योद्धा मित्रों की तरह आपस में हंस-हंस कर बातें करने लगे। दोनों ने साथ-साथ भोजन आदि खाया। इसके बाद राजा मलयकेतु ने पुष्पगुप्त से कहा, "ठीक है पुष्पगुप्त! तुम अब अपनी सेना लेकर पाटलिपुत्र नगर की ओर प्रस्थान करो। मैं भी थोड़े अन्तराल पर अपनी सेना लेकर तुम्हारे पीछे-पीछे मगध राजधानी पाटलिपुत्र पहुंचता हूं।"

पुष्पगुप्त अपनी पत्नी शृंगार देवी तथा सैनिकों को लेकर पाटलिपुत्र नगर के करीब जा पहुंचा। इधर मगध के महामन्त्री राक्षस ने पाटलिपुत्र नगर की सीमा पर तैनात सैनिकों को हुक्म दे रखा था कि अगर कोई बिना इजाजत नगर के अन्दर घुसने का साहस करे तो उसे पकड़ कर गिरफ्तार कर लेना तथा मेरे पास लाना।

मगध के पूर्व सेनापति पुष्पगुप्त ने सोचा कि अगर मैं नगर में प्रवेश करने के लिए अनुमति का इन्तजार करूंगा तो काफी देर हो जाएगी। राजा मलयकेतु इधर आ जाएगा और वह आचार्य चाणक्य की योजना अनुसार

मुझे पकड़ने का प्रयत्न करेगा। इससे पहले कि मलयकेतु यहां आए, मुझे नगर के भीतर घुसने का प्रयत्न करना चाहिए। नगरद्वार के पहरेदार मगध के पूर्व सेनापति पुष्पगुप्त को पहचानते थे। उन्हें तथा नगर रक्षक सैनिकों को यह बात मालूम थी कि सेनापति पुष्पगुप्त बागी होकर नन्दराज महाराज के दुश्मन चाणक्य और चन्द्रगुप्त से जा मिला है इसलिए जैसे ही पुष्पगुप्त नगर के मुख्यद्वार से होकर अन्दर घुसने लगा तो पहरेदार और रक्षक सैनिकों ने उसे रोकने का प्रयास किया। न मानने पर सैनिकों ने उसे पकड़कर बन्दी बना लिया। इसके बाद पुष्पगुप्त को महामन्त्री राक्षस के पास लाया गया। महामन्त्री राक्षस ने उसे राजद्रोही कहकर कैदखाने में डलवा दिया। कुछ समय बाद राजा मलयकेतु अपनी सेना के साथ पाटलिपुत्र नगर के बाहर आया और जोर-जोर से पुकारकर कहने लगा, "अरे सेनापति पुष्पगुप्त! तू कहां है?—नगर से बाहर निकल!"

रक्षक सैनिकों ने राजा मलयकेतु को बताया कि सेनापति पुष्पगुप्त और उनकी पत्नी को गिरफ्तार करके महामन्त्री राक्षस के पास ले जाया गया है। इन्होंने दोनों अपराधियों को कैदखाने में डलवा दिया है। इस पर मलयकेतु चीखता हुआ कहने लगा, "नहीं-नहीं! महामन्त्री राक्षस का अपराधी होने से पहले पुष्पगुप्त मेरा अपराधी है। मैं उसे यहां से लेकर जाऊंगा और जिन पर्वतीय नरेशों के सामने उसने मुझे राजा पर्वतेश्वर का, मेरे दोस्त का हत्यारा बताया है, उन्हीं नरेशों के सामने उसे ऐसा कठोर दण्ड दूंगा कि पुष्पगुप्त की सात पीढ़ियां याद करेंगी। तुम लोग महामन्त्री राक्षस के पास जाओ और उनसे कहो कि पुष्पगुप्त राजा मलयकेतु का अपराधी है अतः पुष्पगुप्त को उन्हें सौंप दिया जाए, जाओ!!"

राजा मलयकेतु की बात सुनकर मगध के सैनिक कहने लगे, "ठीक है, हम महामन्त्री जी से पूछकर आते हैं। यदि उन्होंने सेनापति पुष्पगुप्त को आपको सौंपने की बात कही तो हम आपको अभी लौटकर बता देंगे।"

"ठीक है, तब तक मैं अपने सैनिकों के साथ यहीं पर हूं, "राजा मलयकेतु बोला। मगध सैनिक नगर के मार्गों से होते हुए राजमहल पहुंचे तथा महामन्त्री राक्षस ने निवेदन किया, "महामन्त्री जी! पर्वतीय नरेश मलयकेतु सेनापति पुष्पगुप्त का पीछा करते हुए अपनी फौज लेकर नगर के

द्वार पर आए हैं। उनका कहना है कि सेनापति पुष्पगुप्त ने उनको पौरवराज पर्वतेश्वर का हत्यारा कहा है इसलिए वे उनके अपराधी हैं तथा सेनापति जी को झूठी बात प्रचारित करने के अपराध में स्वयं दण्ड देंगे। मलयकेतु महाराज सेनापति पुष्पगुप्त को मांग रहे हैं।"

मगध का महामन्त्री राक्षस कूटनीतिज्ञ और शातिर दिमाग वाला व्यक्ति था। उसके दिमाग में हमेशा कोई न कोई चाल अथपा षड्यन्त्र घूमता रहता था। उसने सोचा कि मलयकेतु उत्तरी भारत का पोरस (पर्वतेश्वर) के बाद दूसरा प्रभावशाली राजा है। अगर इसे किसी तरह अपने पक्ष में कर लिया जाए तो इसके जरिए हम चन्द्रगुप्त के हाथ में पहुंच चुके तक्षशिला आदि पहाड़ी प्रदेशों को प्राप्त कर सकते हैं।

ऐसा सोचते हुए महामन्त्री राक्षस ने अपने सैनिकों से कहा, "राजा मलयकेतु को पूरे आदर-सत्कार के बाद यहां हमारे पास लेकर जाओ। हम यहीं महल में उनसे वार्तालाप करेंगे।"

महामन्त्री राक्षस के आदेश का पालन करते हुए मगध सैनिक आदर-सम्मान के साथ राजा मलयकेतु को महामन्त्री के अतिथिकक्ष में ले आए। महामन्त्री राक्षस ने मलयकेतु का स्वागत करते हुए कहा, "आइए महाराज! आप किस बात से गुस्सा हैं?"

मलयकेतु ने अपने क्रोध का कारण बताया। तब राक्षस कहने लगा, "उस पुष्पगुप्त को छोड़िए। वह भरोसे का आदमी नहीं है। आप जरा मेरी बात सुनिये...."

"कहिए महामन्त्री?"—राजा मलयकेतु ने पूछा।

महामन्त्री राक्षस ने मलयकेतु को स्वर्ण सम्पदा का प्रलोभन देते हुए कहा, "आप कहां उस धूर्त चाणक्य के चक्कर में आ गए हैं। आप हमारे साथ मिल जाइये। हम आपको स्वर्ण से मालामाल कर देंगे। आप जरा मेरे साथ महल के तहखाने में आइए। मैं आपको कुछ दिखाना चाहता हूं...."

इतना कहकर राक्षस मलयकेतु को महल के तहखाने में ले गया। वहां सोने से जगमगाता हुआ एक कमरा था। कमरे की दीवारें सोने की बनी हुई थीं तथा अलमारियों में एक जगह सोने की ईंटें रखी हुई थीं। सोने की मूर्तियां और बर्तन थे। इतना सारा सोना राजा मलयकेतु ने अपनी जिन्दगी

में पहली बार देखा था।

"इतना सारा सोना!"–राजा मलयकेतु के मुख से निकल पड़ा। इस पर महामन्त्री राक्षस उसे बताने लगा, "यह तो स्वर्ण का एक छोटा-सा नमूना है महाराज! अगर आप हमारा साथ दें तो यह सारा सोना तथा इससे कई गुना ज्यादा सोना आपका हो सकता है!"

महामन्त्री राक्षस को अब तक अपने गुप्तचरों से पता चल चुका था कि आचार्य चाणक्य ने मगध नरेश नन्दराज के खिलाफ मलयकेतु, आम्भिराज एवं लघु पौरवराज आदि अनेक पहाड़ी राजाओं का एक संगठन बनाया है तथा इन राजाओं की सम्मिलित सेना राजकुमार चन्द्रगुप्त के नेतृत्व में मगध पर बड़ा हमला करने वाली है। राक्षस को डर था कि अगर उत्तरी भारत के सारे पहाड़ी राजा मिल गए तो मगध के लिए बड़ी भारी मुसीबत बन सकते हैं इसलिए जब मलयकेतु राजा उसके पास आया और राक्षस ने उसको स्वर्ण का प्रलोभन दिया, मलयकेतु इस प्रलोभन में फंसकर आचार्य चाणक्य तथा चन्द्रगुप्त आदि के साथ विश्वासघात करने के लिए भी तैयार हो गया तो मगध के महामन्त्री ने मन ही मन फैसला कर लिया कि वह इसी तरह एक-एक करके चाणक्य के पक्ष के सभी राजाओं को हिरण्य गुफा के स्वर्ण का प्रलोभन देकर अपने पक्ष में कर लेगा तथा चाणक्य को शक्तिहीन एवं लाचार बना देगा।

राजा मलयकेतु को पूर्णतः अपने पक्ष में करने के लिए महामन्त्री राक्षस ने मलयकेतु से कहा, "महाराज! हमारे मगध राज्य में स्वर्ण तथा हीरे-जवाहरातों से भरी हुई एक हिरण्य गुफा है। उस गुफा के बारे में केवल मुझे पता है। यह सारा स्वर्ण तो उस गुफा का हजारावां हिस्सा भी नहीं है...."

राजा मलयकेतु, "क्या सच?"

महामन्त्री, "जी हां! हमारी उस रहस्यमय गुफा में इतना ज्यादा स्वर्ण है कि ऐसे पचासों तहखानों को स्वर्ण से भरा जा सकता है। आप केवल हमारा साथ दें तो हम आपको स्वर्ण से मालामाल कर देंगे। उस भूखे नंगे फकीर चाणक्य से आपको भला क्या मिलने वाला है। यदि आपकी सहायता के बदले उसने आपको कुछ देने का वायदा किया है तो उसे भूल जाइये क्योंकि चाणक्य को मैं खूब अच्छी तरह से जानता हूं। उसे आज

दुनिया में केवल एक ही इंसान प्रिय है और वह है चन्द्रगुप्त! वह राज्य आदि प्राप्ति के लिए जो कुछ भी करता है, केवल चन्द्रगुप्त के लिए करता है। ....आप उसका साथ देकर हमेशा के लिए मगध से महाराज नन्दराज से वैर मोल लेंगे। बदले में चाणक्य आपको कुछ नहीं देगा।"

"तो फिर मैं उस संन्यासी का साथ क्यों दूं महामन्त्री? मैं तो आपका और महाराज नन्दराज का साथ दूंगा। नन्दराज बड़े साम्राज्य के सम्राट हैं। उनसे मित्रता करने में मेरा ही भला है...."

महामन्त्री राक्षस, "हां, अब आप ठीक समझे। पूरे भारत में मगध से बड़ा और वैभवशाली साम्राज्य दूसरा नहीं है। हमारे पास जितनी विशाल सेना है, उतनी भारत के किसी राजा के पास नहीं। भारत के सारे नरेश हमारे नवनन्दों के सामने सिर झुकाते हैं। अगर आप हमसे मित्रता करेंगे तो हम आपके राज्य की भी सुरक्षा करेंगे। हमारे होते हुए भारत का कोई राजा आपके प्रदेश पर आक्रमण करने की हिम्मत नहीं करेगा।"

इस तरह मगध के चतुर महामन्त्री राक्षस ने पर्वतीय राजा मलयकेतु को अपने पक्ष में कर लिया और मलयकेतु से कहा कि अब आप कहीं न जाएं। कुछ दिन यहीं हमारे महल में विश्राम करें। जब चाणक्य और चन्द्रगुप्त की आफत टल जाएगी तो हम आपको सम्मानपूर्वक आपके राज्य छोड़ आएंगे।

राजा मलयकेतु को इस प्रकार समझाकर महामन्त्री राक्षस बन्दीगृह में जाकर मगध के पूर्व सेनापति पुष्पगुप्त से मिला। पुष्पगुप्त ने आचार्य चाणक्य की योजना अनुसार महामन्त्री राक्षस से क्षमा मांगते हुए कहा, "मुझे क्षमा कर दीजिए महामन्त्री। मैंने आपके और महाराज नन्दराज के साथ विश्वासघात किया है। आपसे दगा करके मैं चाणक्य से जा मिला लेकिन अब मेरी समझ में आ चुका है कि मगध में ही मैं सुरक्षित रह सकता हूं। अगर आप और महाराज मुझे क्षमा न करें तो मुझे प्राण दण्ड दे दीजिए। इससे मेरी सारी भूलों का प्रायश्चित हो जाएगा। लेकिन अगर मुझे क्षमादान मिल जाए तो मैं यहीं आपके पास महल के अन्दर आपकी सेवा में रहना चाहता हूं। आप मेरी पत्नी को भी रनिवास में महारानी की सेवा चाकरी का काम दिलवा दें। आप सबकी सेवा चाकरी करके हम दोनों पति-पत्नी अपने

पापों को धो सकेंगे।....क्या आपने मुझे क्षमा नहीं किया महामन्त्री जी?"

महामन्त्री राक्षस ने कूटनीति से काम लिया। उसने पुष्पगप्त को अपनी सेवा में रख लिया और उसकी पत्नी शृंगार देवी को महारानी की सेवा में भिजवा दिया।

बाद में पुष्पगुप्त ने आचार्य चाणक्य द्वारा मगध के महल में भेजे इस गुप्तचर को राजा मलयकेतु के राक्षस के पक्ष में हो जाने की सारी बातें बता दीं। यह सब सुनकर आचार्य चाणक्य को ज्यादा हैरानी नहीं हुई क्योंकि वे मलयकेतु के लोभी और अविश्वसनीय स्वभाव के बारे में पहले से जानते थे।

सोलह

यद्यपि मगध में महामन्त्री राक्षस राजा मलयकेतु को कुछ दिन अपने पास रखना चाहता था लेकिन मलयकेतु को डर था कि आचार्य चाणक्य को कहीं मेरे ऊपर यह शक न हो जाए कि मैं मगध के महामन्त्री और मगध के सम्राट नन्दराज से मिल गया हूं। अगर आचार्य चाणक्य को इस बात का शक हो गया तो वे पहाड़ी राजाओं को मेरे खिलाफ भड़का देंगे तथा वे सब राजा मुझे विश्वासघाती समझ मेरी जान के दुश्मन बन जाएंगे। इसलिए मगध के राजमहल के सुख मैं बाद में प्राप्त कर लूंगा। पहले मुझे जल्दी से जल्दी तक्षशिला पहुंचना चाहिए।

यही सोचकर राजा मलयकेतु ने महामन्त्री राक्षस से कहा, "महामन्त्री जी! मैं यहां आपका आतिथ्य अवश्य स्वीकार करता लेकिन आप तो आचार्य चाणक्य की शातिर बुद्धि को जानते हैं। अगर मुझे उनके पास वापिस लौटने में देर होगी तो वे मुझ पर सन्देह करने लगेंगे। उन्हें इस बात का शक हो जाएगा कि मैं आपसे मिल गया हूं। इस शक के जरिए वे पहाड़ी राजाओं को भी मेरे खिलाफ भड़का सकते हैं। इसलिए मुझे अभी अपनी सेना लेकर वापिस तक्षशिला जाना होगा। वहां आचार्य चाणक्य और अन्य राजा मेरे वापिस लौटने की प्रतीक्षा कर रहे होंगे।"

राजा मलयकेतु की बात सुनकर महामन्त्री राक्षस बोला, "ठीक है महाराज! यदि आपका तक्षशिला लौटना आवश्यक है तथा आप वहां जाना ही चाहते हैं तो मैं आपको नहीं रोकूंगा। लेकिन मैंने जो आपसे कहा है, उसे याद रखना। अब आप हमारे मित्र बन चुके हैं इसलिए अपनी मित्रता का फर्ज अवश्य निभाना!"

"अवश्य निभाऊंगा महामन्त्री जी! मुझे आपके साथ किया गया

अपना वायदा अच्छी तरह से याद है और सारा भारत जानता है कि मलयकेतु किसी से जो वायदा करता है, उसको अवश्य ही निभाता है। अच्छा, मैं महाराज से मिलकर चलता हूं।" राजा मलयकेतु का इतना कहने पर महामन्त्री राक्षस, मलयकेतु को नन्दराज के पास ले गया। नन्दराज ने उसे मित्र कहकर गले से लगाया। मगध नरेश नन्द से मिलकर मलयकेतु अपने सैनिकों को साथ ले वापिस तक्षशिला की ओर चल दिया।

इधर तक्षशिला से सम्मिलित सेना कब की प्रस्थान कर चुकी थी। एक वन के अन्दर इस सेना ने अपना पड़ाव डाला। राजा मलयकेतु यहीं आकर सबके साथ शामिल हो गया। लेकिन आचार्य चाणक्य और चन्द्रगुप्त को मलयकेतु काफी बदला हुआ लगा। इन्हें अपने गुप्तचरों द्वारा यह बात मालूम हो चुकी थी कि मलयकेतु और महामन्त्री राक्षस के बीच गुप्त मन्त्रणा हुई है और मलयकेतु मगध के महामन्त्री तथा मगध नरेश नन्दराज से मिल गया है। लेकिन पहाड़ी राजाओं की सम्मिलित सेना में वापिस लौट आने के बाद राजा मलयकेतु ने अपने हावभाव से अपना यह रहस्य प्रकट न होने दिया। जब आचार्य चाणक्य ने सभी राजाओं के सामने मलयकेतु से यह पूछा कि तुम पुष्पगुप्त को पकड़कर नहीं लाए? तुम तो उसे कड़ा सबक सिखाने वाले थे, उसे कठोर दण्ड देने वाले थे क्योंकि उसने तुम्हें पौरवराज पर्वतेश्वर का हत्यारा बताया था? जब तुम पुष्पगुप्त का पीछा करते हुए मगध पहुंचे तो वहां क्या हुआ?"

राजा मलयकेतु कहने लगा, "मैं जब मगध की राजधानी पाटलिपुत्र पहुंचा तो उस समय तक पुष्पगुप्त अपनी धर्मपत्नी तथा सैनिकों के साथ नगर में दाखिल हो चुका था। वह मगध के महामन्त्री राक्षस की शरण में पहुंच गया था और उसने राक्षस से अपने अपराध की क्षमा मांग ली थी। मैंने महामन्त्री राक्षस के पास सन्देश भिजवाया कि वह पुष्पगुप्त को मेरे हवाले कर दें क्योंकि पुष्पगुप्त मेरा अपराधी है लेकिन महामन्त्री ने मेरी बात नहीं मानी। तब मजबूर होकर मैं वापिस इधर लौट आया।"

इतना सब कहकर राजा मलयकेतु आचार्य चाणक्य से अनुमति लेकर अपने शिविर में चला गया। उस दिन रात को आचार्य चाणक्य ने मलयकेतु को लेकर राजकुमार चन्द्रगुप्त से चर्चा की, "अब मुझे पक्का यकीन हो गया

है कि मलयकेतु महामन्त्री राक्षस से मिल गया है।"

राजकुमार चन्द्रगुप्त, "तो हम क्या करें गुरुजी?" क्या हम राजा मलयकेतु को इस विश्वासघात के लिए दण्ड दें?"

आचार्य चाणक्य, "नहीं, अभी यह सब करना ठीक नहीं होगा।.... हमने सीधे पाटलिपुत्र पहुंचने की जो योजना पहले बनाई थी, उसमें कुछ बदलाव करना होगा। हम सीधे पाटलिपुत्र न जाकर वत्स देश होते हुए प्रयाग पहुंचेंगे। इसके बाद वैशाली के मार्ग से पाटलिपुत्र पहुंचेंगे। इससे महामन्त्री राक्षस धोखे में रहेगा।"

राजकुमार चन्द्रगुप्त, "ठीक है जैसा आप उचित समझें...."

अगले ही दिन प्रातःकाल आचार्य चाणक्य ने सम्मिलित सेना को प्रयाग की ओर प्रस्थान करने का आदेश दिया। सभी पहाड़ी राजा अपनी-अपनी सेना के साथ तक्षशिला से प्रयाग की ओर चल दिए। इस सेना ने हस्तिनापुर में अपना दूसरा पड़ाव डाला।

आचार्य चाणक्य जानते थे कि जहां पहले महाभारत का भीषण युद्ध हुआ था, वह कुरुक्षेत्र का मैदान हस्तिनापुर के पास ही है। कुरुक्षेत्र का ख्याल मन में आते ही आचार्य सोचने लगे, "यह फिर से वैसा ही भीषण युद्ध भारत में होने वाला है, जैसा कि महाभारत काल में अर्थात् आज से लगभग ढाई हजार वर्ष पहले हुआ था। महाभारत का युद्ध कौरव और पाण्डवों के बीच हुआ था। यह युद्ध अत्याचारी नन्दों की सेना और चन्द्रगुप्त के नेतृत्व वाली इस सम्मिलित सेना के बीच होगा। महाभारत युद्ध में पाण्डवों ने धर्म और न्याय का सहारा लिया था, इस युद्ध में हम भी न्याय और धर्म के साथ हैं तथा मगध की प्रजा को नन्दों के अत्याचारों से मुक्ति दिलाने के लिए मगध की जनता की भलाई के लिए युद्ध लड़ रहे हैं। इस युद्ध के पश्चात भारत में एक नए युग का सूत्रपात होगा तथा नवीन भारत का निर्माण होगा। इस युद्ध में हम लोग न्याय और धैर्य के साथ हैं अतः युद्ध में विजय हमारी ही होगी।"

आचार्य चाणक्य को भावी युद्ध में अपनी विजय का पूरा भरोसा था हस्तिनापुर तक चन्द्रगुप्त के नेतृत्व वाली सम्मिलित सेना आ चुकी थी और अब हस्तिनापुर एवं मगध के बीच ज्यादा दूरी नहीं थी। हस्तिनापुर से मगध

की सीमा लगी हुई थी। इस प्रकार आचार्य चाणक्य और चन्द्रगुप्त आदि एक प्रकार से शत्रु के प्रदेश में ही थे।

चूंकि शत्रु अब इस सैनिक शिविर से ज्यादा दूर नहीं था इसलिए आचार्य चाणक्य को सैनिक शिविर की सुरक्षा की चिन्ता थी ताकि दुश्मन किसी भी तरह से शिविर को किसी तरह का नुकसान न पहुंचा सके। अपने सैनिक शिविर को दुश्मन की घुसपैठ एवं हमले से बचाने के लिए आचार्य चाणक्य ने शिविर की सुरक्षा का खास इन्तजाम किया था। सर्वप्रथम उन्होंने शिविर की सीमाओं को सुनिश्चित किया। शिविर की सुरक्षा के लिए आचार्य ने शिविर के चारों तरफ सैनिकों को नियुक्त कर दिया था। ये हथियारबन्द सैनिक रात-दिन शिविर की सुरक्षा में तैनात खड़े रहते थे। इनके होते हुए बाहर के किसी व्यक्ति की हिम्मत नहीं होती थी कि वह बिना इजाजत शिविर के अन्दर चला जाए और सैनिकों अथवा पहाड़ी राजाओं को किसी तरह का नुकसान पहुंचा सके। सम्मिलित सेना के इस शिविर में केवल शिविर के लोग ही अन्दर आ जा सकते थे। जब भी बाहर से कोई व्यक्ति शिविर में आता था तो उसे शिविर के सुरक्षा प्रहरियों को एक कोड या संकेत बताना पड़ता था, तभी उसे शिविर के अन्दर दाखिल होने दिया जाता था।

लेकिन आचार्य चाणक्य के दिशानिर्देश से इस प्रकार के कोड या संकेत हर दिन बदल दिए जाते थे। ताकि शत्रु पक्ष का कोई गुप्तचर आचार्य चाणक्य की इस सेना का भेद पता करने शिविर में न घुस आए। जो भी लोग शिविर में दाखिल होते थे अथवा शिविर से बाहर जाते थे, उनके ऊपर कड़ी निगरानी रखी जाती थी।

अपने सैनिक शिविर की सुरक्षा के लिए आचार्य चाणक्य ने शिविर के चार प्रवेशद्वार बनवाए थे। इन प्रवेशद्वारों पर सैनिकों का कड़ा पहरा रहता था। आचार्य ने सम्पूर्ण शिविर के अन्दर इस बात की घोषणा करवा दी थी कि इन चारों प्रवेशद्वारों के अलावा किसी अन्य जगह से कोई व्यक्ति शिविर में प्रवेश नहीं करेगा। अगर वह किसी अन्य जगह से शिविर में दाखिल होता हुआ पाया गया तो उसे पकड़कर गिरफ्तार कर लिया जाएगा।

सैनिक शिविर को आचार्य ने नौ भागों में बांटा था। हर भाग में

एक-एक बड़े अधिकारी की नियुक्ति की थी। शिविर की सुरक्षा के लिए शिविर के चारों तरफ मिट्टी की ऊंची और चौड़ी दीवार खड़ी की गयी थी। इस दीवार को देखकर पता चलता था कि शिविर के सैनिक यहां कई दिनों तक रुकने वाले हैं।

पुष्पगुप्त के जारिए आचार्य चाणक्य को मगध की अन्दरूनी खबरें प्राप्त होती रहती थीं जैसे कि मगध की जनता का विश्वास नन्द शासकों से उठ गया है तथा जरा-सी चिंगारी मिलते ही जनता ने नन्दों के खिलाफ विद्रोह की आग भड़क सकती है। अपने गुप्तचरों से आचार्य चाणक्य को यह भी बात पता चली कि नन्द राजाओं के पास कई हजार हाथियों की एक विशाल सेना है। जब यह बात आचार्य ने अपने शिष्य चन्द्रगुप्त को बताई तो चन्द्रगुप्त कहने लगे कि हमें नन्दराज की गज सेना की परवाह नहीं है। नन्दों की बड़ी से बड़ी सेना हमारे हौंसले को पस्त नहीं कर सकती।

लेकिन आचार्य चाणक्य कुछ और ही सोचते थे। वे सोचते थे कि यदि मगध की प्रजा में नन्दों के खिलाफ विद्रोह फैलाकर नन्द वंश का खात्मा किया जा सकता है तो आपनी सेना के सैकड़ों हजारों योद्धाओं का रक्त बहाने की जरूरत ही क्या है। अगर कूटनीति से हम मगध को जीत सकते हैं तो युद्ध में शक्ति मांगने से कोई लाभ नहीं है। यही बात आचार्य ने चन्द्रगुप्त को बताई, "चन्द्रगुप्त! अगर हम मगध की प्रजा में अत्याचारी नन्दों के खिलाफ विद्रोह फैला दें तो हमारी सेना अपना खून बहाए, मगध की जनता के जरिए मगध पर अधिकार कर सकती है।"

राजकुमार चन्द्रगुप्त आचार्य चाणक्य की तरह कूटनीतिज्ञ न होकर वीर साहसी योद्धा थे। वे कूटनीति का छल या धोखे का आश्रय न लेकर दुश्मन के ऊपर अपने भुजबल तथा शस्त्र की शक्ति से विजय पाना चाहते थे इसलिए जब आचार्य चाणक्य ने मगध की प्रजा में नन्दों के खिलाफ विद्रोह फैलाने की बात कही तो चन्द्रगुप्त कहने लगे, "गुरुजी! इस समय हमारे पास इतने सारे पहाड़ी राजाओं की सेना है। हमारे पास इतने सारे सैनिक हैं कि हम नन्दराज की सेना को आसानी से हराकर मगध पर विजय प्राप्त कर सकते हैं फिर दुर्बलतापूर्ण तरीके से मगध की जनता को नन्दों के खिलाफ भड़काने की क्या जरूरत है? अगर हमने इतनी सामर्थ्य होकर भी

युद्ध कौशल नहीं दिखाया तो मगध की जनता हमें वीर और साहसी किस तरह मानेगी? कैसे वह अपने भावी नरेश चन्द्रगुप्त की वीरता और क्षमता पर विश्वास कर पाएगी?....गुरुजी, अब चाहे नवनन्द लाखों हाथियों की सेना का बल क्यों न जुटा लें लेकिन मेरे हाथों उनका अन्त होने से उन्हें कोई नहीं बचा सकता। कृपया आप युद्ध के ऐसे मौके पर मगध की प्रजा को भड़काने जैसी दुर्बल बातें न करें। इससे मेरे स्वाभिमान को ठेस पहुंचती है।....आप तो बस मुझे इन नन्द शासकों से युद्ध करने की अनुमति दीजिए, फिर देखिए मैं किस प्रकार इन नन्दों को ठिकाने लगाता हूं और किस तरह इनका सर्वनाश करता हूं।"

राजकुमार चन्द्रगुप्त ने जोश ही जोश में यह सब आचार्य चाणक्य से कह तो दिया लेकिन बाद में उन्हें पछतावा हुआ कि मुझे आचार्य से ऐसा नहीं कहना चाहिए क्योंकि वे जो कुछ कहते, सोचते, कहते और करवाते हैं, मेरे भले के लिए ही तो करते हैं। उनके हर कार्य और निर्णय से आज तक मेरा भला हुआ है और आगे भी होता रहेगा। अगर आचार्य चाणक्य न होते तो मैं आज तक इन अत्याचारी नन्दों की गुलामी कर रहा होता। अपने निन्यानवे भाई और पिता के हत्यारों का कुछ भी न बिगाड़ पाता, न इस दिशा में कोई सार्थक कदम उठा पाता।

चन्द्रगुप्त ने सोच लिया था कि जब मैं मगध का राजा बन जाऊंगा तो आचार्य चाणक्य ही मेरे महामन्त्री और परामर्शदाता होंगे। जिस तरह वे आज तक मेरे कठिन रास्तों को आसान, प्रतिकूल परिस्थितियों को अनुकूल बनाते आए हैं, वैसे ही आगे भी बनावेंगे। उनकी मदद के बिना मैं कभी मगध का साम्राज्य प्राप्त नहीं कर पाऊंगा इसलिए आचार्य जैसा कहते हैं, मुझे वैसा ही करना चाहिए।

मगध नरेश नन्दराज ने अपनी राजधानी पाटलिपुत्र का किला बड़ी ही मजबूती के साथ बनवाया था। इस किले के निर्माण में महामन्त्री राक्षस की बुद्धि लगी थी। यह किला दुश्मन की बड़ी से बड़ी सेना का मुकाबला करने के लिए पूरी तरह से सक्षम था। किसी भी शत्रु सेना के लिए इस किले को भेद पाना आसान काम नहीं था। इस किले की मोटी अभेद्य दीवारों के चारों तरफ तीन-तीन खाइयां थीं। इन खाइयों के अन्दर हर समय पानी भरा

रहता था। ये खाइयां इतनी चौड़ी और गहरी थीं कि जो कोई इनको पार करने की कोशिश करता, उसका खाइयों के पानी में डूबकर मर जाना निश्चित था। पाटलिपुत्र के किले में कुल चौंसठ प्रवेशद्वार थे। इन दरवाजों पर इस्पात अथवा लोहे के मोटे और मजबूत किवाड़ लगे हुए थे। इन लौह दरवाजों को तोड़ पाना बड़ी से बड़ी सेना के लिए तथा तोप के भारी भरकम गोलों के लिए भी भारी मुश्किल और असम्भव काम था।

पाटलिपुत्र किले में 570 सुरंगें थीं। ये सुरंगें इसलिए बनाई गई थीं ताकि युद्ध जैसी आपातकाल स्थिति में अथवा किले को शत्रु द्वारा चारों तरफ से घेर लिए जाने पर किले के अन्दर की प्रजा तथा राजपरिवार के लोग इन सुरंगों से होते हुए सुरक्षित रूप से किले से बाहर जंगल में जा सकें तथा अपने प्राणों की रक्षा कर सकें।

महामन्त्री राक्षस ने पाटलिपुत्र किले के चारों तरफ मगध के बहादुर सैनिकों को तैनात कर दिया था। ये सैनिक हमेशा किले की चौकसी किया करते थे। इतने सारे सैनिकों के बीच से होकर किसी भी बाहरी व्यक्ति का किले के अन्दर दाखिल होना केवल मुश्किल ही नहीं बल्कि असम्भव कार्य भी था।

ऐसी बात नहीं थी कि आचार्य चाणक्य को किले की इन सभी महत्त्वपूर्ण बातों की जानकारी नहीं थी। जब वे राजकुमार चन्द्रगुप्त के साथ पाटलिपुत्र में थे और नन्दों के नाश की प्रतिज्ञा कर चुके थे तो उन्होंने किले का अन्दर और बाहर सब ओर से गहराई से निरीक्षण किया था।

यद्यपि राजकुमार चन्द्रगुप्त ने अपने गुरु की बात का मान रखने के लिए उनसे कह दिया था कि अगर आप मगध की जनता में नन्दों के खिलाफ विद्रोह फैलाकर नन्दों का नाश करना चाहते हो तो वैसा ही करें लेकिन बाद में आचार्य चाणक्य ने भी अपने फैसले पर पुनर्विचार किया और सोचा कि चन्द्रगुप्त अगर नन्दों से युद्ध लड़ने की बात कहता है तो ठीक ही कहता है। वह वीर और साहसी नवयुवक है। उसने मालव युद्ध में सिकन्दर और उसकी सेना को कितनी बहादुरी से पराजित किया था। इस बार भी वह मगध पर विजय प्राप्त करेगा। अब तो सारे पहाड़ी राजाओं का सहयोग भी चन्द्रगुप्त को प्राप्त है इसलिए इस युद्ध में इसकी विजय होकर रहेगी तो

फिर क्यों चन्द्रगुप्त को यह भावी युद्ध लड़ने दिया जाए? अगर चन्द्रगुप्त यह युद्ध वीरता से लड़ेगा तो इसके सभी सहयोगी राजा भी उत्साह से युद्ध लड़कर विजयश्री प्राप्त करेंगे।

जब आचार्य चाणक्य ने राजकुमार चन्द्रगुप्त को सम्मिलित सेना की बागडोर सौंप दी तो चन्द्रगुप्त ने सभी पहाड़ी राजाओं को सम्बोधित करते हुए कहा, "हे वीर पर्वतीय नरेशो! हमें पता चला है कि नन्दराज के पास नौ हजार हाथियों वाली विशाल सेना है। लेकिन कोई चिन्ता नहीं। हमारे सम्मुख जीने और मरने की घड़ी है। हम मौत से नहीं घबराएंगे। दुश्मन चाहे कितना ही प्रबल क्यों न हो, उसका खात्मा करते जाएंगे। आचार्यश्री ने इस सेना की सुरक्षा का उत्तरदायित्व मेरे ऊपर छोड़ दिया है लेकिन आप सभी इस युद्ध में मेरे मददगार हैं। आप सबकी मदद के बिना मैं यह युद्ध नहीं जीत पाऊंगा। मगध पर विजय केवल मेरी या आचार्यश्री की विजय नहीं बल्कि हम सभी की विजय है। हर योद्धा यह सोचकर युद्ध लड़ेगा कि वह आचार्य चाणक्य या चन्द्रगुप्त के लिए नहीं बल्कि अपनी विजय के लिए युद्ध कर रहा है। आचार्यश्री ने आपको बल दिया है कि मगध भी विजय से हमको जो भी धन-धान्य, जमीन जायदाद, स्वर्ण, हीरे-जवाहरात आदि प्राप्त होंगे, उस पर आचार्य का अथवा मेरा हक नहीं बल्कि आप सभी का हक होगा। मगध की हिरण्य गुफा भी आप सभी की होगी। उस गुफा के बारे में कहा जाता है कि वह पूरी सोने की बनी, स्वर्ण से और हीरे-जवाहरातों से भरी है।....बहादुर राजाओ! इस युद्ध में अनुशासन की दृष्टि से तय किया गया है कि अगर कोई सैनिक या राजा युद्ध भूमि में अनुचित कार्य करता पाया जाएगा तो तुरन्त उसका वध कर दिया जाएगा।"

सेनापति चन्द्रगुप्त की यह बात सुनकर अन्य सभी पहाड़ी राजाओं ने तो सहमति से अपना सिर हिला दिया, क्योंकि उनके मन में कोई छल या कपट नहीं था लेकिन राजा मलयकेतु, चन्द्रगुप्त की यह बात सुनकर बहुत घबराया। वह सोचने लगा कि चन्द्रगुप्त ने ऐसा क्यों कहा है? कहीं इसे अथवा आचार्य चाणक्य को इस बात का पता तो नहीं चल गया है कि पाटलिपुत्र जाकर मैं महामन्त्री राक्षस से मिल गया हूं अथवा नन्दराज की मित्रता की सारी शर्तें मैंने स्वीकार कर ली हैं? अगर यह सच हुआ तो मेरी

जान भी खैर नहीं। युद्ध के दौरान अगर मैं मगध के महामन्त्री के किसी गुप्तचर से बातचीत करता हुआ अथवा इस सम्मिलित सेना के खिलाफ युद्ध करता हुआ पाया जाऊंगा तो यह चन्द्रगुप्त मुझे अपनी तलवार से मार डालेगा।

उस समय इस तरह के भयानक ख्याल तो मलयकेतु के दिमाग में उठे लेकिन वह चुप रहा। मलयकेतु सोचता था कि अगर यहां मैं कुछ भी बोला तो सबको मुझ पर शक हो जाएगा और मगध युद्ध का परिणाम प्राप्त होने से पहले मेरे जीवन की लीला समाप्त कर दी जाएगी। आचार्य चाणक्य के बारे में राक्षस ने बताया था कि यह बड़ा ही कठोर ब्राह्मण है। इसने नन्द वंश के नाश की कसम खाई है। यह अपने दोषी या अपराधियों को कभी क्षमा नहीं करता और जो बात मन में ठान लेता है, उसे किसी भी हालत में पूरा करके ही रहता है।

पर्वतीय राजाओं को सम्बोधित करने के बाद चन्द्रगुप्त ने महादेव की जय बोली। उसके साथ अन्य राजाओं ने भी शिव का जयकार किया। सम्मिलित सेना के नरेशों तथा हजारों सैनिकों के शिव जयकार का यह स्वर इतना ऊंचा और बुलन्द था कि मगध के महामन्त्री राक्षस ने भी इस स्वर को साफ सुना और घबरा उठा। उसने पाटलिपुत्र के ऊंचे बुर्ज पर चढ़कर चन्द्रगुप्त की सम्मिलित सेना को देखा तो भयभीत-सा हो उठा। राक्षस ने कभी स्वप्न में भी नहीं सोचा था कि युवक चन्द्रगुप्त इतनी विशाल सेना लेकर मगध पर आक्रमण करने के लिए आ जाएगा।

भद्रसाल मगध की सेना का वर्तमान सेनापति था। जब से सेनापति पुष्पगुप्त मगध को छोड़कर गया था तब से मगध नरेश नन्दराज ने मगध की सेना की बागडोर भद्रसाल को सौंप दी थी। भद्रसाल बड़ा ही वीर, साहसी और पराक्रमी था। मगध का सेनापति बनने से पहले वह मगध के लिए कई युद्ध जीत चुका था।

मगध के महामन्त्री राक्षस ने जब पाटलिपुत्र के बाहर बादलों की तरह छाए चन्द्रगुप्त की सेना के समूहों को देखा तो उसने शीघ्र सेनापति भद्रसाल को बुलाया और भद्रसाल से बोला, "सेनापति! यदि दुश्मन की सेना के साथ वह चतुर-कूटनीतिज्ञ वृद्ध ब्राह्मण चाणक्य न होता तो हम अपनी विशाल

सेना के पराक्रम के जरिए दुश्मन को हराकर उसे काफी दूर पीछे तक खदेड़ सकते थे लेकिन चाणक्य कभी भी अपनी सेना को हारने नहीं देगा। वह विभिन्न चालें चलकर अपनी हार को जीत में बदलना जानता है इसलिए हमें इस युद्ध में अपने प्राणों की बाजी लगाने या अपनी-अपनी जान खपाने से ज्यादा अपनी अक्ल का सहारा ज्यादा लेना है। तभी हम इस युद्ध को जीत पाएंगे। इस युद्ध में हार जीत का फैसला वीरता के जरिए नहीं बल्कि चतुराई और कूटनीति के जरिए होगा। हम इस सेना के साथ जो युद्ध लड़ेंगे वह साधारण युद्ध नहीं होगा। क्योंकि अब तक हमने जितने युद्ध लड़े और जीते हैं, उनमें हमारा पाला चाणक्य जैसे धूर्त और चालबाज व्यक्ति से नहीं पड़ा था! लेकिन इस बार वह वृद्ध चाणक्य ही हमारा असली शत्रु है। कूटनीति का वह बहुत बड़ा खिलाड़ी है। वह अपनी हर हार को जीत में बदलना जानता है। उस वृद्ध ब्राह्मण को तुम कम मत समझना। इस बार वह हमारे विरुद्ध अकेला भी नहीं है। सिकन्दर को युद्ध में शिकस्त देने वाला राजकुमार चन्द्रगुप्त उसके साथ है और आम्भिराज जैसे कई बड़े पर्वतीय राजाओं की सेनाएं भी उसके साथ हैं। वे अपनी सेना लेकर मगध तक पहुंच आए हैं। उनका पड़ाव इस पाटलिपुत्र नगर से ज्यादा दूर नहीं है। वे कब हमारे ऊपर आक्रमण करेंगे कुछ कहा नहीं जा सकता सेनापति! तुम शीघ्र ही अपनी सेना को सावधान कर दो और सैनिकों से कहो कि वे सब युद्ध के लिए तैयार और चौकन्ने रहें क्योंकि युद्ध कभी भी छिड़ सकता है!"

सेनापति भद्रसाल, "ठीक है महामन्त्री जी! मैं अभी जाकर सैनिकों को चौकन्ना करता हूं।"

महामन्त्री जैसे स्वयं में ही बड़बड़ाने लगा, "चाणक्य सामान्य आदमी नहीं है और न उसकी चालें सामान्य मनुष्यों के जैसी होती हैं। वह बड़ा ही धूर्त किस्म का इंसान है। उसकी चालों को समझ पाना बड़ा कठिन है। वह कूटनीति में यद्यपि मेरा प्रतिद्वन्द्वी है लेकिन मैं उससे खुद भयभीत रहता हूं....।"

सेनापति भद्रसाल, "क्या आचार्य चाणक्य का चरित्र सचमुच इतना विलक्षण है?" महामन्त्री राक्षस, "हां वह सचमुच विलक्षण प्रतिभा का धनी इंसान है। मैं खुद उसकी प्रतिभा का कायल हूं। देखने में वह बड़ा ही बेडौल,

कुरूप, बूढ़ा, टेड़ा और कुबड़ा-सा दिखता है। असुन्दर होने की वजह से किसी स्त्री ने उसे आंख फेरकर नहीं देखा। स्वभाव का भी वह रूखा और कठोर है।....उसके जैसी पैनी बुद्धि मैंने आज तक किसी इंसान में नहीं देखी। गलती के लिए चाणक्य कभी किसी को माफ नहीं करता, चाहे कोई उसका कितना ही खास या प्रिय क्यों न हो। तुम सदा इस विप्ररूपधारी बहुरूपिये की चालों से सावधान रहना भद्रसाल। वही वह तुम्हें अपनी कूटनीति का शिकार न बना ले। तुम मगध के सेनापति हो इसलिए वह जरूर तुम्हारी बुद्धि में भी भ्रम डालना चाहेगा।....अगर चाणक्य तुम्हें ललकारने लगे तो समझना कि वह तुमसे लड़ना नहीं चाहता। तुम उसके सामने वीर बनकर नहीं बल्कि कायर और दुर्बल बनकर ही उसे पराजित कर सकते हो, जब वह समझे कि तुम कायर हो गए हो, उसी समय तुम वीरता दिखलाकर उस पर प्रहार करना, उसका तथा चन्द्रगुप्त का वध कर देना। ....चाणक्य की मक्कारी का तुम्हें पृथ्वी पर दूसरा उदाहरण नहीं मिलेगा।"

सेनापति भद्रसाल, "ठीक है महामन्त्री जी। मैं आपकी बातों का ध्यान रखूंगा। अब मुझे आज्ञा दीजिए।"

इतना कह सेनापति भद्रसाल ने वृद्ध महामन्त्री राक्षस को प्रणाम किया और छावनी की ओर चला गया।

सत्रह

मगध सेनापति भद्रसाल ने सैनिक छावनी में पहुंचकर मगध के हजारों सैनिकों को युद्ध के लिए तैयार किया। हजारों हाथियों वाली गजसेना का निरीक्षण करके उस सेना को भी तैयार किया। उस समय तक राजकुमार चन्द्रगुप्त के नेतृत्व वाली सम्मिलित सेना पाटलिपुत्र नगर के किले के बाहर तक आ पहुंची थी और महामन्त्री राक्षस ने मगध की सेना व किले की रक्षा का सारा भार सेनापति भद्रसाल का सौंप दिया था इसलिए युद्ध के सम्बन्ध में अब जो कुछ भी निर्णय लेना था, वह सेनापति भद्रसाल को ही लेना था। चूंकि अब दोपहर हो चुकी थी इसलिए सेनापति भद्रसाल ने सोचा कि इस समय अपनी गजसेना को किले के बाहर निकालकर चन्द्रगुप्त की सेना पर धावा बोलना ठीक न होगा। कारण यह है कि शाम का अन्धेरा होने में अब बहुत ज्यादा समय नहीं है। यदि उस समय युद्ध प्रारम्भ किया गया तो सूर्यास्त तक युद्ध का कोई भी फैसला नहीं निकल पाएगा और शाम के बाद अन्धेरे में हाथियों को किले के भीतर हाथीशाला में पहुंचाना कठिन हो जाएगा इसलिए कल सवेरा होने पर शत्रु सेना पर हमला किया जाए तो ज्यादा अच्छा रहेगा।

ऐसा सोचकर सेनापति भद्रसाल ने मगध के पैदल और घुड़सवार सैनिकों से और हाथी सेना का संचालन करने वाले महावतों से कहा कि आप सभी वीर आज की रात किले के अन्दर ही विश्राम करें। कल सवेरा होते ही किले के दरवाजे खोल दिए जाएंगे। गजसेना को भी बाहर निकाला जाएगा तथा किले को घेरकर खड़े शत्रु सैनिकों पर जबरदस्त हमला किया जाएगा।

अगर पाटलिपुत्र किले की दीवार के बाहर लम्बी-चौड़ी खाइयां न

होतीं तो चन्द्रगुप्त और उनकी सेना अब तक किले की दीवार फांदकर किले में प्रवेश कर चुके होते तथा भीषण युद्ध भी शुरुआत कर चुके होते लेकिन किले की प्राचीर के चारों ओर चौड़ी खाइयों के अवरोध ने उन्हें रोक रखा था और वे पहाड़ी राजाओं को बराबर जोश दिलाते हुए कह रहे थे कि जैसे ही मगध सेना किले से बाहर निकलकर आए, आप सब काल बनकर शत्रु सैनिकों के ऊपर टूट पड़ना। जहर बुझे तीरों से हमारे तीरंदाज सैनिक नन्दराज के हाथियों को घायल कर देंगे इससे गजसेना छिन्न-भिन्न हो जाएगी। हमें किसी तरह गजसेना में भगदड़ मचा देनी है। इससे मगध के सैनिकों का मनोबल अपने आप ही कम हो जाएगा।”

अपने सैनिकों को तथा पहाड़ी राजाओं को युद्ध का उत्साह दिलाते हुए राजकुमार चन्द्रगुप्त कह रहे थे, “हमें पूरी ताकत के साथ दुश्मन के सैनिकों का सफाया करना है। अगर हम यह युद्ध जीत गए तो मगध की स्वर्ण भरी हिरण्य गुफा पर आप सभी नरेशों का अधिकार होगा। आपको आपकी इच्छा के मुताबिक मगध साम्राज्य के अन्दर भूमि प्रदान की जाएगी।....यह युद्ध अत्याचारी नन्दों का अन्त करने के लिए लड़ा जा रहा है। यह युद्ध मगध की प्रजा को नन्दों के आतंक से मुक्ति दिलाने के लिए लड़ा जा रहा है।”

राजकुमार चन्द्रगुप्त ने पर्वतीय राजाओं को तथा सैनिकों से कहा कि दुश्मन बड़ा चालाक है। वह सोच समझकर हमारे ऊपर हमला करेगा। दुश्मन का आक्रमण हमारे ऊपर कभी भी हो सकता है इसलिए हमको हर हालत में तैयार रहना चाहिए।

अगले दिन सवेरा होते ही पाटलिपुत्र किले के विशाल दरवाजे खोल दिए गए हजारों हाथियों की सेना किले के भीतर से निकलने लगी। सैकड़ों हाथी चीखते-चिंघाड़ते हुए जब नगर से बाहर जाने लगे तो नगर में हलचल एवं भगदड़ मच गयी। मगध की जनता समझ गयी कि कुछ ही देर में युद्ध प्रारम्भ हो जाएगा। लोग अपने-अपने घरों की छत पर खड़े होकर तथा किले के बुर्ज पर खड़े होकर मगध की गजसेना को तथा किले के बाहर खड़ी चन्द्रगुप्त की सेना को देखने का प्रयास करने लगे। राजकुमारी कल्याणी के विद्रोही सैनिकों ने सारे नगर में यह बात प्रचारित कर दी थी कि हम

मगधवासियों को नन्दों के अत्याचारों से मुक्ति दिलाने के लिए मौर्यपुत्र चन्द्रगुप्त पहाड़ी राजाओं की बड़ी भारी फौज लेकर किले के बाहर आ पहुंचे हैं। अब नन्दों का नाश होने से कोई नहीं बचा सकता।

पाटलिपुत्र किले के बाहर खाइयों के ऊपर लकड़ी के बड़े मोटे तख्ते डाल दिए गए। उस पर से होकर पहले गजसेना के हाथी बाहर मैदान में आए, इसके बाद पैदल और घुड़सवार सैनिक बाहर आए। सेनापति भद्रसाल एक सफेद घोड़े पर सवार होकर युद्ध करने आया था।

जैसे ही मगध की सेना के हाथी चन्द्रगुप्त के सैनिकों की ओर आए, चन्द्रगुप्त के सैनिक चन्द्रगुप्त के आदेश के मुताबिक हाथियों के ऊपर तीर बरसाने लगे। चन्द्रगुप्त के पैदल सैनिक मगध के पैदल सैनिकों से लड़ने लगे और घुड़सवार सैनिक घुड़सवारों से जमकर युद्ध करने लगे। आचार्य चाणक्य और चन्द्रगुप्त को पता था कि अगर हमें मगध की विशाल सेना को हराना है तो हमें मगध की हाथी सेना के हाथियों को परेशान करना होगा। इस तरह परेशान हाथी मैदान में इधर-उधर भागेंगे तथा अपने ही सैनिक को कुचलने का प्रयास करेंगे। उससे मगध के सैनिक घबरा जाएंगे। उनका मनोबल गिर जाएगा। इस तरह उन्हें आसानी से हरा देंगे।

संख्या में मगध के सैनिकों, हाथी, घोड़ों की संख्या चन्द्रगुप्त की सेना के मुकाबले ज्यादा थी, फिर भी चन्द्रगुप्त तथा उनके सहयोगी पहाड़ी राजाओं के अन्दर युद्ध का उत्साह कूट-कूट कर भरा हुआ था। ये पर्वतीय नरेश बड़े ही वीर, पराक्रमी और साहसी थे। इन्होंने कई युद्ध जीते थे तथा युद्ध करते समय इनका केवल एक ही लक्ष्य रहता था—मरना है या मारना है। जिस समय मगध की सेना पाटलिपुत्र किले के बाहर मैदान में चन्द्रगुप्त की संयुक्त सेना से लड़ने के लिए आयी तो पर्वतीय राजा अपनी-अपनी सेना के योद्धाओं को जोश दिलाते हुए उनसे कहने लगे, "बहादुर सैनिको! दुश्मनों का सफाया कर दो। एक-एक का सिर, धड़ से अलग कर डालो। हमें अपने प्राण देकर भी यह युद्ध जीतना है।"

इसी तरह चन्द्रगुप्त भी सैनिकों को जोश दिलाते हुए कह रहे थे, "अत्याचारी नन्दों के शासन का अन्त करने का यही समय है। मगधवासियों को उनके जुल्मों से छुटकारा दिलाने का यही समय है। यह लड़ाई सामान्य

नहीं बल्कि धर्मयुद्ध है। आओ, हम सभी वीर योद्धा इस धर्म युद्ध में हंसकर अपने-अपने प्राणों की कुर्बानियां दें। आज शत्रुओं को सफाया करके हम नया इतिहास रच दें!"

मगध सेना को जोश दिलाने वाला केवल भद्रसाल सेनापति था लेकिन चन्द्रगुप्त की सेना को जोश दिलाने के लिए चन्द्रगुप्त सहित सभी पहाड़ी राजा थे इसलिए चन्द्रगुप्त संयुक्त सेना में युद्ध का उत्साह ज्यादा था। वे मगध के सैनिकों से ज्यादा उत्साह एवं वीरता के साथ युद्ध लड़ रहे थे।

यकायक चन्द्रगुप्त के तीरंदाज सैनिकों के तीरों से घायल होकर मगध की गजसेना के हाथी इधर-उधर भागने लगे। कभी वे चन्द्रगुप्त की सेना की तरफ भागते और कभी दाएं-बाएं अपनी ही सेना में दौड़ लगाते। इससे मगध के सैनिक भयभीत हो गए और अपनी जान बचाने के लिए इधर-उधर भागने लगे। एक तरफ चन्द्रगुप्त के घुड़सवार और पैदल सैनिक तथा पर्वतीय राजा मगध की सेना में मार-काट मचा रहे थे, ऊपर से चन्द्रगुप्त के तीरंदाज पैदल सैनिकों के तीरों से घायल होकर मगध की गजसेना के हाथी तड़पते चिंघाड़ते हुए इधर-उधर भाग रहे थे।

मगध सेनापति भद्रसाल ने जब अपनी सेना की ऐसी बुरी हालत देखी तो वह घबरा गया। इस समय अगर नवनन्द (नन्दराज और उसके आठों छोटे भाई) उसके साथ युद्ध के मैदान में होते तो सेनापति भद्रसाल का हौंसला बढ़ता लेकिन भीषण युद्ध की इस विकट परिस्थिति में भद्रसाल का उत्साह बढ़ाने वाला मैदान में कोई नहीं था।

अपने ही हाथियों से परेशान होकर जब भद्रसाल के सैनिक युद्ध हारने लगे तो सेनापति भद्रसाल ने नगाड़ा वादकों को हुक्म दिया कि वे सेना के वापिस लौटने का नगाड़ा बजाना शुरू करें क्योंकि आज का युद्ध हम बुरी तरह हार चुके हैं। हमारे अपने ही हाथी हमें नुकसान पहुंचा रहे हैं। अगर हम शीघ्र ही किले के भीतर न पहुंचे तो चन्द्रगुप्त के तीरंदाज सैनिक जहर बुझे तीर बरसा-बरसाकर हमारे प्राण हर लेंगे।

सेनापति भद्रसाल के आदेश पर मगध के नगाड़ा वादक सेना के वापिस लौटने का नगाड़ा बजाने लगे। मगध सैनिक शीघ्रातिशीघ्र पगलाए

हाथियों एवं मगध सैनिकों से अपनी जान बचाते हुए किले में घुसने का प्रयत्न करने लगे।

आज के भीषण संग्राम में मगध की सेना को कड़ी पराजय का मुंह देखना पड़ा था। आचार्य चाणक्य ने मगध की गजसेना के हाथियों को फंसाने के लिए मैदान में कई जगह गड्ढे खुदवाए थे। तीरों से घायल हो बौखलाए हाथी उस गड्ढों में गिर-गिर कर फंसने लगे। जो हाथी एक बार गड्ढे के अन्दर गिर जाता था, वह काफी जोर लगाकर भी उस गड्ढे से बाहर नहीं निकल पाता था।

सवेरे मगध की गजसेना बड़े ही उत्साह के साथ किले के बाहर युद्ध करने चली थी लेकिन दोपहर होते-होते इस सेना के हौंसले पस्त हो गए। गजसेना के हाथियों ने युद्ध का पासा ही पलट दिया। अपनी सेना के जिस हाथियों पर सेनापति भद्रसाल को गर्व था वे ही हाथी उसकी सेना के लिए खतरा बन गए थे। आज से पहले सेनापति भद्रसाल कोई भी युद्ध नहीं हारा था। आज उसे जिन्दगी में पहली बार घोर पराजय का सामना करना पड़ा था। वह एक वीर, साहसी, पराक्रमी योद्धा था और दुश्मन का खात्मा किए बिना वह कभी पाटलिपुत्र नगर वापिस नहीं लौटा था लेकिन आज सेनापति भद्रसाल को अपनी तथा अपने बचे खुचे सैनिकों की रक्षा के लिए शत्रु को पीठ दिखाकर नगर में वापिस लौटना पड़ रहा था। किले में वापिस लौटते समय सेनापति भद्रसाल अपने आप पर बहुत लज्जित था। उसे अपनी कायरता, दुर्बलता और असहायता पर इतनी ग्लानि हो रही थी कि वह सोचता, "क्यों न मैं नगर में वापिस लौटने से पूर्व इसी खाई में छलांग लगा दूं और अपने जीवन का अन्त कर दूं। पराजय की इस हालत में मैं महाराज को अपना क्या मुंह दिखाऊंगा तथा नगरवासियों के सवालों का भला कैसे सामना कर पाऊंगा।"

तथापि सेनापति भद्रसाल ने खाई के जल में कूद कर अपनी जान नहीं दी क्योंकि उसे उम्मीद थी कि महामन्त्री राक्षस हमारी हार को जीत में बदलने के लिए जल्दी ही कोई न कोई युक्ति निकाल लेंगे।

जब मगध की हारी हुई सेना किले के अन्दर वापिस जा रही थी तो चन्द्रगुप्त के सहयोगी कुछ पहाड़ी राजा चीखते हुए कह रहे थे कि इन भागते

हुए कायर सैनिकों का पीछा करके इन्हें मार डालते हैं लेकिन चन्द्रगुप्त को इन राजाओं का विचार पसन्द नहीं आया। वे उन्हें समझाने लगे, "भागते हुए शत्रु की पीठ पर वार करना वीरता नहीं है। यह कायर लोगों का काम है। आप सब तो शूरवीर हो। मुझे उम्मीद है कि आप लोग ऐसा नहीं करेंगे। हमारे हाथों आज दुश्मन की सेना की बुरी तरह हार हुई है। शत्रु सैनिक घबराए हुए अपनी जान बचाकर किले में भाग रहे हैं इसलिए हमें उनके ऊपर प्रहार नहीं करना चाहिए। कल जब शत्रु सैनिक अपनी पूरी तैयारी के साथ आएंगे तो हम पुनः इनको देख लेंगे। इसलिए आपको जितनी वीरता दिखानी है, कल दिखला देना।....आज का युद्ध तो हम जीत ही गए हैं। इसी तरह आगे भी युद्ध का परिणाम हमारे ही पक्ष में रहेगा। आप सभी बहादुर नरेश इसी प्रकार अपने हौंसले बुलन्द रखिए। जीत आखिरकार सच्चाई और बहादुरी की होती है। नन्दों के अत्याचारपूर्ण शासन का अन्त होगा। इसलिए कृपया करके इस धर्मयुद्ध में इसी तरह अपना संयम और धीरज बनाए रखिए।

राजकुमार चन्द्रगुप्त की बात का आशय पहाड़ी राजा अच्छी तरह से समझ चुके थे इसलिए उन्होंने किले में भागते हुए मगध सैनिकों पर पीछे से हमला अथवा प्रहार नहीं किया। सभी राजाओं को इस बात की खुशी थी कि आज के भीषण संग्राम में विजय हमारी हुई है।

इधर अपनी थकी हारी सेना को छावनी में छोड़कर जब सेनापति भद्रसाल राजमहल में मगध नरेश नन्दराज के पास पहुंचा तो उसने महामन्त्री राक्षस को भी नन्दराज के पास मन्त्रणा करते पाया। अब तक ये दोनों गुप्तचरों के जरिए मगध सेना की हार के बारे में जान चुके थे।

यद्यपि सेनापति भद्रसाल ने मगध सेना की हार का दोष गजसेना के हाथियों पर लगाया लेकिन राजा नन्द ने उसकी कोई बात नहीं सुनी। नन्दराज ने सेनापति भद्रसाल को बुरा भला कहा और उसे जैसे ही फटकारना चाहा, महामन्त्री राक्षस ने यह कहते हुए नन्दराज को शान्त करा दिया, "जब तक वह कूटनीतिज्ञ ब्राह्मण चाणक्य शत्रु सेना के साथ है, तब तक हमारी सेना का जीत पाना मुश्किल है महाराज! हमने आज तक कोई भी युद्ध नहीं हारा है क्योंकि हमारा पाला कभी आचार्य चाणक्य से नहीं पड़ा था लेकिन

अब तो चाणक्य के इशारे पर ही शत्रु सेना सारी कार्यवाहियां कर रही है। उसने अपने तीरंदाज सैनिकों से हमारे हाथियों पर तीरों की बरसात करवा दी, हमारे हाथियों को फंसाने के लिए मैदान से जान-बूझकर जगह-जगह गड्ढे खुदवा दिए। चाणक्य अपने दुश्मन को हराने तथा धूल में मिलाने के लिए सोच समझकर सब कुछ करता है महाराज!"

महामन्त्री राक्षस की बात सुनकर नन्दराज गुस्से से चीखता हुआ कहने लगा, "तो फिर पहले उस ब्राह्मण का कोई इन्तजाम करो महामन्त्री! जब तक वह और उसका शिष्य चन्द्रगुप्त जीता रहेगा, हमारे सिर पर इसी तरह संकट के बादल छाए रहेंगे।"

महामन्त्री राक्षस, "आप परेशान न हों महाराज! मैं जल्दी ही चाणक्य और चन्द्रगुप्त को ठिकाने लगाने का इन्तजाम कर लूंगा।....अब मुझे आज्ञा दीजिए। आगे हमको कभी ऐसी बुरी हार न देखनी पड़े। इसीलिए मुझे चिन्तन करना होगा महाराज! मुझे आज सारी रात इस समस्या के बारे में विचार करके इसका कोई न कोई हल निकाल लेना है। अब शाम होने वाली है। मैं जाता हूं। प्रणाम महाराज!"

अपने शासक नन्दराज को प्रणाम करता हुआ महामन्त्री राक्षस अपने महल की ओर चला गया। अपने मन्त्रणा कक्ष में पहुंचकर उसे तरह-तरह के ख्याल आने लगे। कभी वह सोचता, "चाणक्य और चन्द्रगुप्त की जीवनलीला समाप्त किए बिना मैं यह लड़ाई नहीं जीत सकता लेकिन इन दोनों दुश्मनों का अन्त किस प्रकार हो सकता है? किसके जरिए इन गुरु-शिष्य की हत्या करवाई जा सकती है? लगता है, युवक चन्द्रगुप्त की हत्या के लिए मुझे विषकन्या का इस्तेमाल करना पड़ेगा। उस विषकन्या का केवल एक ही बार प्रयोग किया जा सकता है। अगर मेरे द्वारा तैयार की गयी विषकन्या चन्द्रगुप्त को अपने गले लगा लेगी तो चन्द्रगुप्त का हमेशा-हमेशा के लिए अन्त हो जाएगा। मैं किसी बहाने अपनी विषकन्या को चन्द्रगुप्त के शिविर में चुपचाप भिजवाऊंगा। उससे चन्द्रगुप्त मारा जाएगा और चन्द्रगुप्त के बिना चाणक्य कुछ नहीं कर पाएगा। चन्द्रगुप्त के मर जाने पर मैं चाणक्य के पक्ष वाले पर्वतीय राजाओं के बीच यह खबर फैला दूंगा कि चाणक्य ने अपने स्वार्थ को पूरा करने के लिए राजकुमार चन्द्रगुप्त को मार डाला है।

इससे पहाड़ी राजा चाणक्य के खिलाफ हो जाएंगे। तब वह धूर्त ब्राह्मण मगध सेना का, मेरा या महाराज का कुछ नहीं बिगाड़ पाएगा।"

अगले ही पल महामन्त्री राक्षस सोचने लगता, "अगर मैं पहाड़ी राजाओं को हिरण्य गुफा के स्वर्ण का प्रलोभन दूं तो जैसे मलयकेतु राजा मेरे पक्ष में हुआ है, उसी तरह और भी राजा मेरे पक्ष में हो जाएंगे। पहले मैं किसी बड़े पहाड़ी राजा को अपने पक्ष में कर लूंगा। इसके बाद उसे देखकर चन्द्रगुप्त के पक्ष के अन्य पर्वतीय राजा भी मेरे पक्ष में हो जाएंगे। स्वर्ण का प्रलोभन बड़े-से-बड़े आदमी के ईमान एवं निष्ठा को डांवाडोल कर देता है।"

काफी कुछ सोचने विचारने के बाद महामन्त्री राक्षस ने मगध के पूर्व सेनापति पुष्पगुप्त को अपने पास बुलाया। राक्षस को लगता था कि पुष्पगुप्त अब केवल उसका सेवक ही नहीं बल्कि उसके भरोसे का व्यक्ति, उसका पक्षधर भी बन गया है। पुष्पगुप्त को बुलाकर महामन्त्री राक्षस उससे कहने लगा, "पुष्पगुप्त! तुम तो मगध के पूर्व सेनापति रह चुके हो तथा मगध के शुभचिन्तक भी हो। तुम्हें पता चल गया होगा कि आज के युद्ध में हमारी सेना को कड़ी हार का सामना करना पड़ा है। मैं चाहता हूं कि भविष्य में हमें फिर कभी चन्द्रगुप्त की सेना से न हारना पड़े। इसके लिए मैंने एक योजना बनाई है। वह ये कि हम चन्द्रगुप्त के पक्ष वाले किसी बड़े पहाड़ी राजा को अपने पक्ष में करेंगे जैसे कि हमने मलयकेतु को किया था। उसे हम हिरण्य गुफा के अपार स्वर्ण एवं हीरे-जवाहरातों का प्रलोभन देंगे। जब बड़े राजा इस तरह हमारे पक्ष में हो जाएंगे तो छोटे-छोटे पर्वतीय राजाओं को अपने पक्ष में करना कोई मुश्किल बात न होगी। क्या तुम्हें पता है कि मलयकेतु के अलावा चन्द्रगुप्त के पक्ष में और कौन-सा बड़ा राजा है?"

पुष्पगुप्त कूटनीतिज्ञ राक्षस की योजना को समझ चुका था। उसने उत्तर देते हुए कहा, "अब तो आम्भिराज ही उस तरफ सबसे बड़ा राजा है महामन्त्री जी!"

महामन्त्री राक्षस, "तो फिर ठीक है। हम आम्भिराज को अपार स्वर्ण और हीरे-जवाहरातों का प्रलोभन देकर उसे अपने पक्ष में कर लेंगे।....तुम एक काम करो पुष्पगुप्त...."

पुष्पगुप्त, "कहिए महामन्त्री जी?"

महामन्त्री राक्षस, "तुम आज रात ही चुपचाप चन्द्रगुप्त के शिविर में जाकर आम्भिराज से मिलो तथा उसे हमसे मुलाकात करने के लिए कहो। उससे कहना कि मगध के महामन्त्री तुमसे मित्रता करना चाहते हैं और वे तुम्हें हिरण्य गुफा का आधा स्वर्ण और बहुमूल्य हीरे-जवाहरात देने के लिए तैयार हैं।"

"क्या आम्भिराज मेरे कहने से यहां आपके पास आ जाएगा महामन्त्री जी?"

"वह अवश्य हमसे मिलने आएगा। स्वर्ण का प्रलोभन ही ऐसा होता है कि उसकी चकाचौंध में आदमी अपना विवेक भूल जाता है।....तुम आज ही रात उसे मेरे पास लेकर आओ...."

"लेकिन आम्भिराज को डर रहेगा कि वह चन्द्रगुप्त और चाणक्य को धोखा दे रहा है। अगर चाणक्य को पता पड़ गया कि वह आपसे यहां मिलने आया है तो चाणक्य उसे जान से मरवा डालेंगे। आचार्य चाणक्य ने पहाड़ी राजाओं को काबू में रखने के लिए जरूर कठोर नियम बनाए होंगे।"

"इसकी तुम चिन्ता मत करो। वह आज रात हमसे मिलने यहां आ जाए। हम सवेरा होने से पहले ही वापिस उसे उसके शिविर में पहुंचायेंगे। तब चाणक्य अथवा किसी को उस पर कोई शक नहीं होगा।"

"तो फिर ठीक है महामन्त्री जी, मैं अभी शत्रु शिविर में जाता हूं और आम्भिराज को मनाकर यहां लाता हूं।"

"ठीक है जाओ लेकिन सावधानी से जाना। रात के अन्धेरे का लाभ उठाते हुए चुपचाप दबे पांव जाना...."

"मैं ख्याल रखूंगा...."

इसके बाद पुष्पगुप्त छिपता-छिपाता चन्द्रगुप्त के सैनिक शिविर की ओर चला गया। पुष्पगुप्त यह सोचकर प्रसन्न हो रहा था कि वह वापिस आचार्य चाणक्य और चन्द्रगुप्त के पास चला आया है। मगध के महामन्त्री राक्षस मेरे जरिए जो चाल चन्द्रगुप्त के खिलाफ चल रहे हैं, उस चाल को आचार्य चाणक्य जरूर निष्प्रभावी बना देंगे। पहले आम्भिराज के पास जाता हूं। इसके बाद आचार्य चाणक्य के खेमे में जाकर उनको सब कुछ

बता दूंगा। वे आम्भिराज और महामन्त्री चाणक्य से अपने हिसाब से निटेंगे।

मध्यरात्रि का समय हो चुका था। दिनभर के युद्ध से थके हारे संयुक्त सेना के सैनिक अपने-अपने तम्बुओं में विश्राम कर रहे थे। यद्यपि शिविर के पहरेदार अपनी-अपनी जगह पर खड़े पहरा दे रहे थे लेकिन रात इतनी भयानक और अन्धेरी थी कि दूर खड़ा आदमी तनिक भी नजर नहीं आता था। पुष्पगुप्त जानता था कि जब से वह आचार्य चाणक्य की योजनानुसार चन्द्रगुप्त के शिविर से भागा है, शिविर के सैनिक तथा पहाड़ी राजा उसे ही दोषी मानते हैं क्योंकि राजा मलयकेतु तो यहां वापिस चला आया है और उसने यहां अपने निर्दोष होने की सफाई भी सबको दे दी होगी। इस संयुक्त सेना के योद्धा तथा पर्वतीय राजा मुझे ही कसूरवार मानते होंगे इसलिए अगर मैंने आम्भिराज और आचार्य चाणक्य के पास पहुंचने में सावधानी और सतर्कता नहीं बरती तो पहाड़ी राजा क्रोध में आकर मेरा वध कर सकते हैं। शायद यहां से पाटलिपुत्र भाग जाने तथा महामंत्री के संग मिल जाने से वे मुझे गद्दार समझते होंगे। इन पहाड़ी राजाओं ने अपने-अपने सैनिकों से कह भी रखा होगा कि अगर मगध का पूर्व सेनापति पुष्पगुप्त तुम्हें कहीं दिखे तो मार डालना।

यही सब सोचकर पुष्पगुप्त अन्धेरे में फूंक-फूंक कर कदम रख रहा था। छिपता-छिपाता किसी तरह आम्भिराज के तम्बू में जा पहुंचा। आम्भिराज उसे देखते ही चौंक पड़ा तथा क्रोधावेश में उसकी भृकुटियां तन गईं। यह देख पुष्पगुप्त मुस्कुराता हुआ कहने लगा, "नाराज मत होइये राजन! इस समय मैं महामन्त्री मगध के राक्षस का दूत बनकर तुम्हारे पास आया हूं। महामन्त्री राक्षस तुमसे मिलना चाहते हैं। उनका कहना है कि अगर तुम उनकी तथा मगध नरेश नन्दराज की मित्रता स्वीकार कर लो तो हिरण्य गुफा का आधा स्वर्ण तथा अपार हीरे-जवाहरात वे तुम्हें सौंप देंगे।....आप इस बात का अनुमान भी नहीं लगा सकते कि मगध की रहस्य गुफा में कितना अपार स्वर्ण और हीरे-जवाहरात हैं। आपको इतना स्वर्ण दिया जाएगा कि स्वर्ण से आपके महल के कक्ष भर जाएंगे तथा आपकी प्रजा की सारी गरीबी दूर हो जाएगी। उस स्वर्ण से आप अपने राज्य की सुरक्षा हेतु और भी ज्यादा मजबूत,

विशाल एवं संगठित सेना का निर्माण कर सकते हैं।"

सेनापति पुष्पगुप्त भरोसा दिलाने के लिए मगध की राजमुद्रा और मुहर साथ लाया था। उसे देखकर आम्भिराज को विश्वास हो गया कि पुष्पगुप्त जो कह रहा है, सच कह रहा है।

पुष्पगुप्त की बातों से सहमत होकर आम्भिराज ने कहा, "ठीक है, मैं अवश्य महामन्त्री राक्षस से मिलने जाऊंगा लेकिन यहां शिविर में किसी ने मुझे तुम्हारे साथ देख लिया तो ठीक नहीं होगा इसलिए तुम महामन्त्री के पास पहुंचो, मैं अभी मौका देखकर तुम्हारे पीछे आता हूं।"

पुष्पगुप्त, "महामन्त्री राक्षस ने कहा है कि वे भोर होने से पहले ही आपको यहां सुरक्षित रूप से वापिस भिजवा देंगे।"

आम्भिराज, "ठीक है, अब तुम जाओ। कोई तुम्हें पहचान न ले...."

पुष्पगुप्त आम्भिराज के शिविर से निकलकर सीधा आचार्य चाणक्य के शिविर में पहुंचा। उसने आचार्य को बताया कि मगध के महामन्त्री राक्षस ने आम्भिराज को हिरण्य गुफा के स्वर्ण का प्रलोभन दिया है। उस प्रलोभन में फंसकर आम्भिराज, राक्षस का साथ देने पर राजी हो गया है तथा शीघ्र महामन्त्री राक्षस के पास जाने वाला है। आप किसी तरह आम्भिराज को रोकिये। राजा मलयकेतु पहले ही इस प्रकार के प्रलोभन में फंसकर नन्दराज का मित्र बन चुका है। यदि इसी तरह आम्भिराज तथा अन्य पहाड़ी राजा महामन्त्री राक्षस के प्रलोभन में आकर उसके पक्ष में जाते रहे तो हमारी सेना दुर्बल पड़ जाएगी और समय पर हमको कभी भी धोखा मिल सकता है। आप आम्भिराज को सबक जरूर सिखाइये आचार्य।

"हां उसको इस विश्वासघात की सजा अवश्य दी जाएगी सेनापति!" इतना कहकर आचार्य चाणक्य ने चन्द्रगुप्त को अपने पास बुलाया और उनसे कहा, "आम्भिराज मगध महामन्त्री राक्षस से मुलाकात करने जा रहा है चन्द्रगुप्त! जब उसे रास्ते में ही रोककर मार डालो और उसके शव को मगध की सीमा के अन्दर फेंक दो ताकि हमारे पक्ष के राजाओं को मालूम हो कि विश्वासघाती किस प्रकार दुश्मन के हाथ ही मारे जाते हैं।....जाओ, शीघ्रता करो!"

"जो आज्ञा गुरुजी!" राजकुमार चन्द्रगुप्त ने अपने हाथ जोड़ते हुए

कहा और अपनी तलवार लेकर तेज कदमों से आम्भिराज के शिविर की ओर चल दिया। सैनिक शिविर के बाहर वन प्रदेश में एक जगह चन्द्रगुप्त ने आम्भिराज को पकड़ कर मार डाला और उसका शव मगध राज्य की सीमा में लाकर छोड़ दिया। उस समय पुष्पगुप्त भी चन्द्रगुप्त के पास आ गया था अतः आम्भिराज के शव को ठिकाने लगाने में दोनों को किसी प्रकार की दिक्कत नहीं आई।

राजकुमार चन्द्रगुप्त ने पुष्पगुप्त से कहा, "अब तुम महामन्त्री राक्षस के पास जाओ पुष्पगुप्त! उससे कहना कि आपके कहे अनुसार आम्भिराज आपसे मित्रता एवं समझौता करने के लिए तैयार हो चुका है। आम्भिराज ने कहा कि आपकी मित्रता का मान रखते हुए वह मगध सेना पर हमला न करके तटस्थ भाव अपनाएगा। इससे नुकसान चन्द्रगुप्त की सेना को ही होगा।"

"ठीक है राजकुमार! मैं महामन्त्री राक्षस से ऐसा ही कहूंगा, "सेनापति पुष्पगुप्त ने अपनी गर्दन हिलाते हुए कहा।

"इस समय पाटलिपुत्र के सुभंग प्रासाद में कितनी सेना होगी पुष्पगुप्त?" राजकुमार चन्द्रगुप्त ने प्रश्न किया।

पुष्पगुप्त, "वहां मगध के लगभग एक हजार सैनिक मौजूद हैं तथा सभी सैनिक एक ही जगह पर तैनात हैं....लेकिन आप यह क्यों पूछ रहे हैं?"

राजकुमार चन्द्रगुप्त, "मुझे कुछ ही समय पहले गुप्तचर के जरिए राजकुमारी कल्याणी का एक सन्देश मिला है। उस सन्देश में कल्याणी ने कहा है कि नन्दराज ने मेरी तरह राजमाता को भी कैद कर लिया है। कल्याणी की तरह उनकी दादी अर्थात् राजमाता सुनन्दा ने भी अपने पुत्र नन्दराज से विद्रोह किया है। राजमाता सुनन्दा को नन्दों द्वारा मगध की प्रजा पर किए जाने वाले जुल्म बर्दाश्त नहीं हैं।....मुझे राजमाता को कैद से छुड़ाना होगा पुष्पगुप्त। मगध की प्रजा तो नन्दराज के खिलाफ पहले ही बगावत कर चुकी है। कई बागी सैनिक कल्याणी के साथ हैं। अब राजमहल में भी विद्रोह फैल गया है।"

कुछ ठहरकर चन्द्रगुप्त ने पुष्पगुप्त से पूछा, "उस हिरण्य गुफा पर

नन्दराज के कितने सैनिक तैनात हैं। क्या तुम्हें उस गुफा का रास्ता मालूम है?"

पुष्पगुप्त, "उस गुफा पर तो कोई भी सैनिक तैनात नहीं है लेकिन उसका रास्ता केवल राक्षस और महारानी को पता है...."

राजकुमार, "तो फिर मुझे भेष बदलकर शीघ्र ही राजमाता सुनन्दा अर्थात् नन्दराज की मां के पास पहुंचना होगा।"

अठारह

मगध का महामन्त्री राक्षस बड़ा ही चतुर और कूटनीतिज्ञ था। वह कई वर्षों से आचार्य चाणक्य को अपना प्रतिद्वन्द्वी समझता आ रहा था तथा आचार्य को बड़ा सबक सिखाकर उन्हें कूटनीति ने परास्त करना चाहता था। नन्दराज और राक्षस, ये दोनों चाणक्य और चन्द्रगुप्त से परेशान हो चुके थे और इन दोनों से हमेशा के लिए छुटकारा पाना चाहते थे। मगध महामन्त्री राक्षस ने अपने कक्ष में एक विषकन्या को बुलाया था। वह पालकी के अन्दर बैठी हुई थी। महामन्त्री राक्षस सोच रहा था कि मैं इस कन्या को चन्द्रगुप्त के शिविर में भेजूंगा। यह जैसे ही चन्द्रगुप्त को अपने आलिंगन में लेगी, चन्द्रगुप्त की मृत्यु हो जाएगी और चन्द्रगुप्त के मरते ही मेरे प्रतिद्वन्द्वी चाणक्य की आधी शक्ति कम हो जाएगी। इधर मैं मलयकेतु, आम्भिराज तथा अन्य पहाड़ी राजाओं को हिरण्य गुफा के अपार स्वर्ण का प्रलोभन देकर अपने पक्ष में कर लूंगा। फिर भला चाणक्य का साथ देने के लिए कौन बचेगा? चाणक्य नन्द वंश का नाश करने की अपनी प्रतिज्ञा को अपने जीते जी फिर कभी पूरा नहीं कर सकेगा।

अपने कक्ष में टहलता हुआ महामन्त्री राक्षस मन ही मन ऐसा सोच ही रहा था कि तभी मगध नरेश नन्दराज चिन्ता, परेशानी और भय के हावभाव चेहरे पर लिए राक्षस के पास आया। उसे देख राक्षस ने अब उससे पूछा कि महाराज आप इतने परेशान और चिन्तित क्यों दिखाई दे रहे हैं तो नन्दराज दुःखी स्वर में बताने लगा, "क्या करूं महामन्त्री! एक तरफ हमारी सेना युद्ध में हार गयी है, दूसरी तरफ मेरी बेटी कल्याणी ने, महारानी ने तथा मगध की प्रजा ने मेरे खिलाफ बगावत खड़ी कर दी है। मेरा तो जी करता है कि सब विद्रोहियों को एक कतार में खड़ा करके सबकी गर्दन, धड़ से

अलग कर दूं अर्थात् सबको मार डालूं।....ये छोटे भाई भी किसी काम के नहीं हैं। सबके सब मूर्ख हैं। यदि वे बुद्धिवान और वीर होते तो क्या हम चन्द्रगुप्त की सेना से यह युद्ध हारते।....पराए तो पराए, अपने भी मुझे धोखा दे रहे हैं। अब किसी पर मेरा विश्वास नहीं रहा। चन्द्रगुप्त सेना लिए पाटलिपुत्र को घेरे खड़ा है। पता नहीं कब वह पहाड़ी राजाओं की फौजें लेकर किले में घुस आए और मुझे मारकर सब कुछ तहस-नहस कर डाले।"

महामन्त्री राक्षस ने नन्दराज को भरोसा दिलाया, "ऐसा कुछ नहीं होगा महाराज! आप बिना बात ही भयभीत हो रहे हैं। मेरे होते हुए चन्द्रगुप्त आपका कुछ नहीं बिगाड़ सकेगा।"

नन्दराज, "मुझे और तो किसी की चिन्ता या परवाह नहीं है। केवल हिरण्य गुफा की चिन्ता मुझे खाए जाती है। अगर वह इन दुश्मनों के हाथ लग गई तो मैं कहीं का नहीं रहूंगा। मेरा सब कुछ लुट जाएगा।"

महामन्त्री राक्षस, "उस गुफा का रास्ता कवेल आपको, मुझे और महारानी को ही पता है। हम तीनों के अलावा गुफा का पता कोई नहीं जानता फिर भला कोई कैसे इस गुफा तक पहुंच सकता है।"

नन्दराज, "मुझे उस प्रिय गुफा की बहुत याद आ रही है। महामन्त्री! तुम मुझे गुफा तक ले चलो। अब तो केवल वहीं मेरे मन को शान्ति मिलेगी।"

नन्दराज के ऐसा कहने पर महामन्त्री राक्षस ने नम्रतापूर्वक 'जरूर ले चलूंगा महाराज' कह तो दिया लेकिन मन ही मन वह घबराने लगा! उसे याद आया कि कई साल पहले नन्दराज इसी तरह मगध के तत्कालीन महामन्त्री शकटार को उस ग़ुफा में ले गया था। इसके बाद शकटार का कहीं कुछ पता नहीं चला। नन्दराज ने उसे गुफा में ही मारकर दफना दिया था। कहीं यह धूर्त राजा मेरे साथ भी ऐसा नहीं करने वाला है।

तभी महामन्त्री राक्षस ने मन में विचार किया कि मैं तो महाराज का विश्वासपात्र हूं, मेरे साथ भला ये ऐसा क्यों करेंगे? मैंने तो हमेशा नन्दराज के प्रति वफादारी निभाई है।

महामन्त्री ने नन्दराज की इच्छा अनुसार खुशी-खुशी हिरण्य गुफा में जाना स्वीकार कर लिया और दोनों हिरण्य गुफा की ओर चल दिए। जल्दी

ही ने गंगा तट पर जा पहुंचे। उस रहस्यमय गुफा का प्रदेशद्वार गंगा नदी के बीच से होकर खुलता था।

गंगा नदी में उतरकर जब राक्षस ने नन्दराज के साथ गुफा में प्रवेश किया तो देखा कि गुफा में सब तरफ स्वर्ण ही स्वर्ण चमक रहा है। गुफा के अन्दर बड़े-बड़े स्वर्ण खण्ड पड़े हुए थे तथा उन स्वर्ण खण्डों के बीच अनेक रत्न, हीरे-जवाहरात चमक रहे थे। रत्नों की वजह से गंगा का जल सूर्य किरणों की भांति चमक रहा था। इतने सारे स्वर्ण, रत्न और हीरे-जवाहरातों को देख राक्षस मन में सोचने लगा कि अगर नन्दराज युद्ध हार जाएं, अपना राज्य खो दें तभी इस गुफा के सहारे वह और उसका राजपरिवार सारी उम्र ऐशोआराम की जिन्दगी जी सकता है।"

अपनी स्वर्ण गुफा को निरख हर्षित होता हुआ नन्दराज, राक्षस से कहने लगा, "महामन्त्री! मेरा तो मन करता है कि इस सुन्दर वैभवपूर्ण गुफा के बाहर कभी न निकलूं।" इसके बाद दोनों गुफा के अन्दर काफी दूर तक घूमकर आए और वापिस लौटने लगे। जैसे ही नन्दराज गुफा के दरवाजे के बाहर निकला, गुफा का दरवाजा खटके के साथ बन्द हो गया। अन्दर राक्षस भी कैद होकर रह गया।

इधर हिरण्य गुफा के दरवाजे के बाहर निकलते ही कई सशस्त्र यवनियों अथवा रक्षिकाओं में नन्दराज को चारों तरफ से घेर लिया। उन्होंने नन्दराज के बन्दी बना लिया। तभी नन्दराज ने देखा कि आचार्य चाणक्य और चन्द्रगुप्त पास ही खड़े मुस्करा रहे हैं। नन्दराज बन्धनों को तोड़ने के लिए छटपटाने लगा। तभी आचार्य चाणक्य बोले, "अब तुम्हारा आजाद होना सरल नहीं है नन्दराज! तुम्हारी भलाई इसी में है कि तुम चुपचाप हमारे साथ आओ। ध्यान रखो कि तुम्हें बन्दी बना लिया गया है।"

नन्दराज क्रोध से चीखता हुआ बोला, "ब्राह्मण! मैंने उसी दिन तुझे अतिथिशाला में मार डाला होता तो मुझे आज इतने बड़े षड्यन्त्र का सामना न करना पड़ता। तूने मेरी पुत्री को, मेरी मां को और मेरी प्रजा को मेरे खिलाफ कर दिया है। इसका दण्ड मैं तुझे अवश्य दूंगा।"

आचार्य चाणक्य, "तुम्हारे अन्याय, अत्याचार, अधर्म और भोगविलासिता के कार्यों ने ही तुम्हारे अपने को, तुम्हारी प्रजा को तुमसे दूर किया है

नन्दराज! अब तुम हमारे कैदी हो। सिवाय रोने, चीखने-चिल्लाने और खुद पर पछताने के तुम कुछ नहीं कर सकते। तुम्हारे प्राणों पर भी अब हमारा अधिकार है। तुम्हारी भलाई इसी में है कि तुम चुपचाप हमारे साथ चलो!"

नन्दराज, "तुम मुझे कहां ले जाना चाहते हो?"

आचार्य चाणक्य, "तुम्हें बता दिया जाएगा।"

मगध की वृद्धा राजमाता सुनन्दा को इस हिरण्य गुफा के द्वार के बारे में पता था। वे ही चन्द्रगुप्त और चाणक्य को अपने साथ गुफा के द्वार तक लाई थीं। यवनियां भी राजमाता की ही रक्षिकाएं थीं जो उनके संकेत पर कुछ भी करने को तैयार रहती थीं। आचार्य चाणक्य ने फिलहाल राजमाता को नदी में पड़ी एक शिला के पीछे छिपा दिया था। नन्दराज को कैदी बनाकर वे उसे नाव में बिठा नदी से बाहर ले आए। राजमाता भी बाद में एक नाव में बैठकर दूसरे रास्ते से होती हुई राजमहल पहुंच गयीं।

मगध नरेश नन्दराज को बन्दी बनाने के बाद आचार्य चाणक्य ने नन्दराज के आठों भाइयों को भी बन्दी बनाया तथा नन्द परिवार के सभी सदस्यों को वे किले के अन्दर स्थित एक ऊंची पहाड़ी पर ले गए। उस पहाड़ी के पीछे किले की दीवार थी और दीवार के नीचे कई गज गहरी खाई थी।

इधर जब महामन्त्री राक्षस ने खुद को गुफा के दरवाजे के पीछे बन्द पाया तो उसने सोचा कि जिस तरह मगध के पूर्व मन्त्री शकटार को गुफा में हमेशा के लिए कैद करके महाराज नन्दराज चले गए थे, इसी तरह गुफा के दरवाजे के बाहर जाकर उन्होंने गुफा का दरवाजा बन्द कर दिया है। उन्होंने मेरे साथ धोखा तथा छल किया है।

महामन्त्री राक्षस सोच रहा था कि महाराज खुद तो गुफा से बाहर चले गए और मुझे गुफा के अन्दर शकटार की तरह कैद कर गए लेकिन किसी न किसी तरह तो मुझे इस गुफा के बाहर निकलना होगा वर्ना शकटार की तरह इसी मायाविनी गुफा के अन्दर मेरे जीवन का अन्त हो जाएगा।

ऐसा सोचकर राक्षस ने गुफा से बाहर निकलने का प्रयास किया। गुफा के दरवाजे को भी पूरी ताकत लगाकर हिलाने की कोशिश की लेकिन सारे प्रयत्न व्यर्थ साबित हुए। गुफा के अन्दर जो नहर बह रही थी, उस नहर

में राक्षस का पैर एक लकड़ी के तख्ते से टकराया। वह मगध के पूर्वमन्त्री शकटार की पुरानी नाव का टूटा हिस्सा था। उसी तख्ते पर बैठकर राक्षस गुफा के दूसरे छोर तक गया लेकिन वह छोर बन्द था। उधर से कोई भी प्राणी कभी आ जा नहीं सकता था। हारकर राक्षस पुनः गुफा के प्रवेशद्वार पर लौट आया। उसने पूरी ताकत से गुफा का दरवाजा खोलने की कोशिश की। राक्षस के हाथ पैर इस प्रयास में लहूलुहान हो गए लेकिन अपने प्रयत्न में अन्ततः राक्षस सफल हुआ। वह इतनी जल्दी अपनी हार मानने वाला नहीं था। टूटी नाव की लकड़ी और पत्थरों की चोटों के सहारे उसने गुफा के दरवाजे में थोड़ी-सी जगह बनाई उसके बाद अपने निकलने लायक एक-दो फुट का रास्ता दरवाजे में बना लिया। घायलावस्था में गिरता पड़ता महामन्त्री राक्षस सेनापति भद्रसाल के पास पहुंचा। इस समय भद्रसाल मगध के सैनिकों को लेकर चाणक्य और चन्द्रगुप्त पर हमला करने वाला था। उसे पता चला था कि चाणक्य और चन्द्रगुप्त राजपरिवार के सभी सदस्यों को बन्दी बनाकर किले की ऊंची चट्टान पर ले गए हैं। भद्रसाल युद्ध में मिली हार से अब तक बहुत दुःखी था और जल्दी से जल्दी आचार्य चाणक्य तथा उनके प्रिय शिष्य का काम तमाम कर देना चाहता था। भद्रसाल ने देखा कि दूर पहाड़ी पर आचार्य चाणक्य और चन्द्रगुप्त खड़े हैं तथा नन्दराज, राजमाता सुनन्दा, राजकुमारी कल्याणी तथा शेष आठों नन्द भाइयों सहित राजपरिवार के सभी सदस्य बन्दी हालत में चट्टान पर खड़े हैं। सभी के हाथ पैरों को रस्सियों से बांध दिया गया है।

जैसे ही आचार्य चाणक्य ने सेनापति भद्रसाल को सैनिकों सहित अपनी ओर आते देखा तो वे चेतावनी देते हुए भद्रसाल से कहने लगे, "खबरदार सेनापति भद्रसाल! वहीं रुक जाओ। अपने सिपाहियों से कह दो कि वे अपने तीरकमान आदि हथियार नीचे फेंक दें वर्ना हम राजपरिवार के नन्द वंश के एक-एक सदस्य को नीचे गहरी खाई में फेंक देंगे और इन सबकी मौत के जिम्मेदार केवल तुम ही होगे।....कोई चालाकी करने की कोशिश मत करना।"

उस समय सेनापति भद्रसाल अपने कुशल तीरंदाज सैनिकों से चाणक्य और चन्द्रगुप्त का काम तमाम करवाना चाहता था तभी महामन्त्री राक्षस

घायलावस्था में वहां आ गया और सारी स्थिति समझकर सेनापति भद्रसाल से बोला, "इस समय महाराज और उनके परिवार के प्राण संकट में हैं सेनापति! तुम कोई ऐसा काम मत कर बैठना जिससे हमें बाद में पछताना पड़े। इस समय इनकी बात मानने में ही भलाई है।"

तभी आचार्य चाणक्य की आवाज आई, "सेनापति! अगर तुमने हमारा कहा माना तो हम महाराज नन्दराज तथा उसके परिवार के सदस्यों की जान बख्श कर इन्हें सकुशल वन में पहुंचा देंगे। वर्ना इन सभी को आज अपने प्राणों से हाथ धोना पड़ेगा।"

महामन्त्री राक्षस ने सेनापति को समझाया, "सेनापति इनकी बात मान लो। अगर हम और महाराज जीवित रहे तो वन में रहकर भी हम लोग चाणक्य और चन्द्रगुप्त के खिलाफ बड़ी सेना खड़ी कर लेंगे। राजा मलयकेतु अभी भी हमारे साथ है। अपनी हिरण्य गुफा के जरिए हम हारी हुई बाजी को पलट देंगे।"

सेनापति भद्रसाल ने राक्षस की बात मानकर अपने सैनिकों से हथियार डलवा दिया। चाणक्य ने अपने सैनिकों को आदेश देकर वे हथियार अपने नियन्त्रण में ले लिए। आचार्य चाणक्य ने अपने वायदे के मुताबिक नन्द परिवार के सदस्यों के बन्धन खुलवा दिए तथा चार रथ पहाड़ी से नीचे मंगवाए और सभी को पहाड़ी से नीचे उतारकर रथ में बिठवाया। आचार्य चाणक्य ने राजमाता सुनन्दा से कहा, "आपकी मदद के बिना यह सब होना असम्भव था राजमाता। आप अपने पुत्र अर्थात् महाराज के साथ वन में जाइये। कुछ समय बाद हम आपको राजमहल बुला लेंगे और राजकुमारी कल्याणी को भी। मगध की प्रजा इन नन्द भाइयों से जितनी घृणा करती है, उतनी आप दोनों से प्रेम करती है। चन्द्रगुप्त के मगध सम्राट बनने के बाद भी आप मगध की राजमाता रहेंगी।"

राजमाता सुनन्दा, "मेरी पौत्री आपके शिष्य चन्द्रगुप्त से प्रेम करती है...."

आचार्य चाणक्य, "हां, मैं जानता हूं। शीघ्र ही पाटलिपुत्र के महल में इन दोनों का विवाह खूब धूमधाम से होगा।"

राजमाता सुनन्दा, "मुझे इस खास दिन की प्रतीक्षा रहेगी आचार्य!"

अपनी राजधानी पाटलिपुत्र से वन की ओर जाते हुए नन्दराज खुद को बहुत अपमानित, दुखी, लाचार, महसूस कर रहा था। सोच रहा था कि वृद्ध चाणक्य ने मुझे जीवन की सबसे बड़ी हार दी है। मेरा राजपाट मुझसे छीन लिया गया, मेरी प्रजा मुझसे छीन ली गयी और मेरी प्राणों से प्यारी हिरण्य गुफा पर भी चाणक्य और चन्द्रगुप्त का कब्जा हो गया है।

आचार्य चाणक्य ने नन्द परिवार को जंगल में भेजने के बाद राजकुमार चन्द्रगुप्त के राजतिलक का एक शुभ दिन निश्चित किया। राजतिलक होने से पूर्व एक दिन चन्द्रगुप्त ने अपने गुरु एवं महामन्त्री चाणक्य से पूछा, "अब तो हिरण्य गुफा पर हमारा अधिकार है गुरुजी! आप उस गुफा के स्वर्ण का बंटवारा कर दीजिए ताकि हमारे पक्ष में लड़ने वाले पहाड़ी राजाओं को हम अपने वायदे के अनुसार उनके हिस्से का स्वर्ण प्रदान कर सकें।"

चन्द्रगुप्त की यह बात सुन आचार्य चाणक्य ने कहा, "वह गुफा मगध का गौरव है और मगध के बुरे दिनों की सहायक है चन्द्रगुप्त! गुफा का बंटवारा नहीं होगा।"

चन्द्रगुप्त, "कहीं ऐसा न हो कि गुफा का स्वर्ण न मिलने से पर्वतीय राजा हमारे खिलफ बगावत कर दें?"

आचार्य चाणक्य, "ऐसा कुछ नहीं होगा। बस, जैसा मैं कहूं, तुम वैसा ही करते जाओ!"

चन्द्रगुप्त, "ठीक है।....तो मुझे अब क्या करना चाहिए गुरुवर?"

आचार्य चाणक्य, "आज तुम्हें अपने दरबार में यह घोषणा करनी है कि राजतिलक वाले दिन दरबार में मगध के और पहाड़ी राजाओं के सैनिकों को पुरस्कृत किया जाएगा तथा सभी पर्वतीय नरेशों को भी पुरस्कृत एवं सम्मानित किया जाएगा।"

राजकुमार चन्द्रगुप्त ने दरबार में यही घोषणा की। जब चन्द्रगुप्त मौर्य का राजतिलक हुआ तो राजतिलक के बाद सभी पर्वतीय राजाओं को, उनके सैनिकों को तथा मगध के सैनिकों को पुरस्कृत व सम्मानित किया गया। इससे सभी सन्तुष्ट एवं प्रसन्न हो गए।

चन्द्रगुप्त का राजतिलक देखने सेनापति सेल्युकस की पुत्री कार्नेलिया भी यवनी के वेश में राजदरबार में आई। आचार्य चाणक्य ने उसे पहचान

लिया। वह चन्द्रगुप्त से आज भी प्रेम करती थी। आचार्य चाणक्य ने चन्द्रगुप्त से कहा कि कुछ समय कार्नेलिया मेरे बताए एक गुप्त स्थान पर रहेगी। वह सिकन्दर के सेनापति की पुत्री है। सिकन्दर और उसके सेनापति से मगध की प्रजा घृणा करती है। जब मैं यह घृणा भाव मिटा दूंगा तो तुम्हारा कार्नेलिया से विवाह कर दिया जाएगा। तब तक तुम कार्नेलिया से गुप्त स्थान पर मिलोगे।

कार्नेलिया को गुप्त स्थान पर भिजवाने के बाद आचार्य चाणक्य ने चन्द्रगुप्त से कहा कि तुम अन्तःपुर में जाकर आराम करो। मैं दरबार की शेष कार्यवाही देखता हूं। चन्द्रगुप्त महल के अन्दर चले गए। तभी महामन्त्री राक्षस द्वारा भेजी गयी विषकन्या की पालकी दरबार में आकर रुकी। पालकी के सेवकों ने कहा कि हमारी राजनर्तकी महाराज चन्द्रगुप्त मौर्य को अपनी नृत्य कला दिखाना चाहती है।

चाणक्य ने राजा मलयकेतु को अपने पास बुलाया और उससे कहा कि महाराज चन्द्रगुप्त की तबीयत अचानक खराब हो गयी है इसलिए वे अन्दर महल में विश्राम कर रहे हैं। तब तक तुम संगीतकक्ष में बैठकर राजनर्तकी के नृत्य का आनन्द लो।....मलयकेतु यह बात सुनकर प्रसन्न हो गया। वह विषकन्या के साथ संगीतकक्ष में चला गया जहां विषकन्या ने अपना नृत्य दिखाते हुए मलयकेतु का आलिंगन किया और उसके हाथ में काट खाया। इससे विषकन्या का सारा विष राजा मलयकेतु के शरीर में चला गया और उसने कुछ ही क्षणों में तड़प-तड़पकर दम तोड़ दिया। विषकन्या ने उसे सम्राट चन्द्रगुप्त समझा था।

राजा मलयकेतु की मृत्यु के बाद आचार्य चाणक्य ने विषकन्या को पकड़कर जेल में डलवा दिया और पाटलिपुत्र में घोषणा करवा दी कि आम्भिराज की हत्या करके महामन्त्री राक्षस ने उसका शव मगध की सीमा में फिंकवा दिया था और राक्षस ने ही विषकन्या भेजकर आज महाराज चन्द्रगुप्त को मार डालने की कोशिश की है। उस विषकन्या को पकड़कर कैदखाने में डाल दिया गया है।

मगध की जनता नन्द शासकों के खिलाफ तो पहले से थी, ये सब बातें सुनकर प्रजा के लोग महामन्त्री राक्षस के भी खिलाफ हो गए।

महामन्त्री राक्षस और सेनापति भद्रसाल को पकड़कर कैदखाने में डाल दिया गया।

एक दिन अनुकूल अवसर देखकर आचार्य चाणक्य ने सेल्युकस की पुत्री कार्नेलिया का विवाह सम्राट चन्द्रगुप्त मौर्य के साथ करवा दिया। अब सेनापति सेल्युकस चन्द्रगुप्त का सम्बन्धी बन चुका था इसलिए भारत पर यूनानियों अथवा यवनों के आक्रमण का खतरा हमेशा-हमेशा के लिए टल गया। सम्राट चन्द्रगुप्त मौर्य की सीमाएं अब चारों ओर से सुरक्षित हो चुकी थीं। चन्द्रगुप्त का शासन मैसूर, कलिंग, चोल, पांड्य और लंका राज्यों को छोड़कर सारे भारतवर्ष पर स्थापित हो गया। हिरात, काबुल, कन्धार, बलूचिस्तान, मकरान, पंजाब, कुरु, पांचाल, कौशल, सौराष्ट्र, उज्जैन, मगध, अंग, बंग आदि अधिकांश भारतीय प्रदेश मौर्य साम्राज्य का हिस्सा बन चुके थे। लगभग सम्पूर्ण भारतवर्ष पर चन्द्रगुप्त का ही अधिकार था। जो छोटे-मोटे प्रदेश चन्द्रगुप्त के अधिकार में नहीं थे उनसे चन्द्रगुप्त को कोई खतरा नहीं था।

नन्दराज का पूर्व महामन्त्री शकटार अभी भी जीवित था। वह जंगल में जाकर नन्दराज को ढूंढ़ लेता है तथा नन्द के पेट में छुरा घोंपकर नन्द को मार डालता है। नन्द की पुत्री कल्याणी भी एक दिन अपनी आत्महत्या कर लेती है। उसके जीवन की अभिलाषा अपने बचपन के साथी चन्द्रगुप्त को पाने की थी लेकिन कार्नेलिया का विवाह चन्द्रगुप्त के साथ होने के कारण वह पूरी नहीं हो पाई इसलिए अपनी जिन्दगी से तंग आकर वह एक दिन आत्महत्या कर लेती है। वृद्धा राजमाता सुनन्दा को आचार्य चाणक्य सम्मान सहित पाटलिपुत्र के महल में बुला लेते हैं। जब तक वे जीवित रहती हैं, माता की भांति चन्द्रगुप्त को स्नेह-परामर्श देती रहती हैं। सन् 322 ई. पूर्व से 298 ई. पूर्व तक 24 वर्ष सम्राट चन्द्रगुप्त भारत के राजा तथा चाणक्य उनके महामन्त्री रहे। इसके बाद उनके पुत्र बिन्दुसार ने भारत का शासन संभाला। बिन्दुसार के बाद उनके पुत्र अशोक सन् 273 ईसा पूर्व में भारत के सम्राट बने जिन्होंने 37 वर्ष तक भारत पर शासन करते हुए लगभग समस्त भारत को अपने साम्राज्य का हिस्सा बना लिया था।

●●●

www.ingramcontent.com/pod-product-compliance
Ingram Content Group UK Ltd.
Pitfield, Milton Keynes, MK11 3LW, UK
UKHW022122051026
15623UKWH00009B/1186/J

9 788194 006640